외식산업 창업 매니지먼트

홍석조 · 황미선 · 김동진 공저

ⓑ (주)백산출판사

21세기의 식품 외식산업은 급속한 트렌드 변화와 한류(韓流, Korean Wave/Hallyu)에 따른 빠른 성장을 거듭하면서 K-문화콘텐츠 및 K-FOOD와 더불어 사회·경제적 환경의 변화로 계속 증가하여 거대한 산업으로 발전하고 있다. 소비자의 식생활 변화와 다양한 요구(needs)에 맞추어 체인 가맹점형, 이동음식점(푸드트럭), 타 업종 멀티 복합형, 배달 선문형, 공유주방 등등 영업종목 형태가 다변화하고 있다.

본서는 예비창업자뿐만 아니라 외식산업학 및 호텔관광경영학을 전공하는 모든 학생들에게 필요한 실무적 지식을 함양함과 더불어 다년간 현장실무에서 경험한 핵심 자료를 바탕으로 폭넓은 학습능력 배양을 그 목적으로 하고 있다.

새로운 경제활동을 해야 하는 현대인들은 손쉽게 외식 창업으로 이동하기도 한다. 따라서 그 수요는 계속 증가할 것으로 예상한다. 이들은 많은 비용을 들여 창업할 수 없기에 소규모 음식점 창업의 문을 두드릴 수밖에 없다.

하지만 예비창업자 및 외식관련 종사자들은 충분한 외식 창업의 준비가 필요하다. 따라서 식당경영 지식, 인적자원 관리, 서비스 및 조리기능 부분의 직·간접적인 해결이 최우선시되어야 한다.

충동적인 모방 외식 창업은 창업 수 증가와 폐업률을 증가시키는 직접적인 원인이 되며, 충분한 준비 없이 시작하면 폐업을 면하기 힘들다. 우리는 주변에서 이런 예를 쉽게 볼 수 있다. 그래서 저자는 외부 환경의 위험요인 속에서 외식 창업을 하려는 예비창업자들이 수용할 위험범위에 대비하고자 본서를 준비하게 되었다.

예비창업자들에게는 '입지와 상권에 대한 세밀한 분석, 인/아웃테리어(디자인) 설계, 효과적인 주방설계, 그랜드 오픈 프로모션, 운영 노하우, 향후 프랜차이즈 산업 등에 관한 창의적이고 시스템적인 외식업 관련 창업의 지식 그리고 성공할 수 있는 CEO 자세의 성공지침' 등이 필요하다.

결국은 트렌드를 알아야 하며 지속적으로 연구하지 않으면 생존이 어렵다는 것이다. 장기불황 속에서 타개책을 찾기 위해 우리는 더 많은 연구와 공부를 해야 한다. 현재까지 알고 있던 지식만으로는 한계에 부딪힐 수밖에 없으므로 계속 연구해서 그 가치를 담을 수 있도록 해야 한다.

지금까지 해왔던 방식대로 하면 절대 성공하지 못하며 급변하는 트렌드를 알고 지속해서 연구하지 않고는 절대 생존하지 못한다.

본서는 아래와 같이 총 12장으로 구성하였다.

1장 외식사업 창업자의 마인드, 2장 외식사업계획서 작성, 3장 입지와 상권분석 테크닉, 4장 공간활용 점포설계 플래너, 5장 효과적인 주방관리 플래너, 6장 메뉴 경영 플래너, 7장 외식업 재무관리, 8장 외식산업 인적자원 관리, 9장 외식업 서비스 실무, 10장 마케팅 관리전략 실행, 11장 영업신고 및 인허가 활용 *法*, 12장 외식 프랜차이즈 창업 : 가맹사업법 이해

저자는 부족했던 자료 부분을 수정·보완하였으며, 최신 통계자료와 데이터로 객관성을 높이고자 현장 실무의 경험을 바탕으로 외식 창업 및 경영방법의 첨단지식을 충분히 제시하도록 최선의 노력을 기울였다. 또한 현재 학문을 탐구하는 교육가로서 그리고 식품외식 프랜차이즈 기업체에서 현장실무를 다년간 경험한 전문가로서 다양한 외식업 관련 분야가 많지만 오직 외식업 창업에 입문하는 분들에게 조금이나마 도움과 희망을 주고자 한다.

2024년
저자 씀

차례 CONTENTS

외식산업 창업 매니지먼트

01

외식사업
창업자의 마인드

1   외식사업 창업자의 마인드

제1절 / 창업자의 기본마인드와 성공지침

❶ 창업자의 마인드

국내 경제침체가 계속되자 직장에서의 정리해고로 실직한 분들이 궁여지책으로 식당 창업을 함으로써 짧은 시간에 점포 수가 급격히 증가하였으며, 무경험자의 창업은 다양한 업종과 업태의 프랜차이즈로 이어졌다. 그러나 수많은 식당이 문을 여닫는 극심한 경쟁상태의 시장 환경 속에서 12년이 넘은 지금의 외식 창업시장은 세분화 또는 다양화되면서 충분한 준비 없이 시작하면 백전백패라는 교훈을 우리에게 남겨주고 있다. 경기는 좋을 때가 있으면 나쁠 때도 있다. 그리고 그 속에 창업의 기회도 분명히 있다. 경기가 어려울 때 더 빛을 발하는 점포도 분명 있기 마련이다.

❷ 외식업 창업 준비단계의 체크 항목

식당 실패의 위험 고비를 넘으려면 고통과 인내, 그리고 준비에 필요한 시간을 지급해야 한다. 당신이 이런 각오를 하고 있다면 창업은 도전할 만하다.

1) 창업자의 기본 마인드

- 업종, 업태에 대한 철저한 사업성 분석, 해당 업종, 업태에 대한 현실적인 수입계획과 내·외부의 충분한 정보 및 데이터를 수집해야 한다.
- 처음에는 작게 시작하라(분수를 넘는 과잉투자는 실패 원인).
- 충분한 연구와 충분한 준비기간을 갖고 철저한 사전조사를 하라.
- 창업의 5요소 : 입지(점포), 상품(업종), 창업자, 사업자금(자본), 자신감
- 부업 마인드로 안일하게 시작하면 실패의 지름길, 철저한 프로정신으로 임하라.
- 나도 할 수 있다는 강한 불굴의 의지를 가지고 한다.
- 벤치마킹(모방)을 하되 주관을 갖자.
- 냉혹한 현실을 파악하라(안 되면 길가에 나앉는다).
- 자기자본으로 시작하라(대출을 줄여라).
- 직접 발품을 파는 시장조사 : 자신의 발로 뛰어라.
- 가능한 한 가족의 동의(노동력)를 지원받자.

2) 성공지침

- 전문점/단일메뉴를 선택하라.
- 양은 충분히 제공하라.
- 대중적인 메뉴로 차별화시켜라. 맛, 부가서비스(찬류, 후식 등), 친절, 분위기
- 개점을 원하는 입지에 맞는 적합한 메뉴를 선택하라.
- 자신의 처지에 적합한 업종을 골라라.
- 고객의 입장에서 생각하라.
- 직접경험을 쌓기 위해 동종업종에서 일해 보라.

3) 실패원인

- 겉치레보다는 실속을 먼저 생각하는 합리적인 사고 결여로 고급만 지향 : 실패의 지름길(많은 사례가 있음)
- 준비 없는 창업은 '백전백패'

- 창입은 항상 새로운 도전을 요구함
- 창업을 생각하는 많은 이들은 부자가 되는 화려한 성공의 꿈에 젖음
- 다른 사람이 돈을 번다고 아이템이 내게 맞는지 따져보지 않고 창업하면 실패와 빨리 만나고 실패와 직면했을 때 쉽게 좌절함

4) 성공 경영자의 특징

- 내 편은 아니라도 적은 만들지 말 것
- 적절한 권한 위임
- 무엇이든 메모하고 분석하는 자세
- 외식에 대한 자료·정보 입수에 강함 : 자기 점포와 관련된 국내외 동향 파악
- 말을 아끼고 신중한 처세
- 강인한 체력과 정신력
- 내부고객(종업원)을 충분히 대우해서 공동체의식을 만듦

제2절 / 창업자의 마인드

1) 관심 업종에 대해 미리 안목 기르는 것을 평소에 생활화함

2) 입지에 맞는 업종의 선택

3) 기본 생계비는 최소 6개월분 비축

4) 창업 초에는 수익보다 매출에 신경 쓰기

5) 식당 이미지(서비스, 맛, 인심) 관리를 철저히 하면 입소문으로 문전성시

6) 처음에는 자금이 있어도 작게 시작

제3절 / 식당 창업 준비는 이렇게 하라

1) 창업 목표 명확화와 경영철학이 요구된다. 정확한 목표와 열정을 갖고 있거나 가질 수 있는 업종을 선택하라! 설정을 해야 자신의 행위와 실행이 뒤따르기 때문이다.

2) 어떤 종류의 식당을 창업할 것인가? 자기가 잘할 수 있는 업종을 창업해야 한다. 자기에게 맞지 않는 업종이나 업태로 시작한다면 실패하게 된다.

3) 업종과 업태의 성격에 따라 프랜차이즈 체인 식당보다 독립 식당 창업이 유리하다.

4) 대출이 30%를 넘으면 안 된다. 초기 투자비용이 너무 높을수록 투자대비 수익률은 떨어지고 이는 계속해서 발목을 잡고 음식점의 운영 여건을 어렵게 만든다.

5) 2~3년 이상 철저히 창업 아이템을 준비하고 연구하는 철저한 준비가 필수이다.

6) 현재의 청소년층이나 젊은 여성들이 좋아하고 즐겨 찾는 음식점, 또는 전통적으로 오랜 시간 소비자의 곁에 늘 있었던 메뉴들은 경기침체나 현격한 소비감소에도 비교적 꾸준한 소비현상이 계속된다. 외식업 창업자들은 이러한 업종들에 관심을 가져야 한다.

우리나라는 고유가, 주식시장의 불안정, 물가 상승, 실업률 증가, 지자체 경제 위축, 기업의 채산성 악화, 임금 인상률 둔화 등으로 인해 내수경기가 위축되었으며, 물가 상승, 소득의 정체, 세금 증가 등의 3중고에 처해 있다. 또한 수출을 주도하는 반도체 가격의 하락과 고유가에 저성장, 고물가 시대의 스태그플레이션 현상을 보인다.

불황기엔 안전 모드인 'Small, Always, Fast, Easy', 즉 소자본으로 할 수 있는 업종, 자주 소비되는 메뉴, 빠르게 나오는 음식, 쉽게 운영할 수 있는 업종이 유리하다.

❶ 네이밍(상표)

① 외식기업은 경쟁의 우위를 지키기 위한 전제조건으로 완벽한 제품과 서비스를 통한
차별화를 강조

② 브랜드 관리는 외식업소 또는 외식기업을 성공적으로 운영하기 위한 가장 중요한 포
인트이고, 고객과의 약속으로 기억 속에 제품이 나타내고자 하는 것을 짧은 시간에
각인시키는 중요한 역할을 함

③ 기업이 전달하고자 하는 메시지뿐만 아니라 고객의 마음속에 최초의 접점으로 작용하
기 때문에 브랜드 인지와 의사소통의 기본이 되는 핵심요소

④ 시각적 아이덴티티의 가장 중요한 요소로 작용

⑤ 브랜드 네임은 주로 제품과 서비스 브랜드 네임으로 한정하여 이해하고 있지만, 기업
브랜드 네임, 제품 브랜드 네임, 서비스 브랜드 네임, 기관 브랜드 네임 등 그 범위가
넓고 색상이나 형태 등 브랜드의 상징성을 내포하는 중요한 브랜드 표출방법으로 브
랜드 인지도 형성에 아주 중요한 역할을 함
로고와 심벌은 브랜드 네임과 달리 시대가 변화함에 따라 동시대의 모습을 따라가기
위해 쉽게 변화될 수 있으며, 브랜드 네임이 길어서 모두 나타내지 못하는 경우에도
사용함

▶ 외식기업 브랜드 네임의 사례(2021년 기준)

기업명	외식 브랜드 네임	개수
(주)놀부	돈가스 본능, 삼겹본능, 치킨본능, 벨라빈스 커피, 창대한 곱창, 흥부찜닭, 호반식, 놀부반상, 놀부숯불애장닭, 놀부화덕족발, 공수간, 놀부유황오리진흙구이, 농부항아리갈비, 놀부옛날통닭, 진한설렁탕담다, 타이거마라, 방콕포차, 레드머그커피, 놀부오불장군, 만면회색, 놀부보쌈족발, 놀부부대찌개, 놀부김치찜	24개

기업명	외식 브랜드 네임	개수
(주)더본코리아	빽다방, 홍콩반점0410, 새마을식당, 한신포차, 백철판0410, 역전우동0410, 미정국수0410, 백스비어, 백종원의 원조쌈밥집, 본가, 돌배기집, 원치킨, 백스비빔밥, 고속우동, 대한국밥, 리춘시장, 해물떡찜0410, 성성식당, 인생설렁탕, 막이오름, 빽다방 베이커리, 롤링파스타	22개
(주)디딤	황금식당, 차돌6키로, 미술관, 호랭이곱창, 연안식당, 신마포갈매기, 반달전집, 미추냉삼, 애플삼겹살, 진미국수, 연남숯불닭갈비, 연안해물칼국수, 한라담, 레드문, 고래식당, 공화춘, 도시수산시장, 고래감자탕, 스톤336	19개
(주)이랜드이츠	더카페, 페르케노, 피자몰, 테루, 아시아문, 반궁, 다구오, 스테이크어스, 후원, 리미니, 루고, 프랑제리	12개

❷ 캐릭터(엠블럼)

① 브랜드 캐릭터는 브랜드 심벌의 특별한 형태
② 동물을 의인화하거나 사람을 직접 형상화한 또 다른 형태의 브랜드 심벌
③ 인간적 성격이나 특성 등과 같이 특수한 유형의 브랜드 심벌을 묘사하는 역할 광고, 패키지 디자인을 통해서 소개
④ '캐릭터=제품=제조회사'라는 이미지 연결이 가능해지기 때문에 지속해서 브랜드 아이덴티티를 구축하는 데 있어 캐릭터의 역할은 매우 중요

브랜드 네임	브랜드 로고	표현유형과 형태
베니건스		베니건스의 로고는 약간 필기체 느낌이 나는 폰트를 사용하며 이국적인 느낌이 나게 표현함. 베니건스의 인테리어도 로고와 같이 진한 녹색으로 통일되어 있어서 베니건스 하면 이 로고와 함께 진녹색을 떠오르게 한다.
T.G.I 프라이데이		T.G.I 하면 머릿속에 떠오르는 산뜻한 느낌의 빨간 사선 스트라이프 무늬, 뭔가 식욕을 당기는 느낌의 빨간색과 전체적으로 느껴지는 이국적인 느낌의 로고이다.
세븐스프링스		샐러드와 그릴 등 기름기 없는 음식을 사랑하는 세븐스프링스의 이미지답게 신선하고 친환경적인 느낌을 준다. 초록색과 하얀색 폰트와 위에 있는 작은 이미지의 조화가 좋은 로고이다.

브랜드 네임	브랜드 로고	표현유형과 형태
카페베네	카페베네 caffé bene	카페베네는 추상적인 커피 열매와 형식에 얽매이지 않은 글씨체를 사용해서 자유분방하고 예술적인 유럽 카페의 이미지를 형상화해서 표현. 특히 bene의 b 위에 있는 열매는 고객들이 즐거워하는 모습, 커피나무, 연인들이 사랑을 나누는 장면 등 상상 속에서 그려진 모습들을 형상화했다.
커피빈	The Coffee Bean & Tea Leaf	원래 로고는 The Coffee Bean & Tea Leaf인데 줄여서 커피빈이라고 부른다. 의미는 글자 그대로 커피 열매와 찻잎이라고 할 수 있다. 즉 커피와 티를 즐기는 곳이다.

캐릭터 이미지	세부설명
SINCE 1975 원할머니보쌈·족발	[원할머니보쌈] 할머니의 손맛과 정성을 상징
(맥도날드 캐릭터)	[맥도날드] 맥도날드의 마스코트인 어릿광대 캐릭터 'Ronald & friends', 가족 간의 행복, 사랑, 즐거움을 가장 잘 나타내기 위해 캐릭터 사용
KFC	[KFC] KFC의 창시자 '할랜드 데이비드 샌더스'를 캐릭터화함. 고객을 환영하는 따뜻한 마음 전달, 청결한 고품질의 식사, 가족들이 식사를 즐기고 휴식할 수 있는 공간을 제공하겠다는 것을 의미함
조마루 감자탕	[조마루 감자탕] 정감 있는 우리네 종갓집 며느리의 모습을 형상화한 캐릭터

❸ 슬로건(메시지)

① 슬로건(slogan)은 브랜드의 감성적 · 기능적 편익을 소비자들에게 효과적으로 전달하기 위해 사용하는 짧은 문구를 말함

② 브랜드 네임 그 자체를 강화하거나 브랜드의 핵심주제 혹은 비전을 전달하거나, 브랜드와 제품과의 관계를 전달하는 마케팅 요소로 역할을 함

③ 짧은 문구를 통하여 그 브랜드가 전달하고자 하는 의미와 브랜드의 연상을 즉시 갖게 하는 데 매우 효과적인 역할을 함

브랜드	슬로건
seven springs	WE LOVE GREEN 365일 싱그러운 봄
빽다방	Take it Reasonable
KYOCHON	Real Flavor, True Story 교촌의 정직한 맛, 정직한 이야기
made for women Mr.Pizza	made for women
본도시락	잘 차린 한 상

❹ 브랜드 색상(기업 색)

컬러 구분	브랜드		
빨간색			
주황색			
노란색			
초록색			

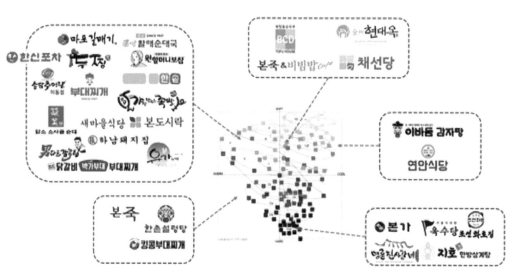

❺ 상표와 서비스표 등록 및 보호

1) 상표 및 서비스 개념

① **상표** : 상품 판매에 있어 자신의 상품과 타인의 상품 특성을 구별하기 위한 식별표시 마크(mark)

② **서비스표** : 금융, 통신, 운송, 외식업, 의료와 같은 서비스업의 특징을 대변하는 식별표지

　　※ 외식기업은 변리사를 통해 상표와 서비스표를 출원 및 등록하고자 할 경우 2개를 동시에 출원하는 것이 바람직함

2) 상표등록의 필요성

① 타인이 무단으로 상표 사용하는 것을 방지하는 방법은 국가로부터 독점 배타적인 상표권을 등록하여 독점적으로 사용하는 것이다. 법적 절차를 통해 특허청의 상표 등록원부에 등록된 상표는 법률에 의한 보호를 받을 수 있다.

② 현재 운영하는 외식업소 상표를 타인이 먼저 상표 출원했을 때 대처하는 방법은 '출원' 중인 경우 타인의 상표 출원에 대해 내 상표가 일반 수요자들에게 널리 알려져 있다는 것을 입증하여 정보로 제공해야 한다.

③ 사용 사실이나 판매실적, 언론보도 내용, 블로그 포스팅, 광고실적 등 객관적인 입증자료를 제시하여 이의신청을 통해 등록을 저지할 수 있다.

④ 타인이 현재 운영하는 외식업소 상표를 먼저 '등록'했다면, 등록 후 5년 이내 무효심판을 통해 그 등록을 실효시킬 수 있다.

⑤ 상표등록심사는 상표 사용 여부의 사실관계에 대한 판단을 하는 것이 아니라 상표등록출원서를 제출한 출원일 순서로 등록우선권을 부여하기 때문에 사용개시일이 앞선 경우에도 먼저 출원한 사업자에게 상표등록을 해주고 있다.

3) 상표등록 절차

상표를 등록하기 전에 먼저 중복되는 상표가 있는가는 특허청 홈페이지의 무료검색서비스를 통해 확인

⬇ ⬇

상표권 등록절차는 특허청 홈페이지에서 온라인으로 직접 할 수 있도록 서비스됨

⬇ ⬇

변리사를 통하지 않고 개인이나 법인 이하 출원인이 직접 등록하고자 할 때는
'출원인코드'를 사전에 부여받아야 함

⬇ ⬇

특허청은 출원인코드를 통해 기초 출원인의 기본 정보를 파악하고, 제출된 출원서 및 중간서류를 관리하게
됨

⬇ ⬇

출원인코드를 부여받은 후 온라인 출원 및 전자문서 교환을 위한 인증서 등록 또는 발급
문서작성에 필요한 소프트웨어를 다운로드하여 출원 관련 문서인
▲명세서 ▲보정서 ▲의견서 위임장 ▲증명서 등을 작성

⬇ ⬇

출원 관련 문서와 첨부문서를 모두 작성하고 나면 출원서와 의견서를 작성

⬇ ⬇

모든 서류가 준비되면 모두 첨부하여 직접 또는 온라인 제출
반려-의견 제출-공고-등록 순으로 진행한다.

■ 상표법 제8조 제1항

가장 먼저 상표를 출원하는 자에게만 등록을 許한다.

〈※상표등록은 선착순 기준으로 등록 출원되고 있음〉

■ 상표법 제33조

① 다음 각 호의 어느 하나에 해당하는 상표를 제외하고는 상표등록을 받을 수 있다.

　1. 그 상품의 보통명칭을 보통으로 사용하는 방법으로 표시한 표장만으로 된 상표

　2. 그 상품에 대하여 관용(慣用)하는 상표

　3. 그 상품의 산지(産地)·품질·원재료·효능·용도·수량·형상·가격·생산방법·가공방법·사용방법 또는 시기를 보통으로 사용하는 방법으로 표시한 표장만으로 된 상표

　4. 현저한 지리적 명칭이나 그 약어(略語) 또는 지도만으로 된 상표

　5. 흔히 있는 성(姓) 또는 명칭을 보통으로 사용하는 방법으로 표시한 표장만으로 된 상표

　6. 간단하고 흔히 있는 표장만으로 된 상표

　7. 제1호부터 제6호까지에 해당하는 상표 외에 수요자가 누구의 업무에 관련된 상품을 표시하는 것인가를 식별할 수 없는 상표

② 제1항 제3호부터 제7호까지에 해당하는 상표라도 상표등록출원 전부터 그 상표를 사용한 결과 수요자 간에 특정인의 상품에 관한 출처를 표시하는 것으로 식별할 수 있게 된 경우에는 그 상표를 사용한 상품에 한정하여 상표등록을 받을 수 있다. 〈개정 2023.10.31.〉

③ 제1항 제3호(산지로 한정한다) 또는 제4호에 해당하는 표장이라도 그 표장이 특정 상품에 대한 지리적 표시인 경우에는 그 지리적 표시를 사용한 상품을 지정상품(제38조 제1항에 따라 지정한 상품 및 제86조 제1항에 따라 추가로 지정한 상품을 말한다. 이하 같다)으로 하여 지리적 표시 단체표장등록을 받을 수 있다.

▶ 상표등록 불허항목

구분	예시	
관용상표	• 과자류 : 깡 • 해열제 : 아스피린	• 청주 : 정종 • 음료 : 콜라, 사이다
보통명칭	• 스낵제품 : Corn Chip • 자동차 : 카	• 과자 : 호두과자
현저한 지리적 명칭	• 시/군/구의 명칭 : 뉴욕, 안동, 대구, 종로, 압구정동 등 • 산 : 금강산, 백두산, 설악산 등	
간단하고 흔한 표장	• 1, 2, A1, AB, one • 공, 정육면체, 원기둥 등	• 원형, 삼각형, 사각형 등
실질표시적 상호	• 산지 : 영광-굴비 • 원재료 : 쌀-떡볶이 • 용도 : 숙녀용-핸드백	• 품질 : 上, 中, 下 • 효능 : 힘 좋은-배터리
흔한 성 또는 명칭	• 이씨, 김씨, 박씨, 사장, 회장 등 • 상사, 상점 등	

4) 지식재산권 확보

이제는 초보자도 특허출원을 손쉽게 할 수 있게 되었으며, 특허청이 보유한 국내 · 외 지식재산권 관련 모든 정보를 DB 구축하여 이용자가 인터넷을 통해 쉽게 검색 및 열람할 수 있게 되었다. 한국특허정보원이 운영하는 대국민 특허정보 검색 서비스를 이용하면 좀 더 쉽게 세분화된 많은 정보를 키프리스(www.kipris.or.kr) 특허정보넷에서 얻을 수 있다.

02

외식사업
계획서 작성

2 외식사업계획서 작성

제1절 / 사업계획서의 중요성

❶ 사업계획서 작성의 이해

누구나 알 수 있도록 간결한 문장으로 표현하되 구체적이어야 하고, 전문적인 내용은 쉽게 설명해야 한다. 그리고 실현할 수 있는 계획을 수립해야 한다.

1) 사업계획서의 사전 작성

다음 내용을 정확한 계획서 틀을 고집하지 말고 정확한 금액 수치(數値)와 중요 사실 (Fact)에 초점을 맞추어, 격식을 갖출 필요 없이 메모해 가는 식으로 작성하면 된다.

① 타깃 고객(Target Guest)을 선정한다.
② 개발하고자 하는 상품(메뉴, 조리기술, 서비스)을 결정한다.
③ 얼마나 많은 고객이 우리 상품을 구매할 것으로 예상하는지 시장을 분석한다.
④ 메뉴와 인적서비스를 기획 · 생산하는 데 소요되는 자금규모를 파악한다.
⑤ 메뉴와 가격의 결정 및 (경쟁사 5개소 분석) 추정하는 손익계산서를 작성한다.
⑥ 손익분기점(BEP) 매출액을 달성할 수 있을 것인지 계획을 구체화한다.

2) 사업계획서의 주요 내용

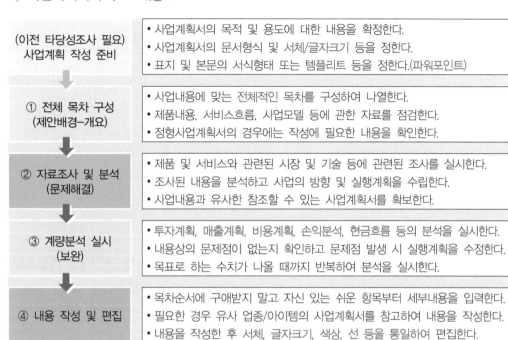

(이전 타당성조사 필요) 사업계획 작성 준비	• 사업계획서의 목적 및 용도에 대한 내용을 확정한다. • 사업계획서의 문서형식 및 서체/글자크기 등을 정한다. • 표지 및 본문의 서식형태 또는 템플리트 등을 정한다.(파워포인트)
① 전체 목차 구성 (제안배경–개요)	• 사업내용에 맞는 전체적인 목차를 구성하여 나열한다. • 제품내용, 서비스흐름, 사업모델 등에 관한 자료를 점검한다. • 정형사업계획서의 경우에는 작성에 필요한 내용을 확인한다.
② 자료조사 및 분석 (문제해결)	• 제품 및 서비스와 관련된 시장 및 기술 등에 관련된 조사를 실시한다. • 조사된 내용을 분석하고 사업의 방향 및 실행계획을 수립한다. • 사업내용과 유사한 참조할 수 있는 사업계획서를 확보한다.
③ 계량분석 실시 (보완)	• 투자계획, 매출계획, 비용계획, 손익분석, 현금흐름 등의 분석을 실시한다. • 내용상의 문제점이 없는지 확인하고 문제점 발생 시 실행계획을 수정한다. • 목표로 하는 수치가 나올 때까지 반복하여 분석을 실시한다.
④ 내용 작성 및 편집	• 목차순서에 구애받지 말고 자신 있는 쉬운 항목부터 세부내용을 입력한다. • 필요한 경우 유사 업종/아이템의 사업계획서를 참고하여 내용을 작성한다. • 내용을 작성한 후 서체, 글자크기, 색상, 선 등을 통일하여 편집한다.

▶ 사업계획서 작성항목

구분	작성항목
1. 회사(창업자) 소개	① 회사 개요　　　　　　　　　② 대표자(창업자) 개요 ③ 회사(창업자) 보유 역량(=브랜드 네이밍파워)
2. 사업(아이템) 소개	① 사업(아이템) 개요 및 전망(사업 성공요소) ② 사업배경(필요성)　　　　　③ 경쟁/유사 아이템 현황
3. 시장환경 분석	① 거시환경(PEST) 분석　　　　② 경쟁분석(경쟁요인, 경쟁내용) ③ 고객분석(고객분류)　　　　④ 법률/인허가사항 분석 ⑤ SWOT 및 STP 분석　　　　⑥ 차별화방안
4. 상권 및 입지 분석	① 상권 개요　　　　　　　　　② 입지분석(업종 현황, 유동인구 등) ③ 경쟁/유사점포 분석　　　　④ 예비점포 분석
5. 투자계획	① 점포(레이아웃 포함), 실내–외관 공사계획 ② 시설 및 비품 구입, 기타[초도상품(재료) 구입 이외 홍보/판촉계획] ③ 가맹비용, 기타 운영비계획　④ 총투자계획(자금조달계획 포함)
6. 운영계획	① 운영계획(매뉴얼 활용)　　　② 상품(메뉴)계획(가격계획 포함) ③ 구매 및 일정계획　　　　　④ 조직 및 인원계획 ⑤ 마케팅계획(홍보/판촉 포함)　⑥ 개업준비계획(교육계획 포함)
7. 매출 및 이익 계획	① 매출 및 이익 계획　　　　　② 원가 및 비용 계획 ③ 자금수지계획　　　　　　　④ 손익분기점계획 ⑤ 현금흐름계획

사업계획서를 작성할 때 정해진 틀은 없지만 보통 필수적으로 넣어야 하는 사항들만 정리하였다. "제4절 외식사업계획서 작성사례"에서 아래 내용을 응용할 수 있을 것이다.

❶ 사업계획서란?

사업계획서란 사업의 내용, 소요자금, 경영방침, 수익성, 사업추진일정 등을 타인이 알기 쉽게 표현한 서류를 말한다.

외식사업(창업)을 개시하기 전에 계획 사업에 관한 사업의 목적, 시장성 예측, 자금조달, 제품 판매계획 등을 끌어낼 수 있도록 현재 상황과 미래의 상황을 추정하여 일목요연하게 정리하고 계수화하는 것을 말한다.

① 사업계획서를 통하여 사업가가 나아갈 길을 제시
② 자금 유치 시 우호적인 결과를 유도
③ 사업관계자들에게 사업 내용을 효과적으로 전달
④ 사업의 지원자들과 업무를 상의할 수 있고 신뢰성을 제고

❷ 사업계획서의 기능 분류

1) 계획서류로서의 사업계획서

어떻게 사업할 것인가에 대한 '기획'의 구체적인 실행 도구이며, 아이디어 개발에 사용된다.

① 마케팅, 재무, 운영업무 등 기업 활동을 사전에 검토함으로써 전략을 구체화하는 역할을 한다.
② 실제로 직면할 수 있는 오류를 서류상에서 경험할 수 있는 기회를 제공한다. 사업계획서 작성은 결국 제반 문제점을 사전 차단, 시행착오의 최소화를 꾀하며, 사업의 성공률을 높여주는 훌륭한 도구이다.

2) 사업 활동 안내서로서의 사업계획서

사업계획서는 사업을 위한 안내자 역할을 하는 도구이다.

제3절 / 사업계획서 작성 스킬

사업계획서는 추진하는 사업 아이템을 구체화하는 프로세스에 관련된 사항인 회사 현황, 상품과 서비스 현황, 사업추진 현황, 재무 현황, 사업에 관련된 제반사항 등을 객관적이고 신중하게 분석하여 작성한 사업내용의 분석자료로서 모든 창업자들이 사업 성공을 위해 가장 먼저 거쳐야 할 관문이다.

❶ 사업계획서 작성 전에 파악해야 할 사항

다음 내용을 사업계획서 작성 전에 파악한다.

① '만들고자(개발하고자) 하는 상품(기술, 서비스)이 무엇인가'를 파악한다.
② Target Market[표적시장(마케팅 계획 충족에 요하는 일정한 고객군(群)]을 파악한다. Target으로 하는 고객층은 누구인가?
③ 소비자들이 제품을 얼마나 구매할 것인지 판로-구매 예측을 파악한다.
④ 제품 생산하는 제조생산 비용의 소요자금이 어느 정도인지 파악한다.
⑤ 경쟁사 판매가격을 파악하고 당사의 판매가격은 얼마로 할 것인가를 정한다.
⑥ 손익분기점 달성 시기를 파악한다.

❷ 구체적인 내용을 제시

위의 사항들을 파악한 후 다음 내용을 구체적으로 다룬다. 은행에 제출할 용도인지, 창업 용도인지, 분기별 계획 추진용인지, 그 목적에 맞게 구체적인 내용을 다루어야 한다.

① 작성 목적에 부합하도록 작성한다.

② 투자자들은 시장 가능성이나 이익잠재력에 관심이 더 많으므로 제품과 서비스, 기술의 우수성 등에 너무 치중하지 않도록 한다.

③ 내용의 합리성 · 타당성에 포인트를 둔다.

④ 위기대처능력 및 방안을 다룬다.

⑤ 자금조달 및 운용계획은 정확성 · 실현 가능성에 포인트를 둔다.

⑥ 투자 승인 이후의 장기적인 목표와 구체적인 계획을 다룬다.

❸ 투자자들이 관심 두는 중점 검토 사항을 제시

마지막으로 투자자들이 관심을 두는 중점 검토 사항을 구체적으로 다루어야 한다.

① 기업을 맡아 운영하는 인적자원 구성원들과 CEO 경영진의 존재 여부

② 최첨단 생산기술력으로 상품화할 수 있는 존재 여부

③ 급변하는 트렌드 및 확대되는 시장성에의 진입과 생존 여부

④ 독보적인 '경쟁우위'가 가능한 전략 제시

⑤ 주당 가격 등 투자의 매력 제시. 투자자는 투자의 3요소를 따지는데, 이는 유동성, 안전성, 수익성이다. 투자의 3요소를 좀 더 살펴보면 다음과 같다.

첫째, 유동성 : 시장성 또는 환금성이라고도 하며, 자산을 현금으로 바꿀 수 있는 정도를 말한다.

둘째, 안전성 : 투자 원금을 안전하게 찾을 수 있는가의 정도이다. 금융상품에 따라 원금 손해가 올 수 있는 것들이 있으므로 원금의 보존 여부가 관건이다. 금융기관이 자금을 운용해서 원금과 수익을 지급하는 경우 금융기관의 안전성까지 살펴볼 필요가 있는데, 금융기관이 망하면 안 되기 때문이다. 자금운용 책임이 본인에게 있고 원금 보장이 되지 않는 경우 시장상황에 따라 수익률이 어떻게 변하는지를 꼭 살펴보아야 한다.

셋째, 수익성 : 투자한 원금을 어느 정도의 수익으로 늘릴 수 있는지를 뜻하며, 투자자의 입장에서는 수익이 높으면 좋다.

제**4**절 / 외식사업계획서 작성사례

① 사업의 개요

1) 외식업 출점의 의의

① 사업성장　　　　② 다점포를 위한 노하우 축적과 응용
③ 지역사회 공헌　　④ 조직 활성화

2) 입지조사의 요령

(1) 출점지역의 성격과 현황

① **위치** : 입지분석을 통한 외식업 콘셉트를 결정해야 한다.
② **인구** : 인구증가율, 연령별 인구구성, 주간 인구비율(인구증가율이 높은 지역일수록 진출이 유리함)
③ 소득, 예금지표
④ 인구밀도력(각 지표의 1인당, 1세대당 수준을 합산)
⑤ 성장력(각 지표의 연간 성장률)
⑥ 승용차 보유율(각 구청 및 군청의 교통제)
⑦ 공업 및 상업 현황
⑧ 음식시장 현황(점포 수, 업종, 업태, 매출 등)

(2) 로케이션

① 위치　　② 교통　　③ 환경　　④ 사업소 등　　⑤ 물건(물건형태)

구분	패스트푸드	패밀리 레스토랑	캐주얼 레스토랑	디너하우스
1차 상권	500m	1,000m	1,500m	2,500m
2차 상권	1,000m	2,500m	2,500m	5,000m
3차 상권	1,500m	5,000m ∴ 소도시는 전 지역	5,000m	15,000m ∴ 스페셜 레스토랑 포함

❷ 개점 실천계획의 사례

표준 개업
계획서 작성

↓

콘
셉
트
결
정

	100일 전	90일 전	80일 전	60일 전		50일 전	15일 전	10일 전
					전화, 간만 관청 서류			
점포 콘셉트	점포 확정 (D-100)	기본 설계	조정 / 실시 설계	실시 설계 완료	견적 조정	업장 결정	공사 착공 / 점포 인도 (D-15)	시운전 청소 (D-6)
상품 콘셉트	기존 계획 구성 (D-100)	1차 메뉴 결정	음식 조리 시작	시식회	업종 (메뉴작성, 메뉴촬영, 인쇄샘플) ① 레시피 작성 ② 상품매뉴얼		메뉴 완성 (D-15)	시식 (약 5일간) (D-6)
관리 계획	관리운영		점포명 결정 - 로고, 마크 작성 관리방법 - 레지 결정 연출방법 - 유니폼 제규정, 장부 등(D-95)		식자재 발주 주방 비품 조달			
인원 계획	요원 계획	정사원 모집 개시 (D-95)	채용 → (사원연수 D-95~D-10)		아르바이트 모집개시	채용 (D-50)		실전 롤 플레잉 약 5일간 (D-10)
서비스 콘셉트			서비스 매뉴얼 작성 개시(D-60)					
판촉 계획			판매 촉진계획 전단지, 포스터, 간판 (D-80)	홍보물 발주 (D-65)	납품			

리셉션

OPEN

* 개점계획 체크리스트 : 개점 실천계획이 작성되면 이를 바탕으로 다음과 같이 개점계획 체크리스트를 만들어서 체계적으로 개점계획을 진행해 나간다.

⬆ 개점 실천계획

항목	개정 4개월 전 (30 20 10)	3개월 전 (30 20 10)	2개월 전 (30 20 10)	1개월 전 (30 20 10)	오픈예정일 (30 20 10)	비고
(1) 건축 및 인테리어						
① 설계 및 업자 선정	▮ (20)					
② 공사일정	▮ (20) ─────────────────── ▮ (20)					
(2) 간판						
① 업자 선정	▮ (20)					
② 공사일정						
(3) 주방						
① 업자 선정 도면작성(배치도) 설비품목 작성	▮ (20)					
② 공사일정	▮ (20) ─────────────── ▮ (30)					
(4) 식기 및 주방집기						
① 업자 선정 및 견적서	▮ (20)			▮ (10) 발주		
② 납품 셋팅		▮ (10)				
(5) 식자재						
① 업자 선정		▮ (10)				
② 식자재 리스트 작성	▮ (20)					
③ Cost 리스트 작성		▮ (30)				
④ 판매단가 리스트 작성		▮ (20)				

	개점 4개월 전			3개월 전			2개월 전			1개월 전			오픈예정일			비고
	30	20	10	30	20	10	30	20	10	30	20	10	30	20	10	
(6) 메뉴판 작성																
① 입지 선정																
② 메뉴품목 및 메뉴명 설정																
③ 촬영 및 납품일정																
(7) 각종 인허가 및 등록																
① 보건증 신청																
② 위생교육																
③ 사업자 등록 신청																
④ 은행카드 가맹점 가입 신청																
⑤ 전화 신청																
⑥ 인터넷 신청																
⑦ 가스허가 신청																
⑧ 영업허가 신청																
⑨ 등기부 등록 변경 신청																
⑩ 관광식당업 신청																
(8) 교육																
① 아르바이트 및 파트타임 교육						모 집 공 고				교 육						
② 정사원 연수 교육																

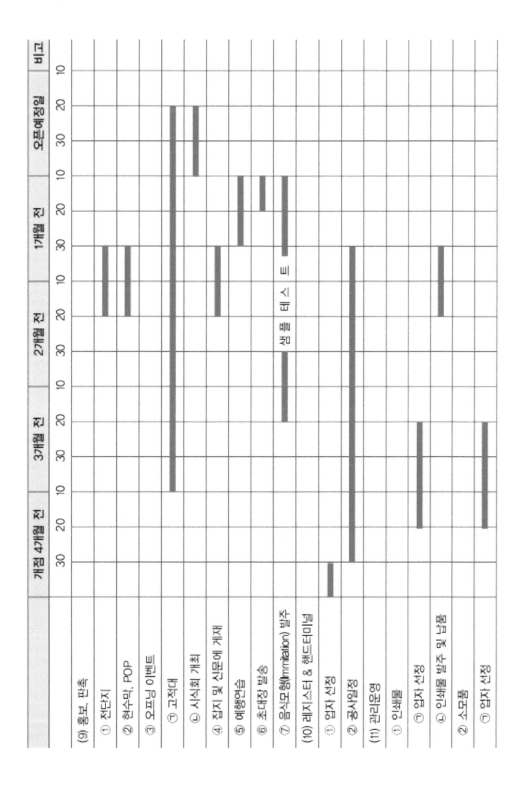

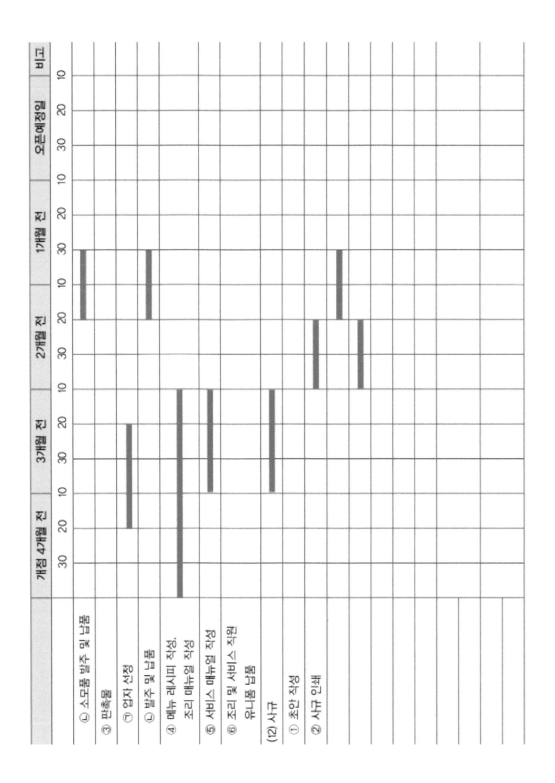

1) 경영전략

(1) 매출전략

- 목표설정 : 0,000억
- 정합성 제시

(2) 출점전략

구분	전기			중기		후기	
	1년	2년	3년	4년	5년	6년	7년
직영점							
가맹점							
합계							

※ 전기(1~3년) 기술축적기 : 매뉴얼 완성, 중기(4~5년), 확대기(다점포 전개시기)
　① CK 중심의 생산 시스템, ② 전국 네트워크 단계, ③ 스케일 메리트, ④ 물류센터 구축
　후기(6~7년) 완성기 : 신 비즈니스 설정

(3) 조직계획

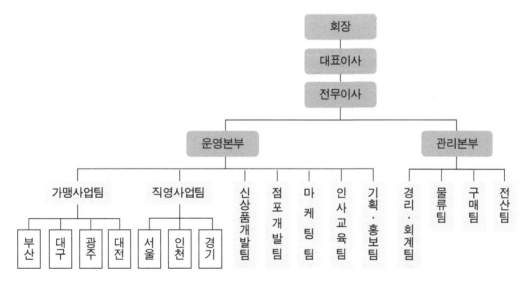

❸ 매장 평면도

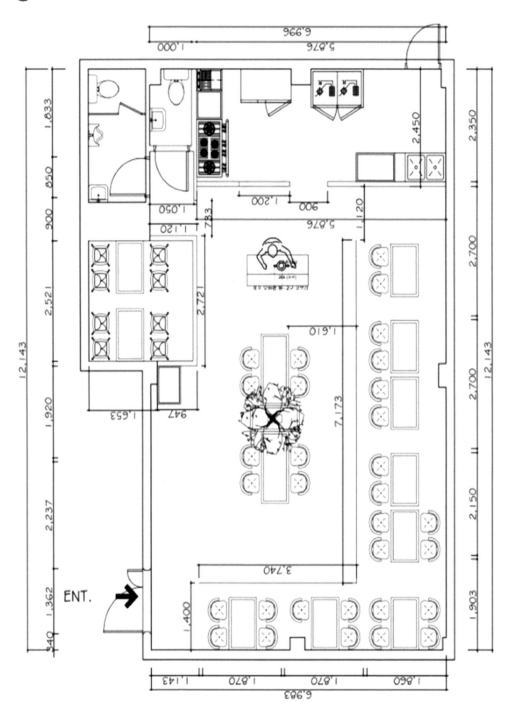

ENT.

❹ 설비업체 일람표

구분	업체명	담당자	전화번호	비고
영업허가				
사업자등록				
계좌번호				
기본설계				
실시설계(주방)				
공조설비				
가스공사 〈LNG/LPG〉				
전기공사-승압				
전화/인터넷공사				
간판공사				
인테리어				
가구집기(인덕션)				테이블 인덕션
주방집기				
홀집기				
메뉴판/보드				
근무유니폼				
개업이벤트 행사				
현수막/배너				
POS/카드				
냅킨, 클로스, 이쑤시개				
키오스크 테이블오더				
명함				
포장용기				
이외 소품				

❺ 설비 및 비품 리스트

1) 주방기구 리스트

품목	규격	메이커	수량	단가	비고
냉동고	업소용	LG	1		
냉장고	업소용	LG	1		
테이블형 냉장고		주문제작	1		바트 3구
가스 튀김기	대(6구) 소(4구)	린나이	2		400×530×850
보온밥통	50인용	신일	1		
가스 밥솥	//	린나이	1		
장국 워머기	주문제작	신일	1		
가스레인지	3구	린나이	1		1200×600×800
낮은 레인지	1구	주문제작	1		
작업대		//	2		1500×600×800
싱크대	1조	//	1		900×600×800
세철 싱크대	2조	//	1		1500×700×800
배기 후드		//	1		현장 실측 후 결정
벽선반		//	2		//
연육기(정육점용)	소형	국산	1		3날
빵가루 기계	일산	일반	1		
양배추 슬라이스기	일산	국산	1		
자카드			1		3날
민찌기			1		
제빙기			1		

주 : 지역마다 공급에 따라 가격변동에 차이가 날 수도 있음

2) 주방 비품 리스트

품목	규격	메이커	수량	단가	비고
스텐 밧드	530×330×150		5		
	330×270×100		5		
	330×180×100		3		
소스통	Ø170×150		4		
스텐 수프통	Ø385×410		3		
	Ø385×410		3		
스텐 믹싱볼	SET		2		사이즈별
철 프라이팬	275×535		3		SET로 1조
	250×520		2		SET로 1조
스텐 샥구	소		1		
고기 망치	70×70×390		1		
입집게	대		3		
	중		3		
거품기	365mm		1		
	406mm		1		
	대형		1		
야스리			1		
숫돌			2		공구시 · 모도시
캔오프너			2		
깡기리			2		
주방용 칼			4		야채 · 육류 각 2개
믹서기			2		
타배(보관용기)	set		1		대 · 중 · 소
양념통	set		1		
스텐 소금 · 후추통	일산		각 2		
위생 도마	대, 중, 소		각 1		
튀김망	중		3		
아미(튀김용)	소		3		

외식산업 창업 매니지먼트

03

입지와
상권분석 테크닉

3 입지와 상권분석 테크닉

제1절 / 입지의 개념 및 종류

❶ 외식산업 입지의 개념

상권은 판매공간, 소비자의 생활공간, 식당의 존재거점과 같은 3요소를 포함한다. 이때 식당의 존재거점이 되는 점(point)이 바로 입지이다.

❷ 입지의 종류와 조건

1) 형태별 입지의 종류

(1) 근린형

주거지 근처에 있고 사람들이 식당, 스낵코너, 식음료품 구매, 세탁소, 미장원, 문구점, 약국 등이 있어 일상적인 목적으로 자주 이용하거나 외식을 즐기는 입지이다.

(2) 지구형

주거지에서 다소 떨어져 있고 보통 주 단위로 쇼핑하는 물건이나 서비스를 주로 취급하는 식당이 많은 대형 할인점 등이 있는 입지이다.

(3) 중심형(번화가형)

주거지에서 다소 멀리 떨어져 있으며 쇼핑은 1년에 몇 회 간격으로 이루어진다. 일반상품 업종은 물론이고 외식업이나 오락, 유흥 등 여러 업종이 복합적으로 구성되어 있어 번화가형이라 말하기도 한다.

이를 다시 부도심형과 도심형으로 세분할 수 있는데, 신촌이나 영등포 등 교통이나 도시개발과 함께 새롭게 신흥 상권으로 떠오른 곳을 부도심이라고 하며, 남대문시장이나 동대문시장같이 전통적이고 복합형으로 구성된 중심상권을 도심형이라 한다.

2) 입지결정의 전제조건

첫째, 외식사업을 위해 선택한 업종과 입지와의 관계를 현실적으로 파악해야 한다.

둘째, 입지결정을 하기 전에 내가 개점하고자 하는 음식점의 장기적인 비전을 생각해야 한다. 사업을 시작해서 단기간 내에 결과를 얻는다고 생각한다면 매우 위험하며, 결과적으로 사업성이 떨어지는 경우가 발생한다.

셋째, 주변여건을 철저히 분석해야 한다. 주변의 중대형 건물, 즉 5층 이상의 건물이 어느 정도 분포되어 있으며, 또한 예상 잠재 외부 소비자의 분포도까지 고려해야 한다.

넷째, 교통근접성과 도로의 너비를 고려해야 한다.

다섯째, 상권 내 유사업종과 경쟁 대상 업종의 음식점 분포사항을 조사표에 의해 면밀히 기록, 이를 시간을 갖고 충분히 분석해야 하며, 동시에 시장성의 구조를 고려하여 입지를 결정해야 한다.

외식업 창업의 성공에 영향을 미치는 여러 요인 중에서 가장 중요한 것은 점포의 입지(위치)이다. 점포의 위치가 좋으면 비효율적 경영으로 발생하는 문제점들을 다소간 극복할 수 있지만, 입지가 좋지 않으면 유능한 경영자라 할지라도 그 능력을 충분히 발휘할 수 없게 된다. 입점에 대한 의사결정은 장기적인 고정투자의 성격을 가진다. 쉽게 변경할 수 없으며, 사업의 성패를 좌우하는 가장 중요한 요인이 되고 있다. 즉 입지(위치)가 사업 성패의 50% 이상을 좌우하는 중요한 요인임을 주지해야 한다.

❸ 입지조사 및 상권분석 시 고려할 사항

1) 상권의 수준

해당 점포 주위를 도보로 통행하거나 자동차로 지나다니는 사람들의 목적과 수준에 따라 매출액은 달라진다.

2) 통행량

점포 주위를 지나는 도보, 차량통행량이 많을수록 매출액이 높아질 가능성이 높다.

3) 접근 편리성

고객은 쉽게 접근하고 편리하게 쇼핑할 수 있는 곳을 선호한다.

4) 유도시설/접객시설

고객은 역이나 백화점, 대형할인점 등과 같이 사람이 많이 모이는 곳을 선호한다.

5) 인지성

고객이 특정지역에 무엇이 위치했는지를 인지한다면 자연히 구매로 이어질 가능성은 높아진다.

6) 경합 회피

같은 업종이나 비슷한 업종 간의 경쟁이 적을수록 좋다.

7) 건물구조

건물의 모양이 뛰어나고 규모도 크면 매출액이 높아질 가능성도 높다.
결국 좋은 입지의 선정이란 여러 요인, 즉 소비자의 소비행동과 잘 조합된 장소를 선택하면 최고의 입지가 되는 것이다.

8) 임차조건

일반적으로 '좋은 입지'인지, 아니면 '나쁜 입지'인지의 여부는 임차조건과 많은 관계가 있다. 해당 물건의 임차조건이 지역의 가격대에 비하여 지나치게 높은가 낮은가 하는 점이다. 하지만 입지와 임차조건이 반드시 상호관계를 가지고 있는 것은 아니므로 주의를 요한다.

조사의 종류	내용	참고자료
상권조사	소매점포 또는 집객요소 등 고객을 흡입하는 지역표지를 위한 자료	광역지도, 지번도
상권인구, 거주자 특성 조사	상권인구(종수, 남녀별, 연령별), 세대 수(종수, 세대별), 산업별 취업인구, 학력, 인구동태(자연증감, 사회증감), 거주형태, 거주수준, 학생 수, 진학률	각 행정통계연보, 인구동태조사, 주택통계조사, 학교기본조사
구매력, 소비성향 조사	상권세대별 소득, 가계지출	도시가계연보, 사회생활기본조사
교통, 통행량 조사	도로상황, 교통운행상황, 주요 역의 승강객 수, 차량 통행량	교통연감, 지하철공사, 경찰서, 시·구청 교통과
상점, 경쟁점 조사	상권의 점포 수, 매출, 면적, 종업원 수, 대항점 위치 주차장, 면적, 영업시간, 외식업 통계, 현장방문조사 등	지역경제총람, 유통업체연감, 음식업 각 지부, 시청이나 구청위생과
각종 지역정보 조사	시가지의 형성, 도시계획 상황, 도시개발 상황, 각종 행정지도의 내용, 도시계획상의 규제 내용 등	도시기본계획, 행정백서
주택 현황	주거지의 주택 소유 현황	부동산이나 주택공사
법령조사	건축법, 소방법, 위생법 등의 내용	각종 법령집

9) 피해야 할 입지

① 상가의 연속성이 끊어진 점포(공터 또는 이상한 업종 → 상권기능 소멸)

② 건물주가 유사업종에 종사하는 경우, 주인이나 간판이 자주 바뀌는 점포

③ 임대료가 너무 싸거나 권리금이 없는 경우(하자 및 근저당, 담보 우려)

④ 요란한 광고와 분양을 하는 대형빌딩 등 특수목적의 상가(미분양 시 타격)

⑤ 같은 업종의 큰 점포 옆에 작은 점포로 창업하는 경우

⑥ 주변에 식당이 없는 경우(식당은 모여 있을수록 잘됨)

⑦ 자연/인공 지형물, 장애시설물, 종교단체, 유흥시설이 같이 있는 점포

⑧ 교통량이 많고 속도가 빠른 큰 도로변(왕복 8차선 이상)

⑨ 계단 있는 식당은 불리하며 점포 맞은편에 건물이 없는 곳

⑩ 개점비용과 예상고객 수, 예상매출액, 예상수익률을 사전에 분석하여 비용이 적고 수익률이 높은 곳을 선정

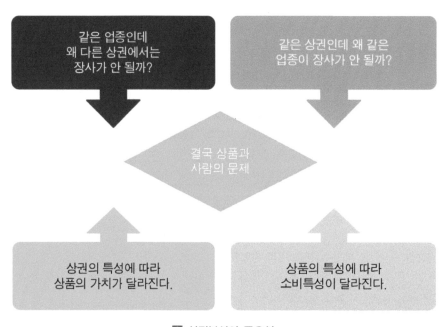

같은 업종인데 왜 다른 상권에서는 장사가 안 될까?

같은 상권인데 왜 같은 업종이 장사가 안 될까?

결국 상품과 사람의 문제

상권의 특성에 따라 상품의 가치가 달라진다.

상품의 특성에 따라 소비특성이 달라진다.

⬆ 상권분석의 중요성

10) 동선조사의 3대 심리

① **하향심리** : 지형지세에 의해 사람들은 낮은 쪽 골목길을 따라 움직인다. 즉 거슬러 올라가거나 경사진 옆길은 부담스러워한다.

② **최단거리심리** : 생활편의시설이 위치한 곳을 향해 사람들은 최단거리 골목길을 선택하게 된다. 생활편의시설은 대형슈퍼 등 집객력이 있는 핵(중심)점포나 버스정류장 그리고 지하철역 등이다.

③ **위험회피심리** : 사람들은 보도폭이 넓은 골목을 이용한다. 아무래도 좁은 골목은 어둡고 위험하기 때문에 안전한 골목을 이용하게 된다는 것이다.

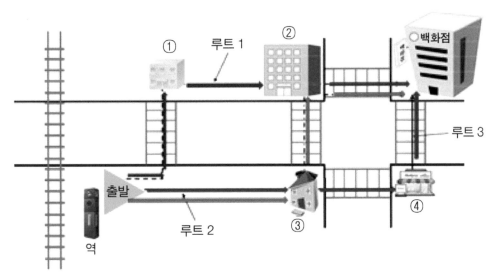

루트1. 역에서 출발하여 ❶의 점포 앞 횡단보도를 건너 ❷의 점포를 거쳐서 백화점에 도달하는
방법(역 → ❶ → ❷ 백화점)
루트2. 역에서 출발하여 ❸의 점포 앞 횡단보도를 건너 ❷의 점포를 거쳐서 백화점에 도달하는
방법(역 → ❸ → ❷ 백화점)
루트3. 역에서 출발하여 ❸의 점포 앞 횡단보도를 건너 ❹의 점포를 거쳐서 백화점에 도달하는
방법(역 → ❸ → ❹ 백화점)

⬆ 입지의 이해 – 접근편의성이 가장 좋은 점포는?

제2절 / 점포개발 스킬

❶ 점포개발 시 주의할 점

① 신규 창업자는 상권 형성된 곳이 실패율을 줄일 수 있어 유리

② 퇴근길 동선을 따라 위치한 식당 입지가 유리하며, 높은 지대보다 낮은 지대가 유리

③ 모든 업종과 업태는 사양기가 있음에 주의

④ 대상지의 정보를 주도면밀하게 최대한 폭넓게 입수해야 함

❷ 점포의 입지 선정 시 검토사항

① 점포가 소재한 위치는 보통 상권의 크기, 교통망, 고객층, 식당의 지세 및 지형과 밀접한 관계가 있다.

② 입지는 유동고객의 동선과 주변 여건에 따라 상, 중, 하급지로 분류할 수 있다.

③ 입지 선정 시 업종과의 부합성을 검토해야 한다. 일반적으로 좋은 입지라고 보는 곳도 업종과 부합되지 않으면 나쁜 입지가 될 수 있다.

❸ 점포개발 방법의 선택

점포개발은 입지와 상권에 의해 결정하게 된다. 다음 2가지 중 처한 여건에 부합하는 방법을 선택한다.

첫째, 물건정보를 입수한 다음 후보 식당을 조사하고 입지조사 · 상권조사를 거치는 방법이 있다.

둘째, 입지조사와 상권조사를 먼저 하고 창업 물건을 결정하는 방법이 있다. 이 방법은 업종과 업태를 토대로 새로이 창업할 때 더욱 유효하다.

이것이 결정되면 예비창업자는 사업타당성 분석을 토대로 출점입지를 확정하고 점포계약체결 같은 과정을 거쳐 점포개발을 한다.

제3절 / 입지조사

❶ 1단계 : 입지조사 및 분석

입지조사는 입지 유형에 따라 고객층 · 소득수준 · 인구구성 등이 다르기 때문에 추진업태를 중심으로 신중히 검토해야 한다. 또 입지의 지리적인 위치조사와 기능적인 위치조사도 다음과 같이 하여 분석하게 된다.

1) 입지의 지리적 기능 조사

① **코너성** : 대로변, 삼거리 코너, 사거리 코너, 오거리 코너
② **시계성** : 오목형, 블록형 입지 장애요인 유무(주변의 간판, 가로수, 건물)
③ **접근성** : 접근용이성(보행, 지하도, 건널목, 교통도로), 식당 출입의 용이성(층 위치, 출입구 위치)
④ **교통시설현황** : 교통시설의 이용인구 규모, 버스정류장, 전철역, 기차역, 횡단보도(지하도, 육교), 신호등 유무
⑤ **홍보성** : 간판위치 크기, 식당위치, 유동인구 규모, 전면길이, 건물 규모 및 집객력
⑥ **외식행태성** : 주요 외부 유입, 출입동선(출퇴근, 구매), 지름길 보행

❷ 입지의 기능 조사

① **1차 주기능 조사** : 주거, 상업, 공장, 오피스 밀집지역 등
② **2차 부가기능 조사** : 유흥가, 근린상가, 시장, 숙박시설, 대형상가, 식당가, 병원, 호텔, 학교, 관공서, 극장, 금융기관, 학원 등
③ **심야인구 유발기능 조사** : 나이트클럽, 단란주점 등 유흥가, 호텔, 모텔 등의 숙박 기능, 경찰서 심야인구 유발 위치파악(주류 전문점은 필수, 1차 주기능이 됨)
④ **대형 집객시설 기능 조사** : 학교, 호텔, 관공서, 극장, 경찰서, 백화점, 공원, 역
⑤ 인접지 상가 현황조사, 유사업종 조사
⑥ 기능별 집적도 및 활성도 조사
⑦ 입지의 발전전망
⑧ 쇠퇴가능성 조사

	입지	상권
개념	垈地나 物件(점포)이 소재하고 있는 위치적인 조건(Location)	垈地나 物件(점포)이 미치는 영향권 (거래권)의 범위(Trading Area)
물리적 특성	평지, 도로변, 상업시설, 도시계획 지구 등 물리적 시설	대학가, 역세권, 아파트단지, 시내 중심가, 먹자상권 등 비물리적인 상거래 활동공간
KEY WORD	POINT	BOUNDARY
등급구분	1급지, 2급지, 3급지	1차 상권, 2차 상권, 3차 상권
분석방법	점포분석, 통행량분석	업종경쟁력 분석, 구매력 분석
평가기준	권리금, 임대료(평당 단가)	반경 거리(250m, 500m, 1km)

⬆ 입지(Location) vs 상권(Trading Area/Selling Power)

❸ 입지조사 시 고려할 사항

① **코너성** : 대로변, 삼거리 코너, 사거리 코너

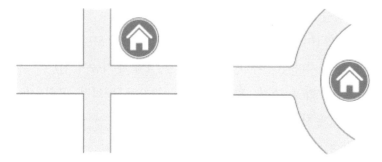

② **시계성** : 오목형 입지, 볼록형 입지, 장애요인(건물, 가로수, 간판 등)

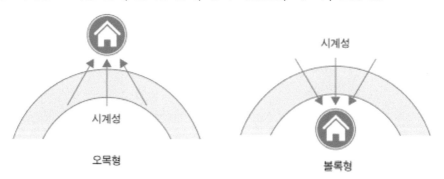

③ **접근성**：접근용이성(보행, 교통도로), 식당출입 용이성(출입구 위치, 계단)

④ **홍보성**：간판 위치 및 크기, 식당위치, 유동인구 규모, 전면길이(4m 이상), 코너길이 (양면 6m 이상), 건물규모(흡입력) 및 잠재력(상권 형성력 검토)

⑤ **외식행태**：지역 거주자의 외식장소 조사

⑥ **상생입지**：타 업종이면서 업종 간 보완적인 형태

⑦ **생활동선**：퇴근길 오른쪽 입지(자동차 동선의 편리성), 퇴근 및 시장이용 동선, 지름길 과 장소적 요점

⑧ **교통시설**：버스정류장, 전철역, 기차역, 횡단보도(건널목, 지하도, 육교) 및 신호등 유무

❹ 입지유형

1) 일면입지

• 대형 할인점의 근처는 좋은 입지

• 가족형 식당은 유망

• 보완업종：홈센터, 남녀 정장의류점, 구두점, 가전점, 완구점, 스포츠용품점, 타이어센 터, 편의점, 오토바이, 자전거전문점, 패밀리 레스토랑, 피자점, 국숫집, 만둣집, 세탁 소 등

• 생활도로가 좋고 승용차 통행량이 많은 오피스와 아파트 단지 지역이 유리하다.

• 식당 앞 전면으로 주차장이 있으며 전면 길이가 5m 이상이면 좋다.

• 최초 길목으로 횡단보도와 버스정류장, 지하철역이 인접한 곳은 식당 입지로 적합

주차장

2) 삼거리 코너 입지

- 삼거리 코너 입지는 우회전 쪽 코너가 좋으며 삼각 방향에서 간판 홍보에 좋다.
- 삼거리 교차지점에서 코너 입지를 끼고 좌회전 또는 U턴할 수 있으면 유리하다.
- 비보호 신호등이 있을 경우 전면에 주차장이 있으면 유리하다.

주차장

3) 사거리, 오거리 코너 입지

- 오거리는 상권이 분산되는 입지 내에 편의시설(관공서, 백화점, 주차장) 등이 좋다.
- 사거리 코너는 좌/우회전, U턴, 직진 등 차량통행이 자유로워야 하며 신호등이 있고 전면 좌측이 좋다.

편의시설

4) 쌍방향 일자형 양면 입지, 쌍방향 양면 입지

- 가시성, 홍보성이 우수한 아주 좋은 입지이다. 생활도로나 도보도로이면 좋다.

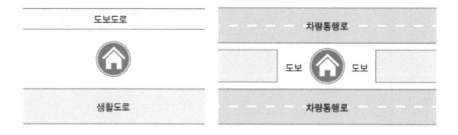

도보도로

생활도로

차량통행로

도보   도보

차량통행로

5) 커브의 바깥쪽

- 교차점의 모퉁이는 2방향으로부터 입점이 가능하므로 좋은 입지이다.
- 단지, 교통체증이 심한 교차점은 그다지 바람직하지 않다.

6) 퇴근길 오른쪽 입지

- 특히 로드 사이드점의 경우, 시계성의 높이가 포인트이다.
- 커브의 경우 내측보다 외측이 50m 이상 떨어져 있어도 건물 또는 폴 사인이 보이는 것이 바람직하다(가시성의 양호).

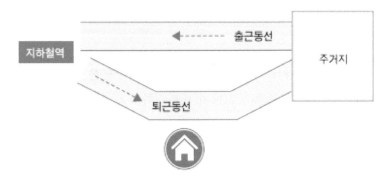

7) 시너지 창출형 입지

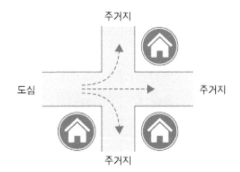

- 내점하기 쉬운 것을 생각하면 자동차 진행 방향의 오른쪽에 입지하는 것이 꺾어지기 쉬우므로 훨씬 유리하다.
- 또한 도심에서 베드타운 쪽(오른쪽)이 진입하기에 편리하고, 외식은 퇴근 때 이루어지므로 퇴근방향 쪽이 좋다.

8) 할인점 주변입지

- 할인점과 같이 늘어서 있을 것. 아니면 할인점 가까이에 있는 것이 좋다.

• 쌍방향 통행이 가능한 곳일수록 좋으며 가능한 많은 업종이 늘어서 있으면 좋다. 신당동 떡볶이 골목이나 신림동의 순대타운, 청담동 퓨전음식거리 등이 대표적인 지역이다.

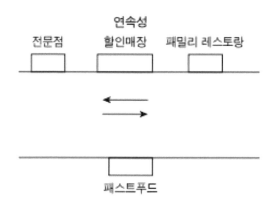

9) 도로의 모퉁이 입지 1

• 교차점의 모퉁이는 2방향으로부터 입점이 가능하므로 좋은 입지이다.
• 단지, 교통체증이 심한 교차점은 그다지 바람직하지 않다.

10) 도로의 모퉁이 입지 2

• 포인트는 근도심리와 직행심리이다.
• 인간은 근도심리와 직행심리가 작용하므로 D → B → A → C의 순으로 유리하다.
• C보다 A거점이 유리한 것은 주택에 가깝기 때문이다(근도심리).

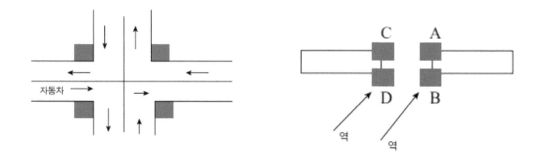

11) 기타 입지

(1) 일면 입지

- 승용차 통행량이 많은 오피스와 아파트 단지가 많은 지역
- 식당 앞 전면으로 주차장이 있으며 전면 길이가 5m 이상
- 최초 길목으로 횡단보도와 버스정류장, 지하철역이 인접해 있으면 식당 입지로 적합

(2) 삼거리 코너 입지

- 우회전 쪽 코너가 좋으며 삼각 방향에서 가시성이 좋아 홍보에 유리

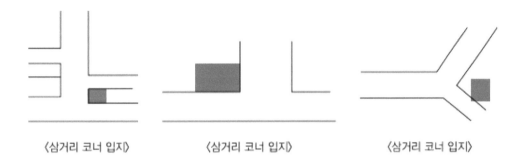

〈삼거리 코너 입지〉　　〈삼거리 코너 입지〉　　〈삼거리 코너 입지〉

(3) 오거리, 사거리 코너 입지

- 오거리는 상권이 분산되는 입지로 지점 내 집적시설(주차장, 백화점, 관공서 등)이 있는 곳
- 사거리 코너는 좌회전, 우회전, U턴, 직진 등 자동차가 자유롭게 왕래할 수 있어야 하고 신호등이 식당 전면에 있으면 좋음

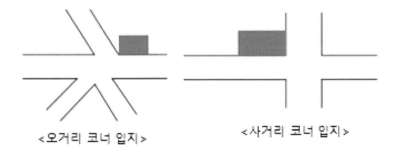

〈오거리 코너 입지〉　　〈사거리 코너 입지〉

(4) 쌍방향 일자형, 쌍방향 양면 입지

- 가시성, 홍보성이 우수
- 4면이 교통도로가 아니면 좋고 생활도로, 도보도로이면 좋음
- 4방향 양면 입지는 접근성이 좋음

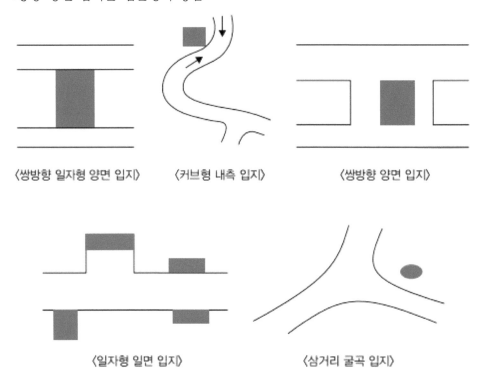

〈쌍방향 일자형 양면 입지〉   〈커브형 내측 입지〉   〈쌍방향 양면 입지〉

〈일자형 일면 입지〉   〈삼거리 굴곡 입지〉

5 기능적 입지

① **주기능** : 주거지, 상업, 공장, 가족공원, 사무실, 다운타운, 관광지, 외곽지 등 고객 흡입
기능

② **부속기능** : 유흥가, 근린상가, 재래시장, 숙박시설 밀집지, 대형 상가, 식당가 등

③ **야간인구 유발기능** : 나이트 등 유흥가, 호텔, 모텔 등의 숙박기능, 경찰서, 심야 쇼핑몰
등 심야시간까지의 장시간 영업점

④ **편의시설** : 각급 학교, 국제회의(컨벤션)시설, 가급적 대형 관광호텔, 관공서, 대형건물,
극장, 백화점, 공원, 역, 재래시장

⑤ 인접지 상가 현황 : 아파트 상가, 대형 건물, 전문상가(의류, 전자 등)와 그 건물 안의
   입점 식당

❻ 입지 및 점포 조사방법

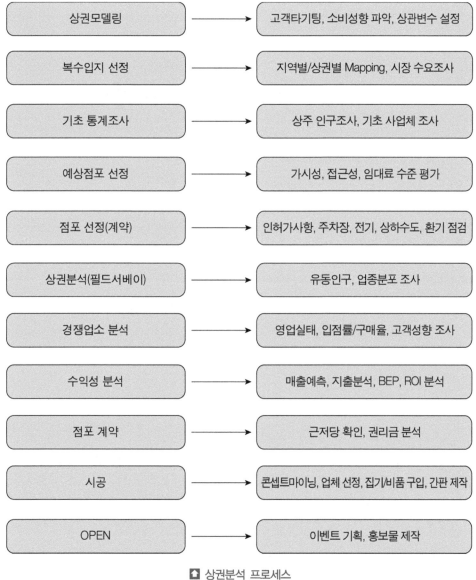

상권모델링	→	고객타기팅, 소비성향 파악, 상관변수 설정
복수입지 선정	→	지역별/상권별 Mapping, 시장 수요조사
기초 통계조사	→	상주 인구조사, 기초 사업체 조사
예상점포 선정	→	가시성, 접근성, 임대료 수준 평가
점포 선정(계약)	→	인허가사항, 주차장, 전기, 상하수도, 환기 점검
상권분석(필드서베이)	→	유동인구, 업종분포 조사
경쟁업소 분석	→	영업실태, 입점률/구매율, 고객성향 조사
수익성 분석	→	매출예측, 지출분석, BEP, ROI 분석
점포 계약	→	근저당 확인, 권리금 분석
시공	→	콘셉트마이닝, 업체 선정, 집기/비품 구입, 간판 제작
OPEN	→	이벤트 기획, 홍보물 제작

🔼 상권분석 프로세스

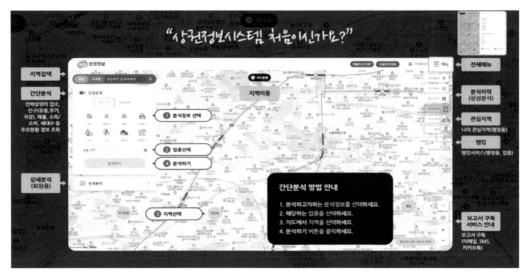

출처 : http://ssg.sbiz.or.kr/

🔺 소상공인시장진흥공단 상권정보시스템 : 이용 방법

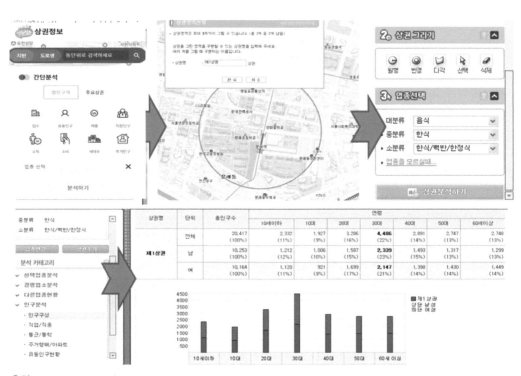

출처: www.semas.or.kr

🔺 소상공인시장진흥공단

1. 홈페이지 방문 및 회원 가입절차의 진행

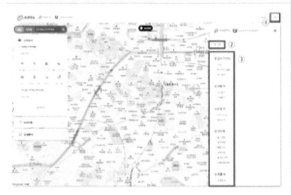

／ 간도분석, 상세분석 및 상권현황 등을 선택할 수 있습니다.

※ 먼저 로그인(회원가입)을 실행한다.
① 지역선택(마우스 클릭)

② 로그인 : 로그인을 하시면 더 많은 기능을 활용할 수 있다.

③ 상권정보시스템 세부메뉴 : 창업자가 진단, 상권분석, 시장분석, 상권현황, 정책통계 등이 있다.

2. 창업자가 진단

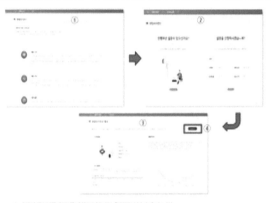

／ 진행했었던 설문 결과를 화면뿐 아니라 출력해서 볼 수 있습니다.

① 창업자가 진단 설명한다.

② 자가진단 설문조사 : 성별, 연령대, 회원유형, 관심업종, 관심지역 입력 후 설문조사한다.

③ 자가진단 결과 조회를 하여 결과를 출력한다.

3. 상권 분석하기

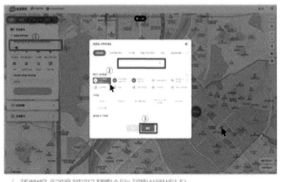

／ 간단분석은 로그인을 하지않고 진행할 수 있는 간편한 상권분석입니다.

① 업종선택을 선택한다.

② 업종선택 창이 뜨면 해당 업종을 검색하거나 선택할 수 있다.

※ 미리 선정된 지역을 선택해서 분석할 수 있다 (로그인 추천).

4. 상권범위의 설정

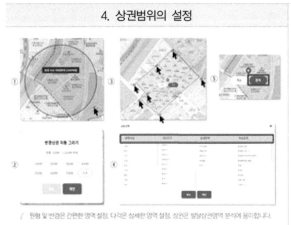

/ 원형 및 반경은 간편한 영역 설정, 다각은 상세한 영역 설정, 상권은 발달상권영역 분석에 용이합니다.

① 원형, 다각형, 반경 등을 선택할 수도 있다.

② 광역시도, 시군구를 선택하고 원하는 상권을 선택하여 분석이 가능하다.

5. 시장 분석하기

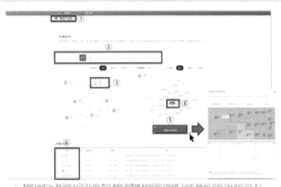

/ 창업기상도는 전국의 시군구 단위 주요 창업 업종별 창업유망 여부를 기상도형태로 인든 대시보드입니다.

① 시장분석 창업기상도를 확인한다.

② 주요 창업업종을 선택해서 볼 수 있다.

③ 시간대는 3개월 전, 현재, 3개월 후, 6개월 후

④ 광역시 및 시군구 단위며 판정에 영향을 미친 변수에 대해 볼 수 있고 범례는 양호부터 매우 나쁨 또는 판정불가로 나눠진다.

6. SNS 분석하기

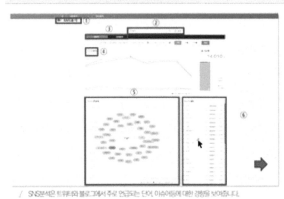

/ SNS분석은 트위터와 블로그에서 주로 언급되는 단어, 이슈어링에 대한 경향을 보여줍니다.

① 시장분석 중 SNS 분석이 중요하다.

② 이슈화된 키워드를 넣어 검색하며 인지도와 감성분석으로 나눠서 분석된다.

③ 검색어의 조회량 추이와 이유서들의 검색순위도 확인할 수 있다.

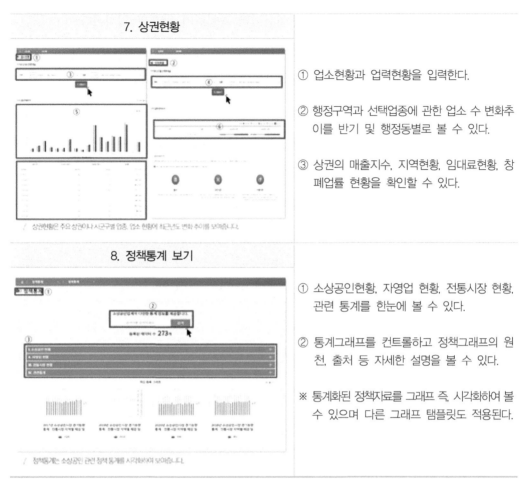

7. 상권현황

① 업소현황과 업력현황을 입력한다.

② 행정구역과 선택업종에 관한 업소 수 변화추이를 반기 및 행정동별로 볼 수 있다.

③ 상권의 매출지수, 지역현황, 임대료현황, 창폐업률 현황을 확인할 수 있다.

상권현황은 주요 상권이나 시군구별 업종, 업소 현황에 최근도 변화 추이를 보여줍니다.

8. 정책통계 보기

① 소상공인현황, 자영업 현황, 전통시장 현황, 관련 통계를 한눈에 볼 수 있다.

② 통계그래프를 컨트롤하고 정책그래프의 원천, 출처 등 자세한 설명을 볼 수 있다.

※ 통계화된 정책자료를 그래프 즉, 시각화하여 볼 수 있으며 다른 그래프 탬플릿도 적용된다.

정책통계는 소상공인 관련 정책 통계를 시각화하여 보여줍니다.

출처 : 소상공인시장진흥공단 인용 저자 재작성

1) 효율적인 상권조사

상권조사는 날씨와 계절 및 요일에 따라 차이가 있으므로 이를 감안하여 실시한다. 비나 눈이 많이 오는 날은 외출을 삼가므로 피해야 한다. 주중의 월~금 중에 조사하고, 주말은 따로 만들어 별도로 조사한다.

2) 유동인구의 행태에 의한 입지분석

• 유동인구가 집결되어 교차하면서 잠시 멈추는 형세의 상권이 발전된다.
• 교통 편의성과 편의시설에 의하여 유동인구와 거주인구가 집결된다.

- 전체 유동인구 중 여성비율이 50% 이상이면 흡입력이 양호한 입지이다.
- 유동인구의 도보속도가 느리고 아이쇼핑을 하듯 지나는 지역에서 소비가 창출된다.
- 주요 퇴근길 동선의 입지에 유동인구가 유입된다.
- 조식, 중식, 석식에서 고객 창출이 모두 가능한 곳은 두말할 것 없이 최상의 입지이다.

3) 식당의 시계성 고려 및 좋은 위치

- 유흥업소가 형성된 지역은 업종 선택에 특별한 주의가 필요하다.
- 차량 이동 시 70~100m 전방, 보행 시 30~40m 전방의 시계성 검토가 필요하다.
- 건물은 통행인이 전면에서 볼 때 좌측에 위치한 식당
- 커브길인 경우에 바깥 커브에 있는 식당
- 도보나 차량으로 접근하는 데 불편이 없는 식당, 주차장 규모
- 지하철 출입구 및 버스정류장 그리고 이전계획 여부(관계 정부기관에서 조사)

4) 식당의 점검사항

- 건물 및 내부시설의 노후상태, 건물외관 색상, 화장실 여건
- 기둥의 위치와 크기 : 내부 기둥의 활용도 고려 여부 결정
- 건물 크기와 내부 임대업종 구성 현황
- 전용면적 및 조건 : 등기부등본 등재면적
- 식당 전면 길이와 식당 모양 : 건물·식당의 전면이 길수록 좋음
- 부착위치 및 크기, 출입구, 창문 위치와 크기, 외부 경치 조망(전망) 정도
- 층의 위치, 계단의 위치와 넓이 및 경사도
- 높이 : 배기 및 식당 인테리어 고려

◈ 임대료 산출 평가기준

- 공시지가 : 국세청 자료
- 분양가/매매가 = 공시지가(시세) + 건축비
- 전세가 : 매매가의 50%
- 월세환산율 : 최근 상가임대차 보호법 시행에 따라 월세전환율이 14%로 제한(통상 월 10% 계산)

◈ 월임대료 산출방식

1. 10개월분 임대료를 보증금으로 예치하는 경우 → 전세가*r/(12 + 10r)
2. 전세금 총액의 30~50%를 보증금으로 예치하는 경우 → (전세금 총액-임대보증금)*r/12
3. 전세를 월세로 전환할 경우 월임대료(10개월 보증금) → 전세가*r/12

◈ 권리금 평가기준

- 권리금 형성내역(무형자산) : 시설권리금 + 영업권리금 + 바닥권리금
- 시설권리금 : 전주가 투자한 시설물의 사용기간에 따른 감가상각분을 제외한 금액
- 영업권리금 : 영업능력에 따른 노하우 포기 대가(체인점의 경우 인정)
- 바닥권리금 : 동일지역 내 입지조건에 대한 우열에 따라 형성된 배타적 지가를 말함
- 일반적으로 바닥권리금은 임대보증금 시세와 비슷하나, 지역에 따라서는 임대보증금의 4~5배를 상회하는 경우도 있음

제4절 | 상권조사의 실제

특정 지역에 창업하기 위하여, 창업 대상이 되는 상권의 입지와 주변 환경 그리고 고객의 집객형태 등을 파악, 출점 사업계획을 수립하고, 이에 따라 영업 방향과 마케팅 전략을 수립하기 위한 기초로 활용할 수 있게 작성해야 한다.

❶ 직접 방문조사 방법

1. 식당 입주예정 건물의 현황		
구분		**내용**
소재지		
건물형태 〈층수〉		
층별 업종구성	지상 1~6층	
	기타	

2. 입점예정 식당 내용	
구분	**내용**
위치	
식당 전면길이	
전용면적 + 건축선	
층별 위치	

3. 환경

입지환경	• 현 상권 및 향후 개발 여부　• 발전 가능성　• 향후 전망
경쟁점	• 후보점 대상 건물 100m 이내 입점 경쟁 대상 파악 • 직접 영향권 범주　• 일 매출
통행량	• 시간당 평균 통행량　• 1일 평균 통행량　• 잠재고객의 통행량 • 현 통행인구 성격　• 잠재고객의 이동경로
상권형성	• 사업지구 특성 　－출점지역의 조성공사 　－입주인구 • 역세권 지역 특성 　－주변의 상업용지 　－기존 상권 　－주변 상업지역 평당 분양시세

조건	구분	규모	필지수	평당분양가	분양가격	추천용도
유동고객층						

❷ 입지상권 통행량 조사

① 입지 통행량 조사 ② 통행방향 조사 ③ 조사위치 및 조사내용 ④ 시간별 통행량 등을 체계적으로 상세하고 정확하게 조사하도록 한다.

제**5**절 / **상권분석**

❶ 상권범위의 개요

상권(商圈, Trading Area)은 '상업상의 거래가 행해지는 공간적 범위'를 말하며, '상세권(商勢圈)'이라고도 한다. 즉 상점이 고객을 모을 수 있는 구역을 '상권'이라고 한다.

상권은 상업시설에서 어떤 상품을 취급하느냐에 따라, 또 그 상품의 가격이나 배송, 서비스 등의 요건이 어떠하냐에 따라 그 크기가 결정된다.

상권분석이란 상권 내에 있는 점포별 특성 및 현황, 인구 분포, 교통 상태, 통행량 측정, 경쟁사 조사 등의 제반요소를 조사하는 것을 말한다.

① 1차 상권의 지역범위는 후보점 규모 및 입점되는 장소의 고객흡인력, 주민 생활동선, 경합시설의 입지 및 경쟁력, 후보점의 위치, 도로시설, 교통시설, 상권규모 및 수준 등을 고려할 때, 500m 이내이며, 흡수 가능한 고객 수를 파악하고, 잠재상권의 가능성을 파악해야 한다.
② 2차(1~2km), 3차 상권(2km 이상)의 지역범위
③ 향후 상권의 확대 가능성
④ 상권발전 및 잠재상권 확대에 크게 기여할 수 있는 요소

❷ 상권의 설정

1) 일반적인 상권 설정

직선거리(m)	특기할 만한 정보
1차 상권	• 후보점을 중심으로 한 500m 내의 상권 • 백화점, 모든 금융기관, 중심상업 밀집지역 • 아파트 대단지, 집객력
2차 상권	• 후보점을 중심으로 한 1~2km 내의 상권 • 완공예정인 유동인구 유발 관공서 또는 백화점 등
3차 상권	• 향후, 전역에서 유동고객의 유입 예상, 2km 이상의 상권

2) 업태별 상권의 설정

▶ 소상공인시장진흥공단 상권분석 이용

구분	1차 상권	2차 상권	3차 상권
개별점포	점포매출 또는 고객수익 65% 정도 이상을 점유하는 고객의 거주범위가 해당	1차 상권 외곽지역으로 매출 또는 고객수익 30% 정도 이상을 점유하는 고객의 거주범위가 해당	2차 상권 외곽지역으로 매출 또는 고객수익 5% 정도 이상을 점유하는 고객의 거주범위가 해당
공동점포	상권 내 소비수요의 30% 이상을 흡수하고 있는 지역	상권 내 소비수요의 10% 이상을 흡수하고 있는 지역	상권 내 소비수요의 5% 이상을 흡수하고 있는 지역
패스트푸드	500m	1,000m	1,500m
패밀리 레스토랑	1,000m	2,500m	5,000m 소도시는 전 지역
캐주얼 레스토랑	1,500m	2,500m	5,000m
디너하우스	2,500m	5,000m	15,000m (스페셜 레스토랑 포함)

출처: https://sg.sbiz.or.kr/godo/index.sg

❸ 각 아파트별 세대 수 파악

❹ 집객시설 현황 파악

❺ 입지 및 상권조사 결과 종합의견을 도출해 낸다.

SWOT분석 등을 토대로 종합적인 의견을 제시할 수 있다.

외적 요소　　　　　내적 요소		내부환경요인(인적·물적 자원, 기술)	
		강점(S : Strength)	약점(W : Weakness)
외부 환경 요인 (정치, 경제, 사회, 정보)	기회 (O : Opportunities)	SO(공격적)전략	WO(방향전환)전략
		기회로부터 이익을 얻기 위해 강점을 활용하는 전략을 5~10개 정도 작성한다.	약점을 극복하면서 기회를 살리는 전략을 5~10개 정도 작성한다.
	위협 (T : Threats)	ST(다양화)전략	WT(방어적)전략
		위협을 회피하기 위해 강점을 활용하는 전략을 5~10개 정도 작성한다.	약점을 최소화하고 위협을 회피하는 전략을 5~10개 정도 작성한다.

구분	분석전략	상세설명 내용
SO	공격적 전략	강점을 위주로 기회를 살리는 전략
ST	다양화 전략	강점을 가지고 위협을 제거하거나 최소화하는 전략
WO	방향전환 전략	약점을 개선하여 기회를 살리는 전략
WT	방어적 전략	약점을 개선하면서 동시에 위협을 피하거나 최소화하는 전략

위의 4가지 분석요소를 통해 요인 등을 비교 분석하여, 자사가 추구하는 목적 달성의 적합성, 중요성, 실행가능성 등을 고려해서 의사결정 SWOT 매트릭스 분석을 할 수 있다.

❻ 결론 도출

1) SWOT : Strength(강점), Weakness(약점), Opportunities(기회), Threats(위협)

① 강점 : 회사 전체나 부분, 팀의 목표 달성에 적합한 역량

② 약점 : 목표 달성을 방해하는 모든 장애요소

③ 기회 : 활용해야 할 시장의 동향, 세력, 사건, 아이디어

④ 위협 : 대비해야 할 외부의 통제 불가능한 사건, 세력

2) 고객 분석

① **시장세분화(Market Segmentation)** : 복잡한 듯 보이는 큰 시장이나 고객집단을 보다 동질적인 작은 부분들로 나누는 것

② 고객 세분화를 통해 고객의 요구와 가격 민감도, 고객 접근법과 충성도 등을 쉽게 이해할 수 있음

③ 고객 세분화는 어떤 고객들이 회사에 더 많은 이익을 주는지를 밝혀줌

④ 서비스/상품을 제공하고 있는 현재고객과 잠재고객을 모두 염두에 두어야 함

❼ 상권분석

창업 업종 및 업태에 따라 분석해야 하는 상권의 크기가 달라지므로 창업 아이템의 특성 및 업종, 업태에 대한 검토와 판단이 선행되어야 한다.

일반적으로 상권조사를 실행할 때는 1차적으로 통계자료 및 관련 행정관서에서 확인할 수 있는 통계데이터를 조사하고, 2차적으로 직접방문조사를 통해 실측 조사를 해야 한다. 그 내용은 다음과 같다.

1) 1차적 통계자료 조사

- 상권 내 가구 수, 성별 인구수, 성별 구성비, 가구당 인구수, 5세 단위 인구수
- 시·동 위치도, 인구, 면적, 행정구역, 주요시설 현황
- 거주자의 직업 및 직종 분류
- 소득계층별 가구 수 및 구성비
- 계층별 가구 수, 계층별 구성비, 미디어 성향, 공연문화 성향
- 고객 거주지, 연령대, 고객 성향, 고객만족도
- 월 소득 및 지출, 소비지출 구성비
- 차종별 보유대수, 차종별 보유비율
- 대중교통수단 및 도로상황

2) 2차적 직접방문 조사

- 인근 경쟁업체 리스트
- 상권 내 음식업소 수 증감 추이
- 유사업소 변화 추이
- 대·중분류 업종 추이

3) 경쟁업체 비교분석

4) 고객 밀집도에 의한 분류

도로사정, 지하철, 버스, 대중교통 등에 의하여 먼 곳도 1~2차 상권이 될 수 있고 가까운 곳도 장애요인에 따라 달라질 수 있기도 하나 보편적으로 그림과 같이 고객을 흡인하는 지역에 따라 1차, 2차, 3차 상권으로 나뉜다.

① 1차 상권 : 핵심상권이라 칭함. 전체 고객의 60~65%가 밀집되어 있는 지역으로 고객 밀도가 높다.
② 2차 상권 : 전체 고객의 25~30%를 차지하는 지역으로 고객 밀도가 높다.
③ 3차 상권 : 전체 고객의 5~10%를 차지하는 지역으로 고객 밀도가 높다.

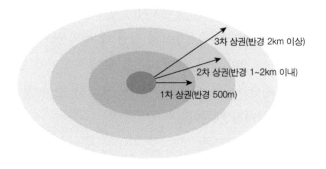

5) 고객 소비행동 분석

첫째, 상권수준이다. 후보점에 직접 들어가 유동객, 이용객, 차량통행객의 외모, 인상, 복장, 씀씀이를 주관적으로 판단하고 소비가 일어나는 식당으로부터 소비수준을 파악하려는 노력이 필요하다.

둘째, 시장규모를 파악해 보자. 시장규모가 클수록 상권이 확대되고 사람이 모이기 마련이다. 여기서 말하는 시장이란 재래시장이 아니라 상가밀집도, 사람을 흡인할 수 있는 시설이나 목적물 등을 말한다.

셋째, 인지성을 살펴보자. 인지도에 따라 모임, 약속장소가 될 수 있으며, 대중교통노선도 많다. 또한 인지도가 높은 곳일수록 상권의 미래를 예측할 수 있다.

넷째, 접근성을 본다. 접근성이 양호할수록 사람이 모인다. 물리적인 접근성뿐만 아니라 심리적인 접근성도 중요하다. 심리적인 접근성 장애요소로는 배타적 업소 등이 대표적이다. 일반 유동객을 대상으로 하는 업종의 접근성은 횡단보도의 유무, 대중교통노선, 단절 등이 접근성 판단의 기준이 된다. 부유층을 상대로 하는 업종이라면 주차시설의 유무, 주변 환경, 도로의 혼잡도 등이 접근성 판단의 잣대가 될 수 있다.

다섯째, 집객시설을 파악하자. 집객시설은 사람이 모이는 시설로 많이 모일수록 내 식당을 찾을 확률이 높다. 잠재고객 파악 및 고객 특성을 이해하는 데 좋은 지표가 될 수 있음을 명심하자.

여섯째, 경쟁과 양립관계를 파악하자. 주변업소가 경쟁업소가 될 수 있지만 상호 보완 가능한 양립의 관계가 형성될 수 있음을 명심하자.

일곱째, 건물구조를 확인하자. 건물의 모양새가 색다르면 시계성에 영향을 줄 수 있다. 눈에 잘 띌수록 내 식당을 찾을 확률이 높아진다.

여덟째, 유동량이다. 유동인구 조사는 상권조사의 필수다. 더이상 중요성을 이야기할 필요가 없다. 다만, 유동인구를 계수하거나 눈으로 살필 때 주의사항은 걸음걸이다. 걸음걸이가 빠른 곳은 가급적 피하는 것이 좋다. 물이 고이는 곳에 물고기가 있다고 사람이 고이는 곳에 돈이 있는 법이다. 횡단보도가 상권조사에서도 중요한 것이 접근성, 시계성 그리고 사람을 고이게 만드는 시설이기 때문이다.

6) 상권조사

(1) 통계자료의 조사

통계자료 조사를 위해서는 통계청, 상공회의소, 관공서 등을 이용하여 다음과 같은 내용을 조사한다.

◈ 통계자료의 조사내용

• 인구, 세대주, 가족구성원 수, 주거형태(단독, 아파트 등), 소득수준, 학력수준 등
• 연령별, 성별의 인구구성 등

(2) 상권규모의 파악

상권규모의 파악내용은 다음과 같다.

◈ 상권규모의 파악내용

• 고정상권 : 주거인구, 고정 출근자, 상주인구
• 유동상권 : 비거주, 비상주인구
• 주간 및 야간 상권과 대형 집객시설의 고정 및 유동상권 파악

(3) 업종업태 조사

(4) 고정상권(주거인구 및 고정 출근자 상주인구)

(5) 유동상권(비거주 및 비상주인구), 주간상권 및 야간상권 파악

(6) 대형 집객시설의 고정, 유동권의 파악

• 상권 내의 업종별 식당 수, 업종비율, 업종별 층별 분포를 파악한다.
• 판매업종과 서비스업종의 구조를 파악한다.

7) 3단계 : 물건정보의 수집(부동산, 식당)

물건정보란 업종 · 업태 선정을 한 다음 직접 현장 방문조사, 정보매개체를 통한 조사에 의해 이루어지는 부동산 물건(식당)의 정보를 칭한다.

시간을 충분히 갖고 사전에 출점지역과 식당의 층별 위치 및 식당 확보비용 · 식당면적 등의 조건을 내용으로 한 세밀한 체크리스트를 만들어 정보 수집을 개시한다.

(1) 직접 현장 방문조사

- 직접 순회 방문에 의한 매물정보 수집
- 신축건물 사무실 방문
- 건물에 부착된 광고
- 상가 건물관리인 및 건물주 방문

(2) 정보매개체를 통한 조사

- SNS 소셜네트워크 정보 및 언론 신문·잡지광고
- 부동산 중개업소
- 이해관계자(거래관계자·친인척·가족 등)

8) 4단계 : 후보 식당의 조사

(1) 후보지 상권 변화요인조사

① 향후 상권 변화요인조사

상권조사 변경은 취급업종 및 규모와 입지 등에 따라 거점 반경 150~500m 정도의 범위 내에서 조사하고, 상권 변화요인의 정보를 입수해서 출점 시 반영해야 한다.

◈ 향후 상권 변화의 예측
- 주변 상권의 확대 및 축소 전망
- 대형 접객시설 개발에 관한 정보
- 주변 건물의 신축 및 철거계획
- 도시계획 서류 확인 조사

(2) 상권분석

① 상권 규모분석

ⓐ 예상후보의 1차, 2차, 3차 상권의 범위를 설정한 후 고정 및 유동상권, 예정업태의 주 상권 규모를 도출한다.

◈ 분석할 내용

- 주변시설의 흡인력
- 주변인구의 외식형태
- 경합점의 입지 및 경합력
- 도로 및 교통시설
- 통행인의 성격 및 수준

- 외부 유출입 동선
- 후보점의 규모
- 주변지역의 지형·지체
- 상권의 규모·형태
- 입지의 기능적·지리적 위치

ⓑ 조사한 내용을 정밀 분석하고, 전략적 시사점을 토대로 출점계획 시 반영한다.

② 잠재수요분석(Potential Analysis)

상권 잠재력 분석의 경우 1차 상권 규모는 1차 상권지역 내 빌딩의 업무 및 상업시설 규모에 기초하여 상주성 유동인구의 수용규모를 추정하여 산정한다. 또한 2차 상권 규모는 1차 상권 대비 상주성 유동인구의 규모와 주거지역 내 고정인구의 규모를 추정하여 산정한다. 상권 인구수에 있어서 빌딩의 경우 상주 인구수는 사용면적 대비 건축면적 7~10평당 약 1명 정도로 보고 있다.

외식산업 창업 매니지먼트

04

공간활용
점포설계 플래너

4 공간활용 점포설계 플래너

외시시장의 글로벌화는 다양한 신규업테를 만들어내고 있다. 창업계획 단계에서 입체의 콘셉트 설정, 상호 결정, CI의 디자인, 메뉴 결정, 디자인 설계방향, 식기 코디네이팅, 유니폼 디자인 등에 전문적 안목이 필수적이다.

※ 기업 아이덴티티(CI) : 디자인에서 심벌마크와 별도로 기업명을 나타내는 글자로 만들어진 마크로서, 심벌마크와 결합되거나 독립적으로 쓰이는 로고마크이다.

◆ 설계의 7원리

① 유연성(Flexibility)

② 모듈성(Modularity)

③ 단순성(Simplicity)

④ 공간의 효율성(Space Efficiency)

⑤ 감독의 용이성(Ease of Supervision)

⑥ 위생관리의 용이성(Ease of Sanitation)

⑦ 식재료와 직원의 원활한 흐름(Flow of Materials and Personnel)

제1절 콘셉트의 결정

❶ 콘셉트(Concept)란?

콘셉트란 광고에서 목표 소비자에게 제품의 성격을 명확히 부여하는 것이라 할 수 있는데, 목표 소비자는 누구인지, 그들에게 필요한 욕구는 무엇인지, 광고 목표는 무엇인지 등을 살피고, 우리 제품만의 고유한 특징으로 제품의 개념을 만들어주는 것이다.

콘셉트란 자사 제품이 어떤 개념의 제품인지 고객들에게 인식시키는 것이다.

콘셉트는 자사 제품만이 줄 수 있는 소비자 편익이어야 한다.

훌륭한 콘셉트를 도출하기 위해서는 제품, 소비자, 경쟁, 시장 환경에 대한 자료를 자세하게 분석해서 그 안에 의미 있는 즉, 자사 제품만이 가지고 있는 중요한 제품 특징이나 자사와 경쟁사가 아직 이야기하지 않은 내용들을 찾아내야 한다.

콘셉트를 도출한다는 것은 광고하려는 상품에 명확한 성격을 부여해 주는 것인데 광고는 항상 고객 지향적이기 때문에 '목표 고객에게 상품의 성격을 명확히 부여하는 것'으로 정의할 수 있다.

콘셉트를 도출해 낼 때 제작되는 광고가 누구를 위한 광고인지, 누구에게 소구할 것인지를 생각해서 그 목표고객이 공감할 수 있는 것이어야 한다. 아무리 좋은 편익의 제시라도 그들에게 필요하지 않다면 아무 소용이 없다.

자료의 수집·분석을 통한 광고 목표를 설정하고 그 목표를 달성할 수 있는, 또한 목표에 합당한 콘셉트를 도출해야 한다.

❷ 간판

간판은 그 사업장의 얼굴이라 할 수 있을 정도로 고객들의 첫인상을 좌우한다.

디자인을 하기 전에 먼저 사업장 콘셉트와 레스토랑 내부 분위기에 맞는 네이밍(Naming : '명명·이름을 붙이다'라는 뜻)을 한다.

'네이밍'은 BI(브랜드의 통합적 이미지 전략, Brand Identity)를 실행하는 중요한 작업이다. 자사 싱품과 서비스가 가진 우월성, 차별성을 최적(最適)으로 표현하여 고객에게 친숙하게 다가갈 수 있는 브랜드 이름을 짓는 것이다. 상호와 상표가 결정되면 특허청에 등록하여 타인으로부터 제소당하거나 경쟁업소가 사용하지 못하도록 한다.

간판은 고객으로 하여금 눈에 잘 띄도록 하는 것이 중요 포인트이며, 점포의 이미지를 심어주는 역할을 하므로 다음 내용을 지킨다.

① 색깔을 3~4가지 선에서 눈에 잘 띄게 단순화하여야 한다.
② 여백의 미를 살려 상호이름, 슬로건, 전화번호, 홈페이지, 가맹점, 직영점 등 꼭 들어갈 중요사항만 넣어야 한다.
③ 간판디자이너와 면담하여 옥외광고물의 형태와 광고의 목적 등을 협의한다.
④ 현장조사를 통해 주변 건물 및 건물의 현황, 주변 간판, 설치할 위치, 높이, 크기, 부착방법 등을 파악한다.
⑤ 네온간판(점멸 네온, 단순 네온, 파노라마 네온 등), 돌출간판, 문자형간판, 어닝간판, 전면간판, 지주간판, 특수간판, LED간판 등과 같은 간판의 설치형태(옥탑광고, 옥상광고, 벽면광고, 야립광고 등) 중 주변여건을 고려해 적절히 선택한다.
⑥ 각종 도안도구 및 컴퓨터그래픽 프로그램을 사용하여 디자인 시안 제작한 것을 받아 다른 디자이너와 같이 검토한다.
⑦ 회의를 통해 시안을 검토하고 수정하여 완성한다. 제작 및 설치 실무자와 사용재료, 제작기법, 부착방법 등을 협의하고 현장 설치를 감독한다.

◆ BI(Brand Identity)

브랜드 이미지 통합화 작업을 뜻한다. 경영전략의 하나로 상품 자체에 매력을 부여하면서 고객에게 자사를 강하게 인식시키고, 기업 이미지를 높이며 상표 이미지를 시각적으로 체계화·단순화하고 체계적 관리를 통해 제품 및 판매 전략을 구체화시켜 브랜드에 대한 선호도를 높이는 것을 말한다. 기업 이미지 통일화 작업은 CI라 한다.

❸ 건축적 요소

건축적 요소를 잘 활용하면 전혀 다른 느낌을 줄 수 있기 때문에 공간에 맞추어 디자인하는 것은 매우 중요하다.

출입구 정면에 주방이 위치하는 구조로 만들어 홀과 주방 공간 분리를 위해서 카운터를 주방 앞에 두어 업무 효율을 높이면서 공간을 나누어 이동 동선이 꼬이지 않도록 한다든가, 건물구조에 따라 동일 디자인이지만 전혀 다른 느낌을 줄 수 있기 때문에 공간에 맞추어 디자인을 하는 것이 중요한 포인트이다.

내·외벽, 바닥, 천장 등을 공간별로 어떤 건축재료를 선택하여 시공과 마감을 하는지에 따라 공간의 효율적 이용, 방음 및 단열 등의 효과에 큰 차이가 발생한다.

그러므로 꼭 설계시점에서 설계업자로부터 3D(Three Dimension, 삼차원)와 도면을 받아보고 이를 참조하여 공간별로 시공할 재료를 선택하도록 한다.

❹ 전기적 요소

효과적인 비용통제 및 제관관리를 꾀하기 위하여 다음의 사항에 유의한다.

① 전기용량을 확인하여 비상전력을 제출받는다.
② "POS시스템, CCTV, 인터넷, 전화 등" 해당 항목에 따라 필요시 추가증설 용량을 꼭 확인하도록 한다.
③ 추가증설 용량에 맞게 전기시공업체를 선택하여 계약한다.
④ '③의 계약'이 끝난 후에는 '실내장식 업체'의 시공날짜에 맞춰 각각의 업체를 연결해 주어 비용통제 및 안전, 개점일정 등을 관리해야 한다.

❺ 가구 요소

식당 규모와 각각의 용도에 맞는 가구 선택이 중요하며 다음과 같이 공간을 활용한 기능적 요소를 감안한다.

① 벽면을 이용히여 붙박이 가구를 제작하거나 이동바퀴를 부착하여 이동 가능하도록 제작, 공간 활용도를 높인다.

② 독신자 증가 등의 추세를 감안하여 2인용 사각테이블을 많이 제작하고 이를 4인용 사각테이블과 접목, 고객 수에 따라 융통성(Flexibility) 있게 활용한다.

③ 고객 의자는 접이식 또는 덮개(Cover, 마개)가 달려 있으면 고객의 가방 등 소지품을 담을 수 있어 좌석 수의 활용도를 높일 수 있다.

❻ 위생적 요소

① 실내기와 실외기의 거리가 가까이 설치되어야 비용 등의 관리 면에서 효율적임을 감안하여, 냉·난방기 설치 시 스탠다드 설치, 천장 매입형 설치 등을 고려한다.

② 환기시설 시 후드(Hood), 덕트설비(Duct Work) 설치, 벤틸레이터(Ventilator, 환풍기) 설치 중에서 적합한 것을 선택한다.

③ 입점할 건물에 맞는 정화조인지 미리 확인한다.

❼ 계산대 제작요소

고객서비스를 실시하면서 지속해서 사용하는 것이 계산대인데 잘못 제작해서 계속 불편함이 초래되는 경우가 많다.

식사 대금을 계산하는 주목적 말고도 POS시스템 본체, 모니터, CCTV, BGM, Audio[Stereo] Equipment, 전화기, 카드단말기, 식당 명함, 고객 마일리지 카드함, 매출 증대를 위한 미끼상품의 진열, 광고용 P.O.P(Point-Of-Purchase) 등의 거치대(据置臺) 역할을 하므로 점장 또는 업주의 의견이 잘 반영되도록 목공공사 시 또는 계산대 및 서랍장 등의 제작 발주 전에 계산대 위에 거치할 집기 비품과 서랍장 등의 효율성을 강조해 제작을 의뢰한다.

8 계산대 제작요소에 고객이 관심을 갖도록 하려면

① 어떤 메뉴를 제공하는 사업장인지, 가능하면 가격표시 또는 메뉴 보드(Board)를 입구에 비치한다.

② 테마와 볼거리, 스토리텔링이 있고 콘셉트와 조화되는 BGM을 느낄 수 있는 유쾌한 공간으로 구성한다.

③ 매장 특성·고객 취향을 고려해야 한다. 매장의 특성이나 고객의 취향을 생각하지 않고 무조건 독특함이나 고급스러움과 럭셔리함을 표방하는 아웃테리어는 역효과를 볼 수 있다.

④ 청결성이 보장되는 고품질의 내장재를 선택한다.

⑤ 인테리어 비용은 보통보다 낮게 하려 하지 말고 콘셉트에 맞는 적절한 투자가 필요하다.

⑥ 중앙에 입구를 좁게 비치하면 고객이 분산되므로 영업장의 전면 입구를 넓게 한다.

⑦ 고객이 드나드는 라인에 대한 종업원 서비스 동선 확보와 고객이 나가는 동선 확보가 필요하며 고객이 이를 인지하기 쉽도록 Layout을 구성한다.

⑧ 청결을 유지할 수 있는 내장재 재료를 사용하도록 업체에 요구한다. 특히 바닥재 타일의 경우 컬러나 재질이 청결을 유지할 수 있는 것을 선택한다.

제2절 | 성공적인 인테리어(Interior) 포인트

1 사업장 인테리어 포인트

사업장(事業場, A Place of Business) 실내장식(인테리어, Interior)이 중요한 이유는 창업 시 사업장 임대차비용 다음으로 가장 큰 투자비 항목에 해당하기 때문이다. 또한 임대 계약 만료 후 철거 및 원상복구 비용까지 부담해야 하기 때문이다.

1) '이미지'와 '콘셉트'가 있고 무슨 메뉴를 판매하는지 알 수 있게 한다.

주력(대표적인)상품을 상호로 하여 매치시키는 작업이 실내장식이다. 프랜차이즈 창업(Franchise Start-Up) 시에는 본사(Franchiser)에 의해 상호와 실내장식, 간판까지 일관성 있게 전략이 진행되는 반면, 독립창업(Independence Start-Up) 시에는 실내장식, 간판, 주방, 설비 등의 공사가 각각 업체별로 별도로 진행된다.

2) 영업장의 테마를 선정하고 상호와 실내장식 분위기가 맞도록 한다.

사업장의 실내장식 디자인은 공간, 재료, 색채, 가구, 조명 등으로 기본요소가 구성되며, 실내공간은 벽, 바닥, 천장 등의 구성요소로 구분된다.

공간 안에 어떻게 위의 기본요소들을 구성에 맞게 잘 선정해서 꾸밀지 다음과 같은 사항을 고려한다.

① 돋보일 수 있는 인테리어[Interior(House), 실내장식]와 익스테리어(Exterior Decoration, 외부장식, 의장)가 나와야 한다.

② 집기와 가구 등 레이아웃을 잘 짜서 사업장 콘셉트가 도출되도록 해야 한다. 영업장의 테마를 선정하고 상호와 실내장식 분위기가 서로 조화되도록 해야 한다.

③ 우선 주방의 위치를 결정한 후 객석 홀 등의 위치를 결정하며, 요즈음 트렌드(Trend) 처럼 가능한 주방을 공개한다.

④ 화장실을 주방과 반대쪽에 배치한다.

⑤ 차별성과 기능성을 고려해 고객의 동선공간을 여유롭게 확보한다.

❸ 레스토랑과 바―인테리어 디자인 포인트

매장 선정 시 실내에 직사광선이 비추는 방향은 가급적 피해야 한다. 내부시설을 커튼으로 막아 인테리어 내부 가시성이 떨어지기 때문이다. 주변에 선입점한 아이템과 입점예정인 아이템의 연결성을 고려해야 한다.

① 내장재, 색채, 조명 등을 독특한 기법(테크닉, Technic)으로 차별화한다.

② 경쟁점포 디자인을 벤치마킹은 하되 더욱 개성 있는 공간을 창조하도록 한다.

③ 현재와 미래의 유행(Fashion, Trend)에 맞게 색채, 레이아웃, 분위기 등을 결정한다.
④ 로고와 심벌, 마크 등 CI(Corporate Identity : 기업 이미지와 커뮤니케이션 시스템을 계획적으로 만들어내는 디자인 전략)를 통일한다.
⑤ 건물의 외관, 조경 등의 바깥을 의미하는 익스테리어(Exterior) 부분도 인테리어(Interior)와 동일한 콘셉트로 조화롭게 표현한다.

❹ 아웃테리어(Out terior) 디자인 포인트

외형적 모습인 익스테리어(Exterior; 아웃테리어, Out Terior)가 독특하면 지나가는 사람들의 관심을 끌 수 있기 때문에 창업 시 건물의 외부(외면), 간판 등 아웃테리어의 개선으로 성공적인 매출과 수익을 창출할 수 있다.

익스테리어에 메뉴상품과 서비스 수준, 가격대 등을 느낄 수 있고 들어가고 싶다는 느낌이 드는 디자인 포인트가 중요하다. 사람은 만나서 5초 안에 상대방에 대한 평가를 내린다는 '첫인상 5초의 법칙'처럼 외부 장식도 실내 못지않게 매우 중요하기 때문이다. 실제로 식당이나 주점의 경우에 지나가는 소비자가 해당 매장을 결정하는 시간은 수초 내에 이뤄지는 것으로 조사되었으며, 짧은 순간에 강한 인상을 주기 위한 첫 번째 조건이 매장의 외관이다. 고로 성공 전략의 하나인 셈이다.

인테리어가 매장 콘셉트에 맞는 분위기로 재방문고객을 창출한다면 아웃테리어는 고객의 발길을 잡는 임무를 지닌다.

❺ 인테리어 공사 전 체크 포인트

최소 3사 정도의 업체를 선정해야 한다. 각 업체에게 내부 공간구성을 활용할 수 있는 실내장식 콘셉트를 요구할 때 업체가 다음 내용을 반드시 지키도록 한다.

① 해당 사업장을 실제로 측량한다[실측(實測)].
② 창업자는 선정된 3사의 설계업체와 같이 각 경쟁업체를 방문하여 벤치마킹을 해서 원하는 인테리어와 주방 사례를 제시하여 설계업자가 참고토록 한다.
③ 판매 결정을 한 메뉴품목을 고려한다.

④ 주 타깃 고객층과 입지특성을 고려한다. 이때 3D(투시도, Three Dimension), 도면, 공정일정표, 공정견적서를 제출받아 적절한 업체를 선정한다.

⑤ 별도 시공 비용항목은 간판, 냉난방기, 송풍구 덕트(Ventilation Duct), 전기가스 증설, 음향기기, 소방공사, 정화조, 외부공사, 철거 등이다.

⑥ 선택구매사항은 POS, TV모니터, CCTV, 빔 프로젝트 등이다.

❻ 레이아웃에서 고려해야 할 포인트

내부 레이아웃에서 고려해야 할 사항은 통로, 진열, 집기와 장비, 카운터(Counter : 식당, 상점 등의 계산대, 판매대) 등이며, 공간 여유가 있다면 직원 탈의실, 지배인과 주방장의 사무공간 등을 설비한다.

레이아웃 확보 부분의 시공 시 지배인과 주방장, 업체가 창업자와의 의견을 조율할 때 창업자 입장에서는 테이블을 더 넣으면 '회전율이 매출을 늘린다'는 논리로 좌석 수를 조금이라도 더 늘리려 하지만 훗날 좁은 주방에서의 비효율적인 음식 생산이라는 큰 문제가 발생하여 고객서비스에 차질이 올 수도 있음을 상기해야 한다.

창업자의 무지로 레이아웃에 차질을 빚는 문제점을 해결하기 위해 다음 사항을 고려해야 한다.

1) 푸드 코트(Food Court)의 평당 효율이 높은 레이아웃

1층에 위치한 푸트 코트의 경우 사업장 입구 쪽 레스토랑에 고객이 몰리는 것이 일반적이다. 따라서 입구 쪽은 커피, 아이스크림, 타코 벨(Taco Bell), 아비스(Arby's) 등 한 끼 식사를 해보는 패스트푸드부터 볶음밥 종류까지 메뉴가 다양한 경제적인 레스토랑이 좋다. 반면에 안쪽에는 고가 메뉴상품을 판매하는 것이 좋다. 셀프서비스 점포는 안쪽이 회전율이 높다.

2) 점포 내부가 한눈에 들어오도록 유도하는 레이아웃

상품 진열은 남녀 고객의 키를 기준으로 삼아서 눈높이에 알맞게 배열한다. 조명의 밝기가 상품을 고급화시킨다는 점을 고려하여 고급식당의 경우 백열등을 위주로 한 조명 계획으로 아늑한 분위기를 만드는 레이아웃을 반영한다. 모든 것은 고객유도에 초점을 맞추어야 한다.

3) 주된 통로의 배열

주된 통로는 고객유인이 핵심이며, 직원과 고객이 서로 충돌하지 않도록 하는 것이 가장 중요한 요소이다. 주된 통로는 가능하면 넓게 확보하는 것이 효율적이다.

제3절 / 실내장식 공사 시 기본지식

사업장의 공간은 첫째, 상품을 생산하는 주방공간 둘째, 직원 준비 동선공간 셋째, 고객의 공간 등 크게 3개의 공간으로 구분할 수 있다. 3가지 구획(Section)으로 구분한 후에 메뉴상품에 맞게 실내장식 레이아웃(layout)을 할 수 있다.

견적은 3곳 정도에서 받아야 한다. 어떤 경우라도 꼭 비교견적을 받아서 비용을 절감해야 한다.

❶ 사업장 실내장식의 기본절차

1	기본 방향 설정	전반적인 분위기, 점포의 고정적인 이미지
2	입지 선정 및 공사견적	공사 사업자 미팅, 견적서 요청, 검토
3	정보수집 및 환경조사	경쟁점포 조사, 건물 내·외벽 조건
4	기본 및 실시설계	평면도, 투시도, 상세도, 공사목록표, 공사일정표
5	공사 개시	실내, 간판, 철제, 목공, 전기공사, 조명, 주방, 기타 마감공사
6	설비설치 및 집기배치	설비설치, 비품, 집기배치, 각종 인쇄물
7	준공 청소	

❷ 레스토랑의 조명계획(照明計劃 ; Planning of Lighting)

조명계획은 건축 또는 시설의 조명 설비가 기능적 요구를 만족하고 동시에 '시각을 통하여 미감을 일으키는', '의장(意匠)'이 뛰어나게 계획하는 것을 말한다. 공간적 특성에 대한 지각, 시각, 청각, 촉각의 공동작용으로 이루어지는 공간지각(空間知覺)의 개체에 속하는 조명은 공간 분위기를 이끌어 가는 역할을 하며 사물의 인식에 있어 색채, 마감재와 함께 가장 중요한 실내장식 요소이다.

1) 식음 형태에 따라

① **식사 위주일 경우** : 음식을 돋보이게 하여 미각을 자극하는 조명으로 설비한다.

② **음료와 주류 위주일 경우** : 침착하고 편안한 분위기의 조명으로 설비한다. 조명 방식은 매입형, 펜던트(Pendant : 늘어뜨린 밧줄장치)가 많이 사용된다. 조명기구의 의장(意匠), 배광방식, 실내분위기, 디자인 스타일 등이 조화되도록 한다. 펜던트는 '식탁 위에 떨어지는 장식적 조명기구'로 식탁 위로 약 60cm 전·후로 앉고 일어설 때 머리가 부딪치지 않는 높이가 적당하며 식탁을 중심으로 한정시켜야 한다. 일반좌석은 펜던트형으로 하고 통로는 매입형으로 하는 것이 좋다. 매입형을 설치할 경우, 규칙적 배치는 연속적인 빛과 음영의 시각적 흐름에 따라 동선을 유도할 수 있으나, 불규칙적 배치는 고객들에게 혼란(混亂)을 줄 수 있음에 유의한다.

2) 조명계획은 업종과 업태, 점포 콘셉트에 따라 달라져야 한다.

조명은 마감재들의 색상, 질감, 공간의 구조적 특성들과 조화를 이루어 전체 공간의 분위기를 만든다. 따라서 구조, 컬러, 질감, 패턴, 재질, 볼륨 등의 디자인 요소들과의 관계를 충분히 고려한다. 업종, 업태의 콘셉트에 알맞은 개성 있는 디자인과 배치가 관건이다.

① **고객이 장시간 식사하는 고급식당** : 조명의 색온도와 설치높이를 낮추며 간접조명을 병행해야 아늑하고 피비(PB=프라이빗, Private)한 느낌을 줄 수 있는 분위기 연출이 좋다.

② **고객회전이 빨라야 하는 패스트푸드나 백화점 푸드 코트** : 색온도와 조도(밝기), 조명의 설치높이를 높여야 밝고 활기찬 느낌을 줄 수 있고 조명방식도 간접조명보다는 직접

조명이 월등히 좋다.

③ **영업시간대에 따른 조명 조절** : 영업시간대에 따라 조명을 조절하여 실내분위기를 바꿀 수 있으며, 이는 주·야간의 매출에 큰 영향을 미칠 수 있다. 주·야로 실내외의 조명 방식과 조도(밝기)를 조절할 수 있도록 계획한다.

④ **점포의 특성에 따라 달라져야 한다** : 국적(國籍)에 따라 요리와 상차림의 방식이 전혀 다르다. 메뉴의 특성과 식기에 맞도록 조명을 계획해야 본연의 풍미와 특성이 살아나 므로 전반조명과 테이블 위의 조명방식도 콘셉트에 따라 달라지도록 계획해야 한다.

3) 조명의 위치, 색온도, 연색성, 시각조도, 조명방법에 따른 감성변화를 알자.

(1) 다운라이트는 자연스럽고 친숙하며 즐겁게 느껴지게 한다.

위에서 아래로 비추는 다운라이트(Down-Light)는 평범하여 별다른 감흥을 주지는 못하 나 전체를 밝게 만들고자 할 때 좋다. 눈부심(Glare)이 없는 다운라이트는 조명의 위치를 인식하지 못하게 하고, 시선이 조명이 비추는 면(面)으로 옮겨지게 하는 특성이 있으며, 공중에서 밝게 빛을 내는 여러 개의 펜던트 조명은 친숙하고 즐거운 느낌이 들게 한다.

(2) 벽이나 바닥조명은 신비하고 흥미롭게 느껴지게 한다.

라이팅-월(Lighting-Wall)은 바로 옆에서 비춰주어 시야에서 큰 부분을 차지해 작은 빛으 로도 밝은 느낌을 준다. 지면의 스탠드는 모닥불처럼 따스함을 주며, 라이팅-플로어 (Lighting-Floor) 같은 조명은 신비한 사이버공간 느낌을 준다. 이처럼 색다른 위치의 조명 은 전혀 다른 느낌을 선사한다.

(3) 조명의 연색성(演色性)은 음식의 식감을 좌우한다.

촛불이나 백열전구 등의 붉은빛이 돌고 색온도가 낮은 조명은 사람의 마음을 안정시키는 효과가 있다. 반면에 푸른빛이 나는 형광램프 등의 색온도가 높은 조명은 심리적인 긴장감 을 높이고 활동적으로 만든다. 훈훈하고 부드러운 분위기를 연출하고자 한다면 목재 마감 재를 많이 사용하고 색온도가 낮은 조명(할로겐, 백열등 계열)과 조광기(照光機)를 이용해 조도를 조절한다. 색온도가 높은 조명을 색온도가 낮은 조명과 대비시키면 더욱 훈훈함이 느껴진다. 연색성(演色性)이란 조명의 색 재현 능력을 말하는데 이것이 좋으면 자연광과 같은 느낌이 나며 음식의 식감을 살려주므로 중요하다. 식당의 테이블을 비추는 조명은 연색성이 높은 할로겐 계열의 조명을 사용하고 기타 장소에는 효율성이 좋은 형광계열의 조명을 사용하는 것이 바람직하다.

(4) 시각조도를 고려한 마감재와 조명계획이 중요하다.

조명계획을 할 때 이론적 조도 값보다 시각조도를 고려하여 조명을 디자인해야 하며 숙련도가 요구된다. 시각조도(視覺照度)는 사람이 느끼는 빛의 밝기를 뜻하며, 이것을 결정하는 것은 빛의 양뿐만 아니라 조명이 동일해도 바닥, 벽, 천장, 가구 등의 마감재 특성이나 색상에 따라 시각적으로 느껴지는 밝기가 전혀 달라지게 된다. 밝은 분위기를 연출하려면 빛이 닿는 바닥, 벽, 천장에 반사율이 높은 마감재나 색상을 사용하면 된다.

(5) 간접조명과 직접조명은 조화와 균형을 이뤄야 한다.

조명기구는 직접조명, 간접조명, 반직접조명, 반간접조명 등의 방식이 있다. 간접적으로 비춰지는 빛(간접광)은 조명이 실내의 다른 물체나 벽에 반사, 투과되어 확산되는 빛을 말한다. 간접광은 부드럽고 아늑하게 느껴지고 편안한 공간을 연출한다. 그리고 바닥 등에 의한 바닥반사, 스포트라이트에 의한 벽면조명을 통해 간접조명의 효과를 만들어낼 수 있다.

◆ 연색성(演色性) : 광원에 따라 물체의 색감에 영향을 주는 현상. 예를 들면 백열전구의 연색성은 적황색이 많기 때문에 따뜻한 빛 계통의 물건을 비추면 색채가 훨씬 밝아 보이고, 형광등의 빛은 푸른 부분이 많으므로 흰빛이나 차가운 빛 계통의 물건을 뚜렷하게 보이게 한다.
출처: 조경기사, 시각디자인산업기사, 컬러리스트산업기사 기출문제(기출넷, https://rlcnf.net/)

❸ 식당과 주점(Bar)의 색채 계획(Planning of Color Design)

인테리어 계획 시 가장 중요한 것은 색채 계획이다. 보색(補色)이란 다른 색상의 두 빛깔이 섞여 하얀색이나 검은색이 될 때, 이 두 빛깔을 이르는 말이다. 보색대비(補色對比)란 보색관계에 있는 두 색을 같이 놓을 때, 서로의 영향으로 더 뚜렷하게 보이는 현상을 말한다. 유사색 배합은 상대 색의 성격에 손상을 주지 않고 은은한 변화를 부여한다. 요즈음은 실내장식에서 유사색 계열을 많이 채택하고 있다.

색상환 배열에서 서로 이웃하며 그 색의 바탕에 공통된 성질을 가지고 있는 색들인 주황은 붉은색, 파랑과 청보라는 파랑이라는 공통요소를 유사색(Similarity, 類似色)이라 한다.

1) 요소별 색채 계획

① **바닥** : 벽면과 동색(同色) 계열, 내수성이 강한 재료를 사용하므로 기능을 감안해 중간 정도의 색상이 무난하다.

② **벽** : 바닥면과 동색(同色) 계열, 부드러운 느낌을 주는 밝은색이 좋으며 고객의 시선이 접하는 부분이므로 미감을 높일 수 있는 온색 계통의 색상이 효과적이다. 지나치게 높거나 낮은 명도의 색상은 부조화를 일으킬 수 있으므로 피한다.

③ **천장** : 바닥면이나 벽면보다 좀 밝은색을 쓰는 경향이 있는데 공간이 넓어 보이기 때문이다. 가벼운 느낌을 주는 난색(온색) 계통이 좋다. 난색(Warm Color, 暖色)은 따뜻한 느낌을 주는 색으로 색상환 중에 적색에 가까운 색이며 난색 계통의 고채도 색은 흥분 감을 느끼게 해 맥박을 증가시키고 내분비 작용을 활발하게 한다. 심리적 느슨함과 여유를 가진 색이다. 비교적 가벼운 느낌을 주는 온색 계열의 색이 바람직하며, 중후한 색상은 피한다. 천장은 채광, 조명 효과가 크므로 벽색과 동색 계통을 채택하는 것이 이상적이지만 벽보다 높은 명도를 적용한다. 명도(Luminosity, 明度)는 물체의 색이나 빛의 색이 지니는 밝기의 정도를 말하는데, 색을 구별하는 감각적인 요소로 눈이 느끼는 밝기에 의존하므로 그 물체 자체의 명도보다는 주변에 있는 사물과 비교했을 때 갖는 명도가 더 확실하게 영향을 미친다. 예를 들면 주의 표지판은 확실히 보일 수 있도록 명도 차이가 많이 나게 만든다.

④ **조리실** : 지나치게 따뜻한 느낌이 나는 색상, 혼란스러운 무늬는 피한다. 아늑하고 조용한 분위기를 나타내는 중간 정도의 색채를 선택한다.

⑤ **전반적인 실내의 조명** : 푸른 기운을 가진 형광등은 난색에 적합하지 않으므로 이를 피하고 백열등을 중심으로 조명한다.

2) 컬러별 분위기 연출 포인트

① **파스텔톤(Pastel)** : 부드러운 느낌의 자연스러운 색이다. 요즘은 내추럴한 파스텔톤이 등장, 자연주의 스타일로 공간 전체의 분위기를 통일시킬 수 있는 자연스러움이 꾸준히 사랑받고 있다. 과거에는 강렬하면서 크고 원색적인 꽃무늬 등을 과장되게 표현하기도 했다.

② **크림과 베이지 계열(Cream, Beige)** : 화이트에서 크림 베이지에 이르는 유사색 컬러 배치는 편안하고 즐거운 공간을 연출한다. 세련되고 편안한 느낌의 내추럴 색이다. 이들 색은 따뜻하고 편안한 기분을 느끼게 하여 내추럴한 공간을 원하는 소비자들이 매우 선호하는 색이다.

③ **노랑(Yellow)** : 밝고 유쾌하고 활발한 색상이다. 밝고 생기 있는 분위기 연출에 적합하고, 생동감과 감싸는 느낌을 주며 밝은 실내를 연출하는 데 적합하다. 그러나 튀어나와 보여 좁은 면적의 영업장은 더욱 좁아 보일 수 있으므로 피해야 한다. 지하의 채광이 전혀 없는 영업장에는 선택이 가능하다.

④ **진한 갈색(Dark Brown)** : 차분하게 가라앉은 느낌의 진한 갈색은 세련미를 느끼게 한다. 고풍스러운 클래식 컬러로 오랫동안 지루하지 않고 깔끔한 느낌의 깊이감이 느껴지는 색깔로 고급 멤버십 바 등에 어울린다. 몰딩재, 마루재, 또는 가구에 주로 사용되는데 중후하면서 깊이 있는 격조감을 느낄 수 있다.

⑤ **핑크(Pink)** : 공간에 사용할 때는 채도가 낮은 무채색을 조화시키면 차분하게 가라앉아 세련된 느낌을 준다. 여성스럽고 로맨틱한 컬러로 핑크를 많이 쓸 때는 인디언 핑크와 같이 채도가 낮은 컬러로 톤을 맞춰야 고급스럽다. 핑크는 넓은 면적에 쓰는 것보다는 블라인드나 커튼, 전등갓, 쿠션 등 작은 실내장식 소품에 부분적으로 사용하는 것이 안전하다.

❹ 식당에서 색채 사용의 강조

냄새, 시각, 맛과 연관된 생각들을 통하여 식욕을 촉진하는 종합적인 콘셉트를 계획할 수 있다. 또한 따뜻한 조명은 식음료 영업장 시설에 필수적이다. 왜냐하면 휴식에 대한 욕망을 유발하면서 편안하고 즐겁고 따뜻한 분위기를 연출해 주기 때문이다.

1) 색채와 냄새 및 분위기의 연관성

색은 주로 냄새와 관련하여 연상된다. 핑크, 라벤더, 엷은 노랑과 녹색은 유쾌한 냄새를 연상시키며, 쓴 냄새는 갈색과 보라 계열의 특정 색채와 연관된다. 달콤한 냄새는 빨강이나 핑크색, 신 냄새는 노랑과 황록색, 마취성 냄새는 적갈색과 보라색, 사향노루의 사향샘 냄새는 초록빛이 나는 갈색에 연관된다. 냄새는 감각, 감정, 기억을 자극하여 맛있게 식사한 기억은 식욕을 자극하고 고객들의 재방문을 촉진한다.

2) 색채와 식욕 및 시각적 효과

색채와 식욕 및 시각적 효과의 사용 : 색채 사용의 강조는 식욕 증진에 관계하여 적용한다. 식욕은 시각의 감각에도 의존한다. 음식물을 보았을 때 색은 음식의 신선도, 완숙도, 맛이 있을 것인지의 판단에 실질적인 역할을 하기 때문이다.

① 어두운 빨강, 자주색은 고기의 부패를 연상시켜 식욕을 감퇴시키므로 단색의 경우 어두운 색은 피하도록 한다. 어두운 노랑-연두색은 야채가 시들거나 한색으로 느껴지므로 밝은색을 사용한다. 파랑-남보라를 많이 포함한 한색은 고기가 부패한 것처럼 보이니 피하도록 한다. 식당의 배색은 난색을 주조색으로 하여 즐겁고 편안한 분위기로 연출한다. 고로 어두운 회색의 고기, 연보랏빛 감자, 진흙빛의 보라색 샐러드, 검은 완두, 푸른 빵 등은 변질된 요리 색상이므로 피하도록 한다.

② 난색계는 모두 다 식욕을 돋우는 경향이 있는데 빨강, 주황의 채도색이 대표적이다. 한색계에서 청록의 중간 채도색은 음식에 직접 배경이 될 때 청록색이 음식의 빨강, 주황과 보색관계에 있고, 음식의 채도를 강하게 보이게 하여 음식을 맛있게 보이게 한다.

③ 식욕과 색에 관련해서 따뜻한 빨강(주홍색, 플라밍고, 산호색), 주황(복숭아색, 호박색), 따뜻한 노랑, 밝은 노랑 그리고 선명한 녹색은 식욕을 자극하는 색으로 밝혀졌다. 반면에 자줏빛, 보라, 귤색, 연두, 겨자색, 회색 계열과 회색은 식욕증진 효과가 떨어지는 색이다.

3) 영업장 업태별 색채 콘셉트

① 식당 사업의 성공은 음식, 서비스, 가격과 분위기의 네 가지 조건에 달려 있다. 매력적인 식당을 디자인할 때 조명이 색처럼 중요한데, 훌륭한 조명을 연출하려면 너무 밝거나 어두우면 안 된다. 밝은 빛은 아늑하고 친숙한 분위기를 만들 수 없으며, 어두우면 손님들은 주문한 음식을 제대로 볼 수 없기 때문이다. 따라서 식당에서의 테이블 조명은 국지적인 백열등이 이상적이고 다른 조명을 이용하여 밝기를 조정하는 것이 바람직하다.

② 실내장식은 제공되는 음식의 형태가 자아내는 특별한 느낌에 많이 의존하는데, 고급요리를 제공하는 식당은 우아한 가구를 놓아야 하며, 일반 요리를 제공하는 식당은 세련된 실내장식으로 재미있게 연출한다.

③ 식당의 벽, 식탁보, 접시, 가구, 실내장식의 경우 유사색과 보색으로 조화를 이루고 식욕을 낮추는 색상은 피한다. 식탁은 음식에 영향을 주지 않아야 하므로 노랑-연두, 남보라-보라는 피하도록 한다. 예를 들어 플라밍고색 벽이라면 청록색 카펫이나 식탁보를 사용하면 된다. 빨강의 범위에서는 플라밍고나 산호색이, 주황의 범위에서는 복숭아와 호박색이 생기 있는 레이아웃을 제공하며, 노랑은 밝고 햇빛이 비치는 듯한 분위기를 만든다.

④ 카페테리아와 커피숍은 조금 밝은 빛이 좋다.

⑤ **벽의 주조색**: 밝은 주홍, 밝은 주황, 엷은 노랑, 따뜻한 노랑, 살구색 그리고 엷은 녹색 등은 벽의 주조색으로 이상적이다.

⑥ 강조를 위한 좀 더 강한 빛은 파랑이나 청록색이 좋다.

⑦ **바닥면**: 너무 어두우면 좋지 않다. 청결하지 못한 느낌을 주기 때문이다.

⑧ **식탁**: 나무의 결 모양이나 식욕을 일으키는 색이 좋다.

제4절 / 인테리어 콘셉트

　사업주는 창업 예정지의 사업장에서 판매할 메뉴상품 등 현재 상태를 공사업자 및 설계자에게 상세하게 인지시킨 후 실내장식을 진행하는 게 좋다.

　대체로 평수에 따라 공사비를 예측할 수 있으나, 임대할 점포의 구조에 따라 원하는 대로 디자인이 어려울 수도 있고, 특별히 비용이나 추가 비용을 요청할 수도 있으니 사전에 보이지 않는 설치비용까지도 계약 시에 철저히 명시하도록 한다.

❶ 인테리어 콘셉트 요령

　메뉴의 특성을 잘 반영한 공간으로 연출하기 위해서는 건축물 내부의 공간 및 판매 상품의 분석, 디자인을 어떻게 하는가를 신중히 결정해야 한다.

　고객의 취향이 빠르게 변화하기 때문에 이에 따른 라이프스타일에 대처할 수 있도록 콘셉트를 결정한다.

① 로고타이프와 마크 등 전반적인 이미지 통일
② 이미지 진열, 비주얼 진열 등을 위한 아이디어로 기획
③ 서비스하기 좋게 레이아웃 구성
④ 내장재, 컬러, 조명의 효과로 차별화
⑤ 일반적인 인테리어 방식을 탈피한 개성 연출

❷ 식음료 사업장의 인테리어

　외식사업의 경우, 업종도 다양하며 업태도 스낵바(Snack Bar), 캐주얼 다이닝(Casual Dining), 파인 다이닝(Fine Dining), 시푸드(Seafood), 칵테일 바, 민속주점 등으로 다양하다.

1) 외식업의 점포 인테리어 포인트

- 업종과 업태별 특징 대비, 경쟁업소 대비 차별화 전략을 세운다.
- 영업장의 실내에 홀과 주방의 위치를 정하는 것이 중요하다.
- 점포 내부공간을 편하고 여유롭게 하며 고객의 즐거움을 높일 수 있고, 다양한 편의기능성을 감안하여 객석 테이블의 위치를 정한다.
- 감각적인 분위기를 연출하고 마무리 마감재질, 다채로운 컬러색감 등으로 고객의 니즈에 맞도록 구성한다.
- 실내인테리어의 마감재는 실내 직접조명과 간접조명 사이의 안락한 조화를 염두에 두고 편안한 색채로 구성된 디자인으로 공사한다.
- 제공하는 음식 가치에 따른 가격, 최상의 서비스, 저렴하고 빠른 스피드 요구, 고가이지만 품위를 생각하는지, 제공되는 서비스의 속도 등에 따라 각각의 특징을 살려 구성한다.
- 백열등은 실내를 아름답고 음식을 맛있게 느끼도록 하나 더운 느낌이 있고 형광등은 찬 느낌이 있으니 그 수나 설치 위치에서 잘 조화되도록 배치한다.
- 주방 및 객석, 공공구역(출입구, 화장실 포함) 등은 전체적으로 위생에 충분한 배려가 있도록 한다.

2) 주의사항

- 공동으로 사용하는 부분의 바닥 면적, 출입구나 엘리베이터의 홀, 계단, 통로, 화장실, 기계실 따위의 상가에 입주업체의 공유면적을 제외한 순수한 전용면적의 정확한 거리 실측이 요구된다.
- 천장, 벽체, 바닥, 조명, 화장실비품 등에 어떤 제품을 사용하는지를 파악한다.
- 고급스런 제품보다는 장애인 사용 기능성(속성) 같은 특수한 경우를 제외하고는 실내 장식 비용을 추가해서는 안 된다.
- 너무 서둘러 공사를 단축하면 하자공사가 되어 개업하지 못하는 경우도 발생한다.
- 고객서비스를 우선 기능으로 설계되고 건축되어야 한다.
- 업자와 함께 벤치마킹 차원에서 유사점포를 반드시 방문하도록 한다.

- 실내장식업체에게도 일정표를 작성케 하여 공사 진행 현황에 대한 크로스체크를 수시로 한다.

제5절 / 인테리어 시공업체 선정

최초단계에서 체크해야 할 것은 냉 · 난방 설비와 급배수 설비, 고객 및 요리사들의 쾌적성을 고려한 홀 및 주방의 환기 설비, 고객 및 요리사들의 안전을 고려한 안전 설비 등으로 나누어볼 수 있다. 소형 식당일수록 기본적인 설비가 잘 갖추어져 있어야 고객과 서비스를 제공하는 종사원들을 쾌적하게 실내로 이끌 수 있다. 안전성과 쾌적성은 설계 시 가장 중요하게 고려해야 한다.

❶ 업자를 동반한 벤치마킹 실시

인테리어 업자를 동반하여 경쟁점포를 3개소 정도 실제 조사하는 것이 가장 좋다. 부득이한 경우 창업자는 벤치마킹한 경쟁점포의 객석과 주방 사례를 2~3개 정도 제시하여 설계에 적용토록 한다.

❷ 견적서를 3개 업체 이상 취합

3개 업체의 견적을 받아 총 예정 금액을 결정한 뒤 최적 업체를 선정한다. 공사금액은 업체에 따라 20~50%까지 차이가 나는 경우도 있다.

경쟁 입찰 시 싼 금액만 보고 업체를 선정할 경우 그들이 공사기간을 단축할 목적으로 공사를 진행하면서 추후 공사비를 증가시키는 요인이 되므로 주의가 필요하다.

❸ 인테리어 업체 선정

인테리어 업체 선정 전에 그 업체 본사와 그들이 시공한 사례 점포를 직접 방문해서 확인하는 것이 바람직하다. 업체에게 개략적으로 시공기간 등을 물어서 잠정적 스케줄을 결정한다. 중소형 점포는 20~40일, 큰 점포는 통상 2~3개월 걸린다.

제6절 인테리어 공사 진행

사업주는 창업 예정지 점포의 현재 상태를 공사업자 및 설계자에게 상세하게 인지시킨 후 업체가 실내장식설계도를 작성하여 계획하에 공사를 진행하도록 한다.

❶ 시공과 체크리스트

계약 체결 시 특기사항으로 첨부할 내용은 상세도면, 평면도, 전개도, 입면도, 단면도, 전기배선도, 창호도면, 가구도면, 주방도면, 기구표시, 흡배기 도면, 수도인입 도면, 가스인입 도면 등이다.

▶ 인테리어 공사 전 체크리스트

전기적 요소	위생적 요소	건축적 요소	기타 요소
• 전기용량 • 비상전력 공급여부 • 전화 설비상태 • 전기요금 산출방식	• 위생배관의 위치 • 냉 · 난방 설비의 위치 • 급배기 등 환기상태 • 소방설비 방식	• 면적 • 평면도 • 천장 내부, 높이, 매입 등 • 기존구조, 마감 • 채광상태, 방음 • 공간의 법적 용도	• 건물의 등기 문제 • 건물주 측의 요구사항 • 관련 관공서

❷ 특약사항을 분명히 명기(明記)하도록 주의한다.

경쟁 입찰 3개 업체 중 무조건 저렴한 견적 위주로 업체를 선정한다면 공사 단축목적으로 공사를 진행하여 추후 공사비를 증가시키는 요인을 만들 수 있다.

인테리어 공사계약 체결 시 업체는 대부분 인쇄된 계약서에 총도급액, 부가세액, 공사기간, 계약금, 중도금, 잔금일자 및 조건 등의 내용만을 기록하고 있는데, 가급적이면 별도의 특약사항을 반드시 분명하게 드러내 보이도록 명시(明示)한다.

책임한계, 사고 시의 책임소재, 공사지연 시의 책임소재, 계약해지 조건제시 등과 같은 발주자의 권리를 반드시 삽입하도록 한다.

1) 공사계약 체결 시의 권리사항

① **도로사용권 및 인근 주택, 상가와의 업무조정** : 공사를 시행할 때 소음과 원자재 입고 및 구축물 철거에 따르는 먼지 등으로 이웃 주민과 민원이 발생하는 경우가 많으므로 미리 공용도로 사용허가 등의 허가를 해당 관청에서 받도록 한다. 그리고 민원발생 등의 모든 문제와 해결은 인테리어 업자의 책임으로 해야 한다.

② **입면도(Elevation, 立面圖)** : 건물의 연직면(수직면 : 어떠한 평면이나 직선과 수직을 이루는 면)으로의 투상도(投像圖). 통상적으로 평면도에 입각해서 작성하도록 하며 축척도 같게 한다. 건축물 외면 각부의 형상, 창이나 출입구 등의 위치, 치수, 마감 방법 등을 알 수 있다.

③ **공사 지연책임** : 천재지변 또는 불가항력의 경우를 제외하고는 모두 시공업자 책임으로 한다. 개업일자가 지연되면 건물 임대료, 인건비 부담, 대외신용도 등에서 큰 지장을 초래하므로 이 조항을 명기한다.

⟨예 : "공사가 지연될 경우, 1일마다 전 공사비의 몇 %를 지급한다"는 등의 내용을 계약서에 명시(明示)하도록 한다.⟩

④ **공사보증** : 하자 보증기간의 확인, 누수 등 긴급한 사항의 발생 시 대처방법 등을 명시하도록 한다.

⑤ **화재보험의 가입** : 영세한 소규모의 음식점은 공사기간 중 위험을 보증하기 위하여 화재보험에 가입하지 않는 경우가 많으나 언급하는 것이 좋다.

⑥ **특기 사양서** : 도면상에 표시할 수 없는 부분이나 공사에 상세한 내용을 정리하기 위하여 도면에 특기사항을 명시한 내용이다.

2) 점포 시공 항목

실내장식 공사는 반드시 주방설비와 병행해야 하는데, 인테리어 공사 중 비중이 큰 항목은 철거공사, 칸막이공사, 조적공사, 전기공사, 설비공사, 배기 닥터공사, 내장공사, 가구공사 등이다. 일반적인 점포 시공 항목은 다음과 같다.

- 철거공사
- 전기공사
- 간판 부착
- 미장, 타일 공사
- 마감 및 점검(체크리스트 작성)
- 목공사
- 보일러 공사
- 배관공사(상 · 하수도 공사)
- 가스공사
- 냉 · 난방 공조기기의 설치

3) 시공계약 체결 시 주의사항

모든 공사업무를 일임하면 비용통제가 어려워지므로 하나하나 배운다는 자세로 질문해 가면서 체크해 나가는 것이 경제적이다.

① **도어** : 각 창호의 개폐방향과 규격, 사업장이나 주방 출입구, 화장실 출입구의 규격 등을 확인한다.

② **창호도** : 출입구, 창문의 규격 일람표와 위치, 종류별, 기자재명, 스텐 혹은 스틸(금속)물의 두께 표시, 창호의 폭, 위치, 개폐방향, 방식 등을 확인한다.

③ **직원 출입문** : 점포의 후면이나 주방에 연결된 문은 종업원 통로이기 때문에 흰색보다는 손때가 잘 안 타는 자재를 이용하는 것이 좋으며 폭은 최소한 70~90cm가 되어야 한다.

④ **벽 디자인** : 벽면의 내장 디자인과 건축자재 확인. 주방 벽면은 흰색 타일을 사용하며, 벽면에 주방기기가 위치하므로 방수부문과 일정 높이의 타일작업이 되어 있는지 반드

시 확인하도록 한다.

⑤ **천장도면** : 천장의 마감자재, 모양, 조명등(샹들리에), 공조기기, 점검구, 배기·흡기 위치, 닥터 등의 설비도면이 포함되어 있는지 확인, 지붕 또는 옥상에 배기 블로어(Blower)를 설치할 때는 동력(마력 수)도 확인하도록 한다.

⑥ **조명** : 조도와 조명기구 수, 모양을 도면에 표시하거나 샘플 또는 카탈로그를 확인하도록 한다.

⑦ **의자와 테이블** : 의자와 테이블 높이 및 규격 확인, 위치 설정도 확인. 테이블 객석 수와 분위기가 여기서 결정된다.

⑧ **설비도면** : 전기, 급배수, 냉·난방 공조, 가스 등 사업장의 설비에 관한 내용을 확인하도록 한다.

⑨ **전기** : 콘센트 위치, 주방, 간판, 사업장 객석별로 전압과 와트 수가 정확히 설정되었는지, 분전반의 위치, 전화나 금전등록기 배선까지 확인하는 것이 좋다.

⑩ **냉·난방** : 냉·난방 공조기기의 위치, 객석과의 거리가 합당한지 공조기기 확인, 천장의 요철 부분에 직접 닿지 않는지 여부 등을 확인한다.

⑪ **공사범위** : 인테리어 업자와 주방업자 사이에서 주방공사 범위를 확실히 하며 주방기기 설치공사까지 포함시킨다.

⑫ **바닥의 높낮이 차** : 기존건물에 주방을 만들 때는 트렌치(Trench, 배수 라인)를 설치해야 하므로 바닥보다 15~20cm 높게 마련이다. 이때 객석과 주방은 당연히 15~20cm 높낮이 차가 발생한다.

⑬ **방수공사** : 방수공사 업자에게 보증서를 받아두는 것이 좋다.

⑭ **미터기** : 수도, 가스, 전기 등의 미터기 설치장소를 확인한다.

⑮ **높이** : Pantry(팬트리, 85cm), Dish Up(디쉬업 : 요리를 접시에 담는 작업대, 100~120cm), 계산대(75~90cm) 등의 높이를 확인한다.

⑯ **화장실** : 고객 화장실은 주방의 반대편에 설치하며, 고객 화장실과 직원 화장실을 분리시킨다. 직원 화장실도 주방과 가급적 멀리 떨어진 곳에 설치해야 한다. 악취 방지 장치나 환풍기, 통기관이 계획되어 있는지 확인하도록 한다.

점포설계를 하면서 요리사의 경험 없이 처음 창업하는 경우 매출 극대화에 비중을 너무 두어 객석면적에 비해 주방면적을 좁게 하는 경향이 흔하다. 그러다가 나중에 주방이 너무 좁아 조리작업을 할 때 불편하거나 반대로 너무 주방이 커서 비효율적으로 운영되는 점포도 볼 수 있다.

한편, 후드의 공기량을 계산하지 않아 출입구에서 소음이 나고, 주방의 음식 조리 냄새가 홀로 들어와 손님들에게 불편을 주는 경우가 발생하기도 한다.

이와 같이 레스토랑을 포함한 점포의 기본 설계계획은 장래 성공 여부를 결정하는 중요한 첫 과제이다.

먼저 '타깃 고객층을 결정한 후, 그 고객들에게 무엇을 얼마에 팔지'를 결정하게 되며 고객의 편리성, 주방에서의 음식 조리, 직원들의 동선, 주고객층, 식음료 가격대에 적합한 점포를 디자인할 수 있다.

❶ 객석(홀) 설계

1) 점포의 기본설계와 계획

점포의 실내장식은 영업장의 성격, 분위기, 메뉴의 가격결정요소 등에 큰 영향을 미친다. 또한 식사 전 식욕을 촉진하고 식사 중, 식사 후의 만족도 등에도 큰 영향을 미치는 중요한 역할을 한다. 고로 기본설계 계획은 영업장 경영의 성공과 실패를 결정짓는 중요한 작업이다.

(1) 직원의 작업동선

동선(動線)은 건축물의 내·외부에서, 사람이나 물건 등이 어떤 목적이나 작업을 위하여 움직이는 자취나 방향을 나타내는 선을 의미한다. 사전조사를 통해 기본설계 계획수립이 결정되면 실내에서의 기계, 기구류 등의 평면적인 크기나 위치를 나타내는 평면도에 구체적인 배치관련 문제점이나 직원의 활동과 작업동선의 내용을 검토해야 한다. 직원들의 작업동선 관련해서 검토할 내용은 다음과 같다.

① **카운터의 동선** : 전체적인 좌석상황을 파악할 수 있는 곳, 방문하는 고객이 잘 보이는 곳이 카운터 위치로 적합하다.

② **접객 서비스요원의 동선** : 접객 서비스요원의 동선은 서비스 스테이션(Service Station)에서 주방과 객석을 중심으로 3가지의 경로로 이루어진다. 서비스 스테이션에서 주방과 객석을 중심으로 리셉셔니스트(Receptionist, 안내사원)가 고객을 안내하는 상황으로 이어지므로 고객서비스가 잘 이루어지는 곳이 서비스요원의 동선으로 적합하다. 즉, 식사 상황을 한눈에 파악할 수 있는 위치가 서비스 스테이션이 근접한 곳이다.

③ **주방직원의 동선** : 메뉴의 종류에 따라 동선이 달라지며, 기능별로 고려하되 공동사용 싱크대는 작업동선이 겹치지 않도록 유의한다.

④ **세척요원의 동선** : 식사가 끝난 후 기물이 한꺼번에 나오는 경우가 많으므로 비교적 넓은 공간과 충분한 작업대, 수용인원에 맞는 식기세척기를 설치하는 것이 좋다. 주방 기물과 식당기물 세척작업 등을 동시에 신속하게 처리해야 하므로 주방 및 홀 방향을 연계하여 작업대를 설계하도록 한다.

(2) 레스토랑 주방의 기본설계

점포 전체면적에 대비하여 주방의 면적기준은 없으니 주방 동선에 맞추어 주방에서 배식과 퇴식 그리고 주방 내부에서 근무하는 직원들과의 동선에 병목현상이 생기지 않도록 하며 직원이 음식을 만들어내는 데 효율적인 면적이면 가장 좋다. 프랑스, 호주, 영국, 미국, 싱가포르 등 선진국에서는 주점/바(18~25%), 다방/커피숍(15~18%), 패스트푸드(20~25%), 패밀리 레스토랑(45~50%), 카운터 주방의 경우 30~40%, 연회장은 42% 정도로 각각의 기준을 채택하고 있다. 국내의 경우, 업종과 업태 대비 보통 25~35%의 면적으로 공사한다. 실제로 직원 휴게실이나 식자재 창고면적 등을 고려하면 50% 정도가 주방기능이 되어야 하지만, 능률성 · 위생성 · 경제성 등의 주방설비에 대한 기본요건이 갖추어진다면 그 조정이 가능할 것이다.

주방설계 이전 단계에서 주방위치의 개략적인 선정을 한 후, 건물 전체의 구조로 보아 급수, 배수라인의 중요성을 감안하여 주방 출입구 외에 식자재 출입구 등을 살펴보면서 주방의 위치를 결정하도록 한다. 시공업체 선정 시 설계와 시공을 따로 분리하여 의뢰하는

'분리방식'과 일괄적으로 설계와 시공을 일임하는 '일괄발주방식' 중에서 수주 실적과 설계 단가 그리고 업체의 신뢰도에 따라 판단하여 선택하도록 한다.

(3) 레스토랑의 객석배치

객석의 면적은 평균객석 회전율을 시간당 2~3회로 볼 때 한 객석당 바닥면적은 주 식당이 1.1~1.5㎡, 점심식사 시에는 1.4~2.0㎡, 카페테리아(Cafeteria)는 1.4~1.7㎡, 연회장은 0.8~0.9㎡ 등의 기준을 채택하고 있다. ㎡당 수용인원의 경우 레스토랑은 0.35인 이하가 적절하며, 가벼운 식사를 위한 곳은 0.7~0.8㎡인 정도이다.

객석의 면적은 보편적으로 객단가가 높을 경우 객석면적이 넓어지는 경향이 있다. 단순한 면적확보보다는 구체적인 메뉴와 가격설정을 신중히 한 후에 이러한 계획을 하는 것이 바람직하며, 단순한 면적확보는 피해야 한다. 메뉴의 구성은 높고 낮은 가격의 문제, 실용성, 유행성 또는 확고하게 먹던 것들만 찾는 보수성 등의 기본 콘셉트(Concept) 설정이 중요하고 메뉴가 모두 결정되면 객석의 배열에 이를 적용시킨다.

객실계획의 배치방법은 다음의 그림과 같이 세로배열법, 가로배열법 등이 있다. 그리고 격자배열법, 산재형배열법(불규칙배열법) 등이 있는데, 단일한 형태보다는 2~3가지로 절충하여 이용률을 높이는 것이 바람직하다. 서비스를 위한 통로의 폭은 주요통로는 900~1,200mm, 보조통로는 600~900mm 정도가 적당하다. 또한 테이블면과 의자와의 차이는 270~300mm 정도가 적당하다.

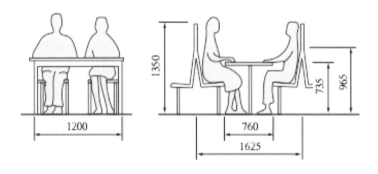

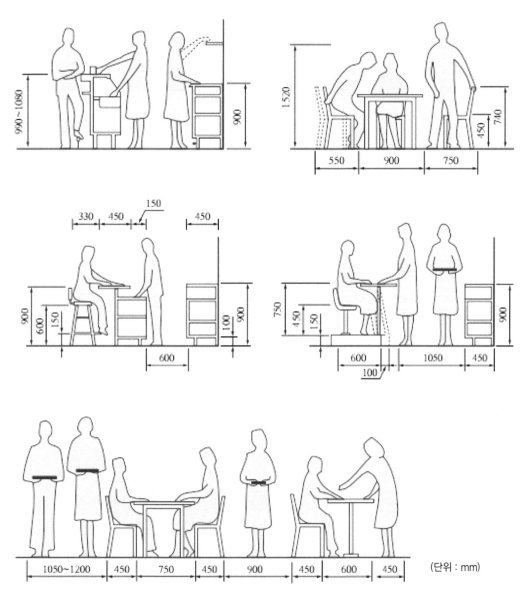

(단위 : mm)

출처 : https://kr.pinterest.com/pin/356839970455156730/

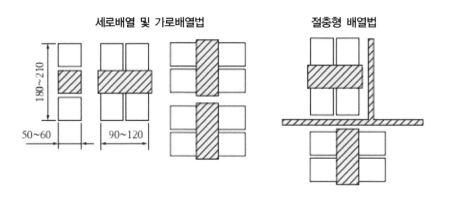

세로배열 및 가로배열법

180~210

50~60   90~120

절충형 배열법

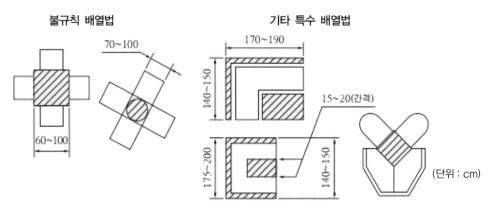

불규칙 배열법

70~100

60~100

기타 특수 배열법

170~190

140~150

15~20(간격)

175~200

140~150

(단위 : cm)

출처 : 박병렬·임붕영, 외식사업 주방관리론, 대왕사, 1999.

⬆ 레스토랑 객석의 테이블 배치방법

2) 의자와 테이블

　레스토랑의 의자와 식탁을 배치하는 것은 식사장면을 연출하는 것과 같다. 따라서 먹고 마시는 행위에 부가하여 고객이 필요로 하는 것들, 즉 니즈(Needs)에 중심이 되기도 한다. 식사내용에 따라 식탁과 의자의 규격이 적절하지 않으면 편안한 식사에 방해가 된다.

　주로 커플, 이웃 등 프라이버시를 중요시하는 고객들인지, 개방적인 이용인지, 이용 방식, 업소의 입지 조건 환경은 방문고객들의 취향을 반영한 각양각색의 조화로운 의식탁의 디자인이 좋다.

　메뉴와 음식가격에 따라 인테리어 수준이 달라져야 한다. 고급음식점은 시간을 갖고 편하게 대화할 수 있는 공간이 적합하다. 즉 보다 크고 편안한 식탁과 의자가 필요하다. 편안히 장시간 머무르는 형태, 식탁회전이 빨리 되도록 앉는 형태, 프라이빗이 확보된 형태,

개방적인 좌석 형태 등의 기능적, 심리적 측면을 고려한 선택이 가능하다. 식탁 구성은 평면적으로 마주앉는 형태, 바깥을 향한 원심적 형태, 내부를 향한 구심적 형태, 고 · 저 차이를 이루고 앉는 형태 등으로 이루어질 수도 있다.

의자의 결정은 시선의 높이를 정하는 것이고 식탁의 높이, 천장의 높이, 칸막이의 높이 등 공간계획의 기준이 된다.

① 벽과 테이블의 최저 간격은 서비스하는 종사원이 있는지, 서비스의 종류 등에 따른다.	② 식당 코너의 Bench(벤치 : 여러 사람이 함께 앉을 수 있는 긴 의자)를 이용한 공간절약의 식탁, 한편에 식기 선반이나 배식대를 비치하도록 한다.
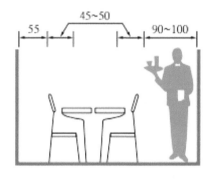	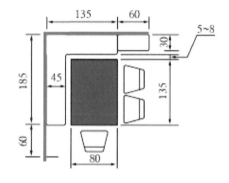
③ 좁은 장소에서의 식사 공간(열차 내부의 식당칸)	④ 배식대로부터 서랍을 여는 충분한 스페이스도 요구된다.
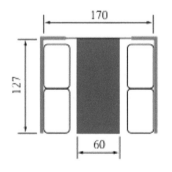	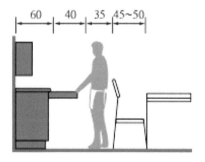

⑤ 배식대와 가까운 테이블 모서리는 대형 쟁반이 지
나갈 수 있는 폭이 요구된다.

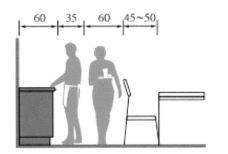

⑥ 좁은 장소에서의 공간, 식당차 [그림 ③ 참조]보다
작은 코너

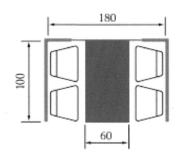

⑦ 6인용 식탁에 의하는 최저면적의 식당 Private Room
(입구는 방 모서리에 있는 것이 좋음)

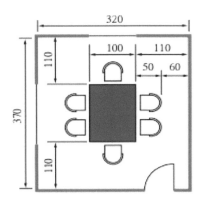

⑧ 6~8인용의 최소한 식사공간

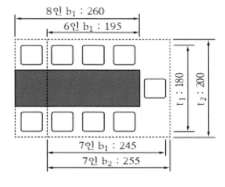

⑨ 4~5인용의 최소한 식사공간

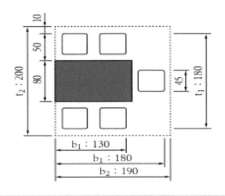

⑩ 5명 이상의 식사에서는 의자 뒤쪽과 벽 사이에 사
람이 다닐 수 있을 만한 공간이 요구된다.

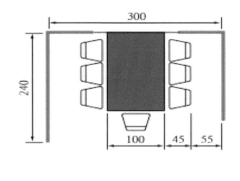

🔺 상황에 따른 동선의 최저 간격

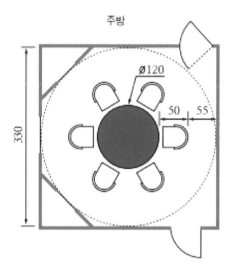

주방

Ø120

50 55

330

⬆ 6인용 둥근 식탁과 선반이 있는 프라이빗 룸(Private Room, 별실)

(1) 의자와 테이블의 배치형태

① **세로형과 가로형의 혼합형** : 네모진 평면형에 잘 어울리는 레이아웃으로, 레스토랑 구성을 이용, 최대한 다채롭게 설치하여 효율성을 높인다. 중요한 것은 실내면적에 비해 의탁자가 많으면 오히려 직원서비스 경로와 고객경로에 병목현상이 생기는 공간이 많아 방문 고객들에게 불편을 줄 수 있고 고객 컴플레인이 빈번하게 생긴다는 것이다.

② **가로형** : 벽 쪽에 배치된 것으로 벽 측의 의자를 붙박이 소파의자로 많이 하며, 4인 테이블, 2인 테이블을 복합해서 사용하는 경우가 일반적이다. 세로형과 가로형은 점포가 네모진 평면형에 어울리는 배치로 다채로운 변화를 줄 수 있다. 장점은 배치효율을 높이고 불필요한 빈 공간(Dead Space)을 없앨 수 있다는 점이다. 단점은 객석 통로가 복잡해지고 서비스 동선이 길어져 고객들에 대한 응대가 늦어질 수 있다는 점이다.

③ **세로형** : 직사각형의 점포에서 안길이의 긴 벽에 따라 배열되기도 하고 칸막이(Partition)나 스크린과 병행해서 놓이는 경우가 흔하다. 객석의 구성이 단순하므로 가벼운 음식 업태에 적합하고, 이용객은 객석을 쉽게 선택할 수 있다. 종사원 서비스의 효율성이 크나, 구성이 단순하여 경직된 분위기를 띤다.

④ **점재형** : 식사 중심의 점포나 매점 등의 구성에 많이 채택하며, 비교적 대형 홀을 확보

한 짐포에 많다. 공간에 자유 배치하는 콘셉트와 균등한 간격으로 배치하는 경우가 있으며, 독립된 형식으로 여유 있고 차분한 객석 구성이 되는 반면, 다른 배치와 비교해서 면적마다의 좌석 수는 줄어드는 특성을 갖는다. 소형 매장의 경우에는 좁은 공간에서 배치의 한계가 있으므로 고객에게 편리성을 배려하고 내점비율을 고려하여 2인용, 4인용 탁자를 골고루 사용하여 객석 회전율을 높이도록 한다.

⑤ **변형 부스형** : 자유로운 모양(곡선형, 원형, 예각·둔각의 코너형)으로 레스토랑 객석을 다양하게 변화시킬 수 있으며, 디스플레이나 칸막이로 복합적이면서 개성적인 공간연출이 가능하다. 그러나 취급방식에 따라 번거로운 레스토랑 객석이 되거나 손님 수에 맞게 융통성 있는 대처가 힘들다는 단점이 있다.

(2) 4인용 테이블의 객석 치수

- 양식당 4인용 테이블 : 가로×세로 90cm×140cm/높이 75cm
- 커피숍 4인용 테이블 : 가로×세로 90cm×90cm/높이 75cm

3) 객석 세트의 필요 치수

실내에 의탁자 세트의 객석 면적은 음식 종목에 상관관계가 있으며 점포 크기나 구조형태, 업종, 건물 위치, 입지 등에 따라 차이가 있지만 음료 중심의 점포는 최소한의 치수로, 식사 중심의 점포는 최대한으로 생각하는 것이 일반적이다. 최근의 다과점이나 바는 경양식 도입이 트렌드이므로 객석의 치수는 약간 크게 되어 있다.

마주보는 거리는 좌석의 위치나 순서인 좌위(座位) 기준점이 낮아지면 그 내측길이가 크게 요구되어 마주보는 거리는 멀어지게 된다. 2,100mm까지 연장시키면 서로 마주보는 고객의 시선이 떨어져서 느긋한 느낌을 연출한다.

- 4인용 객석은 테이블의 가로 폭을 최소치 900mm로 하면 한 고객당 450mm로 통로 공간을 공유하는 좁은 면적에 유용하다.
- 2인용 객석은 테이블을 고려해서 4인용 의자의 1/2보다 조금 크게 계획한다. 4인용 객석을 2인용 식탁 2조로 배치해 두면 고객 상황에 따라 융통성 있는 객석 배치가 가능하다. 2인용 식탁의 경우 식탁 모서리에 각을 주지 않아야 틈 없이 연결해서 사용할 수 있다.

4) 식탁과 객석 수

원형 식탁의 경우에는 지름 400mm 정도가 1인이 사용할 수 있는 공간이며 이 치수에 지름 150mm를 더하면 2인석 550mm, 3인석 700mm, 4인석 850mm 등으로 계산할 수 있으며, 식탁의 지름에 원둘레와 지름의 비를 나타내는 원주율[圓周率, 약 3.14 : 1이며, 기호는 π(파이/그리스어)] 3.14를 곱해서 원주(圓周, 원둘레)를 산출하고 의자 폭으로 나누어 계산하면 배치 가능 좌석 수가 확인된다.

마주보고 앉는 경우에는 한 사람당 필요 식탁 간격을 450~600mm로 산정해서 필요 식탁의 규격을 결정한다. 일반적으로 큰 식탁은 직각으로 인접한 양 사이드에도 객석을 설치하므로 1인당 필요한 공간의 오버랩이 생긴다. 고로 코너에 250~300mm의 여유를 두어 배열하도록 한다.

5) 동선 계획과 통로

고객이 주문한 메뉴가 제공될 수 있도록, 주방과 객석 사이를 오가는 왕래를 통해 서비스를 제공하므로 직원의 하루 보행거리는 상당히 길어 피로도가 높은 편이다. 그러므로 원활하게 서비스할 수 있도록 효율적인 동선계획이 필요하다. 따라서 서비스 동선의 단순화, 보행거리의 단축을 위해서 주방의 위치를 적절하게 고려해야 한다. 주통로는 900~1,200mm, 부통로는 600~900mm, 박스석에 이르는 최종통로에 보조통로 400~600mm 등으로 계획하여 서비스 동선이 서로 겹치지 않도록 하며, 음식을 서비스하는 통로인 주방 출입문은 들어가는 문과 나오는 문을 따로 배치하여 충돌을 피하도록 한다.

주방설계 – 객석설계 – 설비도면 = 식당 기본 설계도면

기본 설계도면이 전체 공사의 80% 정도를 차지하므로 매우 중요하다. 주방기기는 작업대나 싱크대같이 식당여건에 따라 변형제작 가능한 품목이나 대체로 규격품도 많으며 가스기기 종류 등은 형식승인을 받은 제품이라 추후 변형제작이 불가능하다. 이러한 주방기기 규격을 기초로 하여 레이아웃(Layout)을 정하고 여기에 맞춘 배관작업, 가스작업이 병행된 도면이 합쳐지도록 전체 도면을 작성해야 시행착오를 최대한 줄일 수 있다.

6) 기본 설계도면 작성 시 유의할 점

- 주방기기 레이아웃(Layout)
- 객석 레이아웃(가스 로스터 설치지점 미리 확정)
- 점포 콘셉트 결정(내부 인테리어, 외부 인테리어와 간판 등의 아웃테리어)
- 객석의 구분[입지여건에 맞게 별실(Room)을 설비해야 하며, 2인, 4인용 탁자 등을 골고루 사용하여 10인 이상 단체좌석 조립이 가능토록 하여 유효가동률을 최대한 높이도록 한다.]
- 냉·난방 위치 설정
- 파티션의 모양(模樣)
- 천장 및 벽 전체의 구조
- 간판의 형태(간판은 식당의 수준을 판가름하는 아웃테리어이며, 업소의 음식 내용을 고객들에게 알려주는 시설물이다. 교외에 위치한 경우 비중을 두도록 한다.)
- 조명기구의 모양(模樣 : 백열등의 노르스름한 빛은 공간을 훨씬 더 부드러워 보이게 하고 더 편안한 분위기를 만들어주지만 더운 느낌이 있고, 형광등은 차가운 느낌 만들어준다. 식탁 주위에서는 연색성이 좋은 백열등이 음식을 더 맛있게 보이게 하는 효과가 있다. 위치에 따라 적절히 선택하여 배치하도록 한다.)

7) 점포 기본 설계도면 중요 체크 포인트

- 궁금한 점은 반드시 업체에 문의하여 확인해서 시행착오를 줄이도록 한다.
- 실내장식 디자인이 점포 콘셉트와 일치하는가?
- 객석 수와 객석 구성이 업태, 업종 분위기와 조화를 이루는가?
- 점포의 출입구에서 객석까지의 동선은 효율적인가?
- 주방에서 객석까지의 동선은 효율적인가?
- 의자, 탁자가 타깃 고객층에 맞게 2, 4, 6인석으로 골고루 분포되어 있는가?
- 점포 콘셉트에 맞게 사각형과 원형 테이블이 적절히 조화되어 배치되어 있는가?
- 프라이버시(Privacy)를 중요시하는 고객들을 위한 프라이빗 룸(Private Room) 설비는?
- 단체 연회행사를 위한 설비는?

- 화장실은 남녀용으로 구분되어 있고 주방에서 먼 곳에 위치하는가?
- 카운터 위치는 전체적인 좌석상황을 파악할 수 있는 장소이며, 방문하는 고객이 잘 보이는 곳인가?
- 서비스 스테이션은 신속하게 서빙할 수 있는 위치인가? 도면 설계 전에 설계업자와 경쟁업소나 벤치마킹 점포를 방문해서 원하는 사양을 결정하고 기본 설계도면은 수차례의 토론을 거쳐 수정도면을 작성하며, 수정된 도면을 근거로 실내장식 공사실시도면을 작성하도록 한다.

❷ 주방설계

1) 효율적인 주방설계는 식당 성공을 좌우

점포 성공은 서비스도 중요하지만 맛이 그 여부를 좌우한다. 맛과 품질의 유지를 위해서는 요리사들의 활동 동선과 효율적인 작업환경을 고려해야 한다. 정해진 공간에 객장과 공유 공간을 빼고 남는 공간에 주방 동선을 레이아웃하던 과거와 달리 최근에는 위치와 면적을 정하고 메뉴를 결정한 후 정해진 기기의 정확한 치수를 실측하여 주방기기 규격을 기초로 하여 레이아웃(Layout)을 정한다. 그리고 여기에 맞춘 배관작업, 가스작업이 병행된 도면이 합쳐져 전체 도면을 작성해야 효율적이다. 이러한 효율적인 주방설계가 이루어지면 언제나 최상의 맛을 유지하는 품질 좋은 요리를 고객들에게 제공할 수 있을 것이다.

2) 주방설계 시기 및 설계담당자

- 반드시 메뉴결정을 한 후에 주방설계 작업에 들어간다.
- 주방설계는 성공을 좌우하는 상품을 만들어내는 곳이므로 중요한 기초공사이다.
- 계획 시점에서 우선적으로 고려해야 할 것이 메뉴와 업종, 업태 등인데 주방기기 및 시설은 투자비도 크고 설비공사 후 쉽게 바꿀 수 없으므로 반드시 메뉴결정을 한 후에 주방디자인을 결정해야 한다.
- 주방바닥은 홀 바닥에 비해 150mm 정도 높으므로 선반 등의 설치 시 설계 담당자는 미리 계산해서 만들도록 한다.

3) 주방설비 및 주방기기

- 후드 설계는 주방 바닥에서 1,900mm 정도의 높이에 후드 아랫부분이 오게 단다.
- 풍력계산을 위해 각 가스기구의 열량을 kcal(도시가스)로 표기해 둔다.
- 싱크대는 꼭 작업동선에 있어야 한다(작업 도중 손 씻기).
- 냉장고는 테이블형을 사용하고 가스레인지는 복합형을 사용하도록 한다.
- 주방기기 스테인리스는 SUS304를 기준으로 하고(자석에 안 붙는 표준형) 두께는 1mm를 사용하도록 한다.
- 마른 식자재 또는 신선재료 보관창고를 반드시 준비해야 하며, 상부 선반을 설치하여 비품 보관창고를 확보하도록 한다.

4) 한식, 일식, 중식, 양식 주방의 크기

요리가 나가는 동선과 식사 후 빈 접시 등의 기물이 들어오는 동선은 다르게 한다.

- 주방기기의 높이는 870mm를 기준으로 한다(최근엔 키가 커져 900mm 높이까지 만드는 곳도 있다).
- 기본 동선은 왼쪽에서 오른쪽이다(오른손잡이 기준).
- 식기세척기 설치장소는 고객의 눈에 띄지 않도록 시선처리를 잘해야 한다.
- 기본적으로 주방은 전체면적의 15~25% 정도를 차지한다(주방성격에 따라 차이가 있다).

(1) 한식당의 주방 크기

고급 한식당의 경우 점포 면적대비 주방면적은 35~40%까지 차지한다.

소형 한식당은 점포 평수 대비 주방면적 20% 정도를 고려하여 내부 기기를 설치하고 추가로 상수도를 바닥에서 40cm 높이에 설치해 두는 것이 밑작업에 유리하다. 그리고 특정 공간을 확보하여 채소나 저장성이 있는 식자재를 보관하도록 한다.

(2) 일식당의 주방 크기

일식당의 경우 주방면적을 25~35%로 하며, 작은 식당은 30%까지 차지하며, 스시 카운터와 코스형 메뉴 주방이 잘 연결되어야 한다. 일식은 고객과 대면하여 영업하는 스시 카운터형 주방과 코스형 메뉴로 운영되는 고급 일식당 주방은 별실의 뒤에 설비하여 운영하는 곳도 있다. 소형 점포는 전면에 생선을 처리하는 생선 싱크대(최소 가로 길이 1,000mm)와 초밥과 사시미용 생선 등의 보관용 냉장 쇼케이스, 하부 냉장테이블, 참치 전용 냉동고, 작업대 등은 기본이다. 뒷 주방은 보통 따로 두는데 생선구이기(샐러맨더, Salamander), 가스레인지, 싱크대, 작업대, 선반 등을 설치하도록 한다.

(3) 양식당의 주방 크기

고급 양식당의 경우 주방면적은 35~45%로 구성하며, 찬 음식, 더운 음식, 메인 키친 등 정식으로 나누면 평수가 가장 클 수 있으나 오픈 주방형으로 하면 점포 면적 대비 30% 미만으로 주방을 배치할 수도 있다. 오븐, 브로일러, 로띠세리, 튀김기, 그릴, 레인지, 가스 버너, 식품절단기, 슬라이서, 믹서, 증기솥, 스팀기 등을 설치한다.

(4) 중식당의 주방 크기

중식당은 주방면적을 25~35%로 구성하며, 코스요리(Course Menu) 또는 특정요리를 메인으로 하느냐에 따라 주방의 크기가 달라지나 통상 전체면적의 35% 미만이다.

만두, 딤섬류를 취급하면 따로 작업대가 있어야 하고 손 제면, 기계 제면을 하더라도 1평 정도의 공간은 필요하다. 이외에 면 삶기용, 레인지와 싱크대, 중화 화덕(2구)과 작업대 등은 기본적으로 설치해야 한다.

(5) 스테이크 하우스의 주방 크기

좌석회전율을 2~5회전으로 생각할 때 식당 면적대비 주방면적은 20~30%로 주방을 구성하도록 한다.

(6) 호프집의 주방 크기

좌석회전율이 1.5~3회전 미만 시 주방면적은 15~20%로 구성하도록 한다.

(7) 이탈리아 식당의 주방 크기

좌석회전율이 2회전 시 식당 면적대비 주방면적은 25~30%로 구성한다.

(8) 일반주점

좌석회전율이 3회전 시 식당 면적대비 주방면적은 15~20%로 구성한다.

5) 주방설계의 절차

위생, 안전, 효율성의 원칙에 근거해서 설계해야 한다.

대체적인 주방 윤곽은 점포현장에서 확인하고 결정하는 것이 바람직하다.

설계의 절차는 다음과 같다.

• 메뉴종류와 가짓수를 먼저 정한 후 조리방법을 결정하고 최대 판매량을 설정한다.

• 주방기기의 종류와 규격, 수량 및 생산능력을 체크한다.

• 냉장, 냉동고, Gas Range(가스레인지) 등의 공간을 확보한다.

  - 열 발산기구는 한쪽으로 배치, 가급적 냉장, 냉동고 등과 멀리 설비한다.

• 작업동선을 확보(1,200~1,800mm)한다.

• 조리 시 신속하고 효율적인 기기를 선정한다.

  - 주방면적을 위와 같은 조건에 맞추어 설정한 후에 객석을 확보하는 것이 기본 원칙
    이다.

• 주방 위치는 점포 모양에 따라 객석으로 서빙하기 편리한 위치에 설정한다.

• 주방바닥 및 주방벽체 마감제를 선정한다.

  - 주방의 방수공사, 배수 트렌치(Trench) 공사, 그레이스트랩 설정 후 시멘트마감(실내
    장식 업자 및 주방설비 업체와 협의 후 한계를 명확히 해둘 것, 바닥재는 미끄럽지
    않은 것으로 선정)

• 온수 공급라인 및 배수시설을 확보한다(배수로는 경사지게).

• 전기(전압 및 전력) 용량을 합리적으로 설정한다.

  - 에어컨과 간판 용량을 연계하여 설정하고 필요시 승압공사

• 도시가스 설비지역과 비설비지역을 구분하고 후드 설비도면을 확보 설치한다.

• 닥터 설비도면을 확보 설치한다(공기 흐름을 원활하게 하기 위하여 천장(Ceiling)은 객
  석보다 조금 높게 공사한다).

- 주방기기의 레이아웃(배치도)
  - 식품 보관장소   - 재료 손질장소
  - 가열조리구역   - 메뉴 차림대
  - 식기 세척구역
- 주방기기 규격 및 리스트를 선정한다.
  - 메뉴의 가격대와 걸맞은 품질을 선정해야 하며, 피크시간대에 설거지에 신경 쓰지 않을 정도의 수량을 충분하게 확보한다.

③ 점포 외부(아웃테리어, Out Terior) 설계

점포 외부는 시야에 들어오는 좋은 곳이 고객에게 강하게 어필할 수 있고 업종과 식당이 위치할 지역이 결정되면 바로 점포설계에 들어간다. 점포를 잘 꾸민다는 것은 고객을 효과적으로 유인하기 위한 수단으로써 외부와 내부로 나눌 수 있다. 방문하는 점포의 성격을 표현하고 고객들이 개방성, 활기, 안정, 일관성이 있다는 점을 느낄 수 있도록 점포 꾸미기를 통해 표현해야 한다. 그리고 점포를 꾸밀 때 외부적으로 고려해야 할 사항은 사인간판, 출입구, 방문고객 주차장 등이 있다.

점포 외부는 잠재고객이 쉽게 찾을 수 있도록 꾸며야 하며, 실내에 입장했을 때는 다양한 니즈를 가진 고객들이 다른 고객의 테이블을 볼 수 있도록 시선을 유도할 필요가 있다.

특히 다른 점포들 속에 묻히지 않도록 유의해야 한다. 점포는 개성과 특성을 살리면서도 친근하게 꾸며야 하며, 특정한 목표 고객을 대상으로 하는 경우 목표 고객만이 식당 안으로 편안하게 들어올 수 있도록 구조적으로 설계되어 있다는 이미지 표출에 핵심을 둔다.

1) 점포의 간판 제작

간판은 고객이 점포를 발견하고 확인하게 하는 기능과 이미지를 심어주는 역할을 한다. 고로 잠재고객이 처음 접촉하게 되는 시점이므로 비중을 두어야 하는 부분이다. 간판의 색상은 원색보다는 건물과 대비되는 색을 선택하는 것이 좋으며, 글씨의 크기는 간판 면적의 절반을 넘지 않도록 하는 것이 바람직하다. 업종이 분명한 점포는 점포이름보다는 업종을 크게 부각하여 고객이 쉽게 인지할 수 있게 하는 것이 중요하다.

2) 출입구 설계

출입구는 고객을 맞이하는 첫 대면 얼굴이며, 고객의 출입을 쉽게 하고 편의성이 있도록 시공되어야 한다.

따라서 중·소형 식당이라도 메인 출입구는 가능하면 넓게 하는 것이 좋다. 출입구 설계 시 여러 개의 출입문과 동선방향에 따른 출입구 위치, 크기, 방식(전후좌우 미닫이, 자동문 등), 회전문은 비추천이며 비상구 등을 고려해야 한다.

❹ 실내장식–공사 전 공간분석

점포 목적을 명확하게 표현하여 고객들에게 이를 인식시키는 것이 중요하다. 점포설계는 지배인, 주방장, 전문가와 충분히 협의하여 결정한다. 공사하는 기준을 가지고 세부적이고 체계적으로 감리 지시를 하는 것이 필요하다.

1) 공사 전 공간분석

공간구성의 기본 원칙은 일반적으로 직사각형 평면은 디자인에 앞서 점포를 접객서비스 공간, 주방설비 공간, 동선으로 이어지는 통로의 3부분으로 나눈다. 반드시 주방설계를 먼저 시작한다. 3개의 공간(zone)으로 분리해 놓으면 집기의 위치를 금방 인식할 수 있으며 쉽게 찾을 수 있다. 반드시 주방설계를 먼저 시작하며 주방설계가 설정된 후 객석설계가 이루어지는 것이 올바른 순서이다.

2) 주의사항

- 2층 이상 건물의 계단통로 또는 공동상가 화장실 등 공유면적을 제외하고 주방을 포함한 순수한 점포 전용면적을 정확하게 실측한다.
- 건축에 대한 전문지식이 없어도 천장자재, 벽체, 바닥, 전등의 형태, 위생변기 등의 어떤 자재와 어떤 제품을 선정할 것인지를 파악하여 목록을 만든다.
- 특수한 경우를 제외하고는 실내장식 비용을 추가하면 안 된다.

- 공사기간을 단축하여 하자가 발생할 경우 영업을 중단해야 할 경우도 발생할 수 있으므로 너무 서두르지 말아야 한다.
- 방수공사일 경우 아래층 누수현상, 시멘트 미숙성으로 인해 타일이 떨어질 수 있으므로 공사기간을 재촉해선 안 된다.
- 영업에 필요한 기능이 우선적으로 설계되어야 함을 업체에 주지시킨다.
- 실내장식업자에게도 일정표를 작성케 하여 중간 공사진행 현황을 서로 크로스체크 (Cross-Check)하는 것이 바람직하다.

3) 실내장식 설계를 위한 현장조사

- 실내장식업체는 점포 실측을 시행해서 현장상태를 다시 한번 더 체크하여 현재 상태에 의한 평면도면을 작성한다.
- 건물의 구조나 규모 조사, 지하의 유무확인 및 전용면적의 엄밀한 실측을 한다.
- 방화지역을 확인하여 영업허가가 되지 않는 경우도 예상해야 한다.
- 용도지정 지역의 표시 확인 : 상업지역, 근린생활지역, 준주거지역, 주거전용지역 등 건축법상 제한하고 있는 점, 네온간판 허용 불가 지역도 확인하도록 한다.
- 가스, 수도, 전기의 용량, 급배수시설을 체크한다.

외식산업 창업 매니지먼트

05

효과적인
주방관리 플래너

5 효과적인 주방관리 플래너

❶ 주방(Kitchen)의 개념

주방(廚房)은 국어사전에 '음식을 만들거나 차리는 방'이라 정의했고 역사에서 살펴보면 소주방(燒廚房)이라 정의하고 있다. 소주방은 조선시대에 둔, 궁중의 육처소(六處所) 가운데 하나이며 대궐 안의 음식을 만들던 곳이다. 유사한 말로 주간(廚間)·주방(廚房)이 있다. '외식업체의 주방'은 "고객에게 영리를 목적으로 고객의 니즈(Needs)에 걸맞은 최상의 음식을 일정한 기능과 자격을 갖춘 조리사가 만들어 위생적으로 제공할 수 있도록 합리적이고 편리한 시설을 갖추어 놓은 일정한 장소"라고 정의한다.

❷ 주방관리(Kitchen Management)

① 주방관리란 식당의 개점을 위해 주방의 기초를 닦고 주방의 오픈을 위한 제반 계획을 세워 주방을 경영해 나감을 의미한다. 따라서 "일정한 이윤을 남기기 위해 최상의 음식을 만들고, 구매관리, 원가관리, 일정한 기능과 자격을 갖춘 조리사를 채용하고 교육훈련을 해가는 인사관리 등을 포함하여 위생적으로 고객에게 제공할 수 있도록 합리적인 관리를 하는 것"이라 정의할 수 있다.

최근에 와서 치열한 외식시장의 변화무쌍한 경쟁 환경 속에서 식당을 번성시키기 위한 실질적인 핵심이 바로 주방관리임을 인식하기 시작하면서부터 그 중요성이 강조되고 있다. 주방기기와 식자재 및 에너지는 외식업소에서 전반적으로 발생할 수 있는 총비용의 점유율이 높으므로, 주방장은 합리적이고 과학적인 운영 방안을 모색해야 점포가 번성할 수 있다.

② "주방관리는 음식을 조리할 수 있는 특정한 공간을 중심으로 고객에게 제공될 상품을 가장 경제적으로 생산하여 최대의 이윤을 창출하는 데 요구되는 제한된 인적 및 물적 자원과 시설 자원을 관리하는 과정"이라고 할 수 있다.

③ '주방관리'는 영업장 목적의 달성에 필요한 제반 관리를 통해 조직의 목표를 설정하고 달성하기 위한 것이라 할 수 있다. 또한 창업자가 간과해서는 안 되는 부분이 조리사 각 개인의 업무에 합당하는 충분한 임금 보장이다.

④ '주방관리'는 성공적인 목표 달성을 위해 원가관리, 시설관리, 메뉴관리, 인사관리, 위생 및 안전관리, 구매관리 등이 포함된 총체적인 관리활동이며, 주방관리의 핵심 내용을 점포 창업 전부터 중요도 순으로 나열하면 다음과 같다.

제2절 / 주방관리 요소

❶ 주방과 주방시설물 관리

주방시설은 음식 조리 시의 다양한 작업을 합리적으로 수행하기 위한 여러 조건에 따라 특수화된 기기로 음식을 조리할 수 있게 한다. 따라서 그에 따른 시설과 기기의 종류는 매우 다양하며 고도화되어 있다. 영업장 개업 전부터 중요도 순으로 나열하면 다음과 같다.

① **위생**: 실제 현장 방문검사로 검증된 주방 전문업체의 과학적인 시설물의 배치와 설비의 선택

② 그리스 트랩(Grease Trap : 그리스를 물과 분리하고, 제거할 그리스를 수집하며, 물을 배출하는 탱크) 및 트렌치(Trench : 바닥을 파서 만드는 도랑) 설치

③ 원활한 배수를 위해 약 1/2인치가량 경사지게 설계
④ **조리작업시간** : 메뉴별로 조리과정 중 발생하는 작업시간을 측정하여 표준시간을 확립
⑤ 청소용 워터 릴(Water Reel) 설치

1) 주방의 바닥

주방의 바닥은 조리과정에서 생성된 기름이나 물 때문에 미끄러지지 않도록 관리해야
한다. 또한 하수구 쪽에서 물이 거꾸로 역류하지 않도록 경사지게 설비한다.

- 바닥의 유지관리가 편하고 내구성이 뛰어나며, 미끄럽지 않은 소재를 선택할 것
- 철저한 식중독 예방 등 위생을 위한 청소가 용이할 것
- 각종 유지 및 조리 중 발생한 기름과 수분을 직접 흡수하지 않도록 방수 처리
- 미끄럼 방지를 위해 그때그때 개발 신소재를 파악한 후 선택 시공
- 주방 바닥은 식자재가 맞닿는 곳이기에 항상 청결해야 하고 청소가 쉬워야 함

2) 주방의 천장

천장은 조명기구, 각종 전기기구와 배선이 있어 화재 위험성이 있고 많은 양의 열과 수증
기, 유증기 등이 올라오므로 내습성과 내열성이 강한 소재를 사용해서 설비한다.

- 기름과 수증기에 강한 재료 사용
- 주방의 천장은 통풍이 잘 될 수 있게 바닥에서 2.5m 정도의 높이가 좋음
- 화재 예방을 위해 내열과 내습성이 가장 강한 소재 사용

3) 주방의 벽

주방의 내벽은 내수성 있는 자재인 스테인리스 스틸 또는 세라믹 타일을 사용하는 것이
바람직하다. '스테인리스 스틸'은 수분에 강하고 내구력이 뛰어나서 조리대 주변과 같이 습
도가 높고 더러움이 쉽게 타는 곳에 좋은 자재이다.

- '세라믹 타일'을 사용한 곳에는 각각 부착한 타일의 사이가 꼼꼼히 메워져서 틈새가 벌
  어지지 않은 상태라야 한다(타일 사이에 구멍이나 틈새가 있으면 먼지와 때가 끼고 세

균과 해충이 번식하기 때문이다).

- 유지관리가 편리하고 내구성이 뛰어난 소재를 사용한다.
- 식자재에 세균 오염방지, 식중독 예방차원의 위생을 위한 청소가 용이한 소재를 사용한다.
- 기름과 수분을 직접 흡수하지 않게 방수 처리한다.

4) 주방의 환기시설

조리과정 중 발생하는 열, 증기, 가스, 기름 냄새, 좋지 않은 냄새[취기(臭氣)], 분진(粉塵 : 티와 먼지), 주방기기의 열 등이 주방 밖으로 배출되게 하는 시설을 '환기시설'이라 하며, 이것이 필요한 이유는 다음과 같다.

- 쾌적한 조리장 환경을 유지하고 직원 건강이나 음식물의 변질을 막기 위해 필요
- 주방과 식당에 신선한 공기를 공급, 적절한 공기 온도 및 습도의 유지 필요
- 효과적으로 모든 좋지 않은 냄새와 습기, 증기를 빼내야 하므로 필요

5) 주방 하수 처리시설

바닥면을 경사지게 하여 주방 바닥의 물이 하수구로 흘러가도록 해야 하며, 주방에서 나오는 기름기와 음식물 찌꺼기를 걸러주는 그리스 트랩을 하수구 입구에 설치해야 한다. 또 싱크대에서 사용한 물은 하수관에 직접 연결하거나 배수로를 경사지게 하여 하수관으로 바로 원활하게 나갈 수 있도록 설비한다.

6) 주방의 전기 증설

증설 이유는 대부분의 점포에는 전기 사용량이 5kW로 되어 있기 때문이다. 기본 평수 즉, 10평을 기준으로 할 때 우리에게 필요한 전기량은 8kW이다. 그냥 사용했을 경우 각종 조리장비의 사용으로 차단기가 떨어져 전기의 사용이 순조롭지 않기 때문에 증설을 해야 한다.

7) 주방의 조명시설

주방의 조명은 효율적으로 음식을 조리할 수 있게 하고 위생과 청결을 유지시키며, 안전하고 편안한 조리를 할 수 있게 하므로 조명의 위치 · 밝기 · 방향 · 색상 등에 주의해야 한다. 조명의 밝기는 일반적으로 50~100Lux(럭스 : 조도의 국제단위/광학)가 가장 실용적이며, 조명 색상은 고객 음식에 영향을 주므로 주의가 필요하다.

❷ 조리작업 관리

1) 조리작업 공간

조리과정은 매우 복잡하고 다양한 변수를 갖고 있기 때문에 각종 설비 및 주방기기는 인간공학적인 측면에서 설계되고 배치되어야 한다. 매일 서서 8시간 정도를 작업하는 조리사의 업무 특성상 신체적 피로와 스트레스를 덜 받을 수 있는 쾌적한 공간이 되도록 주의한다.

2) 작업대

조리사들의 신체 특성을 고려하여 작업대 밑받침의 높이 조절 범위를 5~10cm 정도까지 늘려서 제작하여 초기 주방 설비단계에서 배려해야 조리업무의 효율성을 극대화할 수 있다.

제3절 / 주방관리 시스템(Kitchen Management System)

주방관리 시스템은 '주방'의 궁극적 목적인 최상의 음식 생산을 달성하기 위한 체계적인 제도를 말한다. 조리사 기본자세, 각 메뉴의 레시피(Recipe) 및 조리기술, 각종 조리 관련 정보(위생 포함) 등의 제반요소들에 관한 규칙적이고 효율적인 연계 동작과정(음식을 만들어서 고객에게 제공되기까지의 과정)을 규정하여 이를 실행하는 매뉴얼(Manual)에 의해

질서 있게 업무해 나가는 것을 뜻한다.

점포의 성공을 위해 서비스도 중요하나 가장 중요한 음식점 선택속성 중 첫째로 '맛'이 그 여부를 좌우한다. 맛과 품질의 유지를 위해서는 객장(客場, Customer Lounge)의 공간보다 먼저 요리사들의 활동 동선과 효율적인 작업환경을 과학적으로 고려하는 것이 매우 중요하다. 이런 효율적인 주방설계가 이루어지면 언제나 최상의 맛을 유지하는 품질 좋은 요리를 얻을 수 있을 것이다.

제4절 ## 주방의 형태(Kitchen-Layout-Design)

❶ 전통형 레스토랑 주방 평면도(Traditional Shaped Restaurant Kitchen Floor Plan)

전처리 주방과 마무리 주방이 따로 구분되어 있지 않고, 한 공간 안에 모두 있는 형태의 주방으로 소형 레스토랑에 적합한 주방형태이다(좁은 주방 : 병렬형 2줄 구조. 두 작업대의 간격은 800mm가 적당하다).

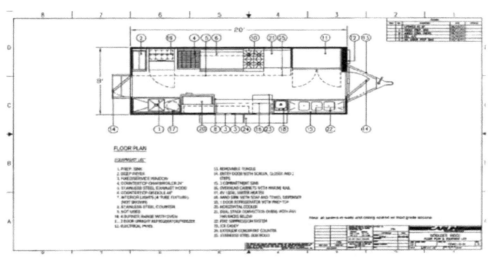

출처 : https://pinterest.cokr/424745808586642164

❷ 혼합형 주방(Mixed-Shaped Kitchen)

다듬기 주방과 마무리 주방이 한 공간 안에서 분리된 형태의 주방으로 중대형 레스토랑에 적합하다.

출처: https://possector.com/hygiene/restaurant-kitchen-design

출처: https://kr.pinterest.com/pin/177751516538610896

❸ 분리형 주방(Separation Type Kitchen Floor Plan)

다듬기 주방과 마무리 주방이 서로 공간적으로 떨어져 운영되는 형태의 주방으로 대형 레스토랑이나 호텔 레스토랑에 적합한 주방형태이다.

예를 들어, 특급호텔처럼 호텔 내에서 여러 유형의 콘셉트 식당들이 각각 따로 분리되어 영업하는 경우로, 조리하기 편리하게 만들어진 식자재를 다듬기 위한 주방(중앙주방 : Central Kitchen, 센트럴 키친)으로부터 공급받아 마무리 주방에서 완제 음식을 생산하는 것을 말한다. 하나의 중앙 주방을 중심으로 각각의 영업장 주방(Outlet Kitchen, 아울렛 키친)이 있고 서로 협조하는 유기적 관계로 운영되는 주방형태이다.

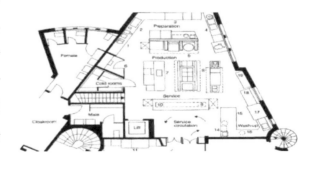

❹ 편의형 주방(Convenience Type Kitchen Floor Plan)

편의형 주방은 반조리 또는 완전조리된 식자재만 취급하기 때문에 다듬기 주방은 없고, 마무리 주방만 있는 형태로 체인 음식점 또는 소규모의 외식업체 주방에 적합한 주방형태이다.

제5절 주방설계(Kitchen Design, Lay-Out)

❶ 효율적인 레스토랑과 주방의 디자인 및 레이아웃

주방설계는 표준화, 능률화, 간소화의 3대 원칙으로 해야 하며, 주방의 효율성을 증대시키기 위하여 개업 전에 충분한 시장조사와 주력메뉴를 포함한 모든 메뉴의 결정 그리고 식재료 구매, 음식 조리, 서비스하는 모든 과정 등을 계획하고 나서 설계에 들어야 한다.

디자인은 개념적 아이디어로 시작된다. 디자인업체는 디자인을 표현하기 위해 컬러 렌더링(Color Rendering, 색칠)을 사용한다. 그런 다음 레스토랑과 바의 디자인 콘셉트를 현실화한다. 그리고 개념적 렌더링 및 색상 분석뿐만 아니라 레스토랑의 혁신을 보여주는 실제 샘플 3개소 정도를 제공받아 비교한다. 전반적인 영업전략콘셉트(개념) 설명 및 메뉴 개발, 마케팅 4P's 등은 레스토랑 프로젝트 전문가, 인테리어 전문가, 동종업계 주방장 등을 만나 상담한다. 개업 프로젝트를 수행하는 데 가장 적합한 식당 디자인 전문가를 찾기 위해 시간을 갖고 폭넓은 검색을 해야 하며, 끝으로 선정된 디자인 업체는 콘셉트를 포함한 마케팅 요구사항 및 주방장의 요구사항 등을 조정하여 구성요소를 설계에 반영토록 한다.

1) 비용(Cost, Expense, Charge)

점포 레이아웃을 디자인할 때 모가 진 가장자리를 잘 활용토록 한다. 이렇게 하면 장기적인 문제와 불필요한 수리비용의 발생을 예방할 수 있다. 개업 전 설계과정에서 비용을 어디서 어떻게 사용해야 하는지 10~20년의 장기사업 계획을 고려하도록 장기적인 안목이 필요하다.

2) 수익(Profit, Earnings, Return)

수익 즉, 순이익이 창출되는 요소에 집중해야 한다. 그리고 최신 트렌트를 반영할 뿐만 아니라 눈에 띄고 두드러지게 설계되어야 한다. 고급 레스토랑에는 고급 가구와 디자인 요소가 있어야 한다. 캐주얼한 레스토랑에서는 혁신적(Innovative)이고 새롭고 위생이 강조된 분위기에 대한 필요성을 간과하면 안 된다.

3) 공간(Space)

점포의 공간은 자가 건물, 임대차 유형을 띠는데 어떻든 음식 저장 및 장비를 위한 충분한 공간이 주방에 제공되어야 한다. 종사원을 위한 영역과 관리자 사무실이 필요하다. 그러나 공간이 안 나오는 매우 협소한 경우라면 수익 창출 영역을 최대화해야 한다. 여기에는 식사 공간, 바 및 캐셔 카운터(Cashier Counter, 계산대)가 포함되며, 객석이든 주방이든 모두 매출 목표를 달성할 수 있을 정도로 충분히 커야 한다.

4) 입구(Entrance)

입구는 해당 업소가 제공하는 첫 번째이자 마지막 인상이다. 고객을 유인(초청)해야 하며 레스토랑 등 환대업소의 본질을 창업자가 이해해야 한다. 대기시간이 길어지면 손님이 모일 정도로 커야 하지만 식사공간과 바에서 어느 정도는 멀리 떨어져 있어야 한다.

5) 주방시설의 배치

시설의 배치 및 주방장비를 모두 배치하기 위한 충분한 공간과 조리사들이 활기차게 일할 수 있도록 여유 있는 공간이 확보되어야 한다. 업종과 업태에 따라 다르겠으나 필요한 장비로는 오븐(Oven), 스토브(Stove), 그릴(Broiler), 프라이어(Fryer), 접시 닦는 기계(Dish Machine), 3중 싱크대(Triple Sinks) 및 충분한 선반 공간(Shelf Space)이 포함된다. 주방시설의 배치는 대체로 'U자형', '병렬형', 'L자형', '직선형' 등의 4가지 형태로 나눌 수 있다.

주방은 영업장의 목표 달성에 충분하도록 여유가 있어야 한다. 더운 주방 열기 속에서 빠른 속도로 진행되는 업무 스트레스가 타 업종에 비해 크므로 주방환경 속에서 요리사들이 좀 더 편안하고 안전하게 이동하고 동작할 수 있도록 설계되어야만 한다.

특히, 주방시설의 배치 단계에서 주방시설 구성에 제한요소가 있다면 주방시설 배치 및 관리의 기획팀(Planning Team)은 최소한 3가지 대안 중에서 선택할 수밖에 없을 것이다. 그 대안은 다음과 같다.

① 가용자금이 생길 때까지 계획을 연기하는 방법
② 배치계획을 예산액에 맞추어 추진하는 방법
③ 배치계획을 처음부터 취소하는 방법

※ 화살표 방향은 서비스직원이 들어오고 나가는 동선의 표시

출처 : 장상태 · 함동철, 외식산업이론과 실제, 에이드북, 2014에서 인용 저자 재작성

🔼 주방시설 배치도

출처 : https://kr.pinterest.com/pin/7846121847
7921755

⬆ 직선형 주방

출처 : https://www.yelp.com/biz/eds-exhaust-
and-duct-services-ridge

⬆ U자형 주방

출처 : https://www.pinterest.co.kr/pin/350788258457506637/

⬆ U자형 주방

출처 : https://www.yelp.com/biz/ae-exhaust-and-duct-
services-port-jefferson-station?utm_campaign=w
ww_business_share_popup&utm_medium=copy_lin
k&utm_source=(direct)

⬆ 병렬형 주방

출처 : https://www.indiamart.com/pure-tek/commercial-
kitchen-equipment.html

⬆ U자형 주방

출처 : https://www.dealkenya.com/for-sale/everything-else/
kitchen-equipment-deals-in-kenya_1413

⬆ U자형 주방

6) 식품 저장공간(Food Storage Area)

주방은 저장공간이 충분해야 한다. 워크 인 냉장고(Walk-In Refrigerator), 워크 인 냉동고(Walk-In Freezer) 및 충분한 선반 공간이 있는 건조한 저장공간이 포함된다. 새롭고 넓은 워크 인 냉장고는 냉장실이 일반적이며, 식자재는 곧 현금이라고 할 수 있으므로 부패는 심각한 재산 손실로 이어지기 때문에 이에 대한 현명한 투자가 요구된다. 저장공간은 부엌의 코너에 있어야 하며, 설계단계에서 관리자의 사무실 근처에 배치하는 것이 최선이다. 이렇게 하면 최대한의 도난방지 효과 및 안전관리를 위해 바람직하다.

7) 사무실(Manager & Chef Office)

지배인 및 주방장의 사무실은 가능한 한 작아야 하고 식당영업을 위한 커뮤니케이션을 통해 제대로 역할할 수 있을 정도의 공간에 만족해야 한다. 관리자 사무실은 식당의 고객 객석과 직원의 구역 및 주방과 아주 가까운 거리에 위치하도록 설계한다.

8) 직원 지역(Staff Member Area)

직원들이 유니폼을 갈아입고 개인 소지품을 수납할 수 있는 로커룸(Locker-Room)이 있어야 한다. 또한 직원 용모 점검 및 위생관리를 위한 샤워시설 그리고 휴게시설(TV, 신문, 차와 음료 마시는 기구 등) 공간, 업무 일정 및 회사 통지와 같이 정보를 커뮤니케이션할 수 있는 게시판 등이 필요하다. 이 공간은 출퇴근 통로에 가깝고 직원 식당 옆에 배치하는 것이 효율적이다.

9) 식당(Dining Room)

식당의 구석진 곳에 부스 설치, 중식 식당인 경우 원형 탁자, 프라이빗한 모임을 위한 별실(Private Room) 레이아웃, 어둡거나 밝은 분위기 여부, 현대식 또는 클래식한 설비 등은 입지상권 분석 및 예상고객을 미리 결정하도록 한다. Point는 모든 고객에게 매력적인 곳으로 만드는 것에 주안점을 두는 것이다.

10) 바(Bar)

주점은 특정 고급호텔, 부유층을 상대로 한 바(Bar) 등을 제외하고는 대중적인 콘셉트에 초점을 두어야 한다. 동시에 식사 이후 여흥을 위한 편안한 분위기를 연출할 수 있도록 설비한다. 훌륭한 바(Bar) 공간은 눈길을 사로잡을 수 있는 외부 간판으로 고객을 초대하면서 주력상품 모두를 익스테리어(Exterior)에 크게 노출시킨다.

11) 화장실(Rest Room)

우리의 경우 화장실은 건물의 디자인과 레이아웃에서 예사롭게 다루어 온 경향이 많다. 화장실은 청결을 위한 비품이 항상 비치되고 위생적이며 깨끗한 인상을 줄 수 있도록 관리 유지되어야 한다. 여러 손님을 수용할 수 있는 충분한 면적이어야 한다(http://www.restaurant-design.com).

❷ 주방설계 이전의 콘셉트 결정 명확화

식당의 경영성과에 가장 중요한 역할을 하는 공간이 주방이다. 고로 주방은 사람의 심장과 같다고 할 수 있다. 주방과 홀 서비스의 기능을 살펴보면 다음과 같다.

- 주방 기능 : 요리의 생산과 서비스의 기능
- 홀 서비스 기능 : 요리의 판매와 서비스의 기능. 식당의 영업 및 메뉴의 콘셉트를 명확하게 결정해야 이를 토대로 효과적인 주방설계를 할 수 있고 이를 통해 최상의 음식을 생산할 수 있게 된다. 나아가 고객만족과 종사원 만족 그리고 사업주 만족 등을 동시에 해결할 수 있다.

❸ 주방기기 구입과 선택 시 고려사항

조리방법이나 성능 및 내구성, 기기의 유지와 관리의 용이성, 유지비용 관련 경제성 등을 총체적으로 고려토록 하며, 총체적으로 검토하여 기기 선택과 구매를 결정한다.

- 메뉴 분석으로 효율적인 조리작업 수행을 위한 기기 선택
- 주방기기 배치 공간

- 전기(전압 및 전력), 가스 용량
- 주방기기 구입 예산 산출액
- 메뉴에 따른 해당 기구의 조리작업 시간
- 식자재 구매형태에 따라 경제적인 기종 선택
- 예상 식수 인원에 따른 식자재 구매

제6절 / 주방설비

❶ 주방설비

주방설비는 음식의 질, 작업의 효율성 극대화를 통한 조리사의 피로도 감소, 위생성 및 안전성 등을 결정짓는 가장 중요한 근본 조건으로 음식 서비스 및 주방 조리사의 인적자원 관리, 원가관리, 이익관리 등에 직접적인 역할을 한다. 따라서 메뉴의 특성과 음식 서비스에 적합하게 하는 것에 주안점을 두고 선택해야 한다. 설비 전에 고려해야 할 내용은 다음과 같다.

- 작업능률 이외에 위생 및 안전성과 식중독 예방, 조리사들이 편안하게 일할 수 있도록 쾌적한 주방환경에 기여할 수 있는 설비를 도입하는 데 주안점을 둔다.
- 생산성 있는 주방설비의 도입은 객석 회전율을 높이고 이는 영업 이익에 직결되므로 작업 흐름을 원활하게 해야 한다.
- 객석(홀)에서 빈 그릇을 들고 주방으로 '들어오는 출입문(Door-In)'과 주방에서 '나오는 출입문(Door-Out)'을 별도로 설치하는 것이 바람직하다.

❷ 주방기구 및 기기

주방기구나 기기 등은 식중독 예방 차원에서 항상 청결한 상태로 유지해야 하고 정기적으로 점검하고 닦아서 요리사들이 편안하게 작업할 수 있는 데 주안점을 두어야 한다.

① 냉장·냉동기기 ② 열기구 ③ 믹서기 ④ 기타 주방기구

외식산업 창업 매니지먼트

06

메뉴
경영 플래너

6 메뉴 경영 플래너

제1절 / 메뉴의 정의

❶ 메뉴의 유래

'메뉴(Menu)'의 어원은 라틴어의 Minútus(고전 : 미누투스, 교회 : 미누투스)에서 유래하였다. 이는 영어의 'Minute(미뉴트)'에 해당하는 말로 '상세히 기록하다, 대단히, 상세한, 극히 작은, (시간단위)분, 회의록을 작성하다'라는 뜻을 갖고 있다. 메뉴는 '각각의 요리를 상세히 기록하여 놓은 것'이라는 뜻이다. 메뉴는 본래 프랑스어로 '카르트(Carte)'라고도 불리나, 오늘날의 '메뉴(Menu)'는 '차림표 또는 식단'의 뜻으로 쓰이며, 그 의미는 '작은 목록(Small List)', '상세히 기록하다'와 같다. 메뉴는 고객에게 식사로 제공되는 요리의 아이템, 명칭, 형태 등을 체계적으로 알기 쉽게 설명해 놓은 상세한 목록이나 차림표라는 것을 알수 있다.

❷ 메뉴의 역할과 특징

과거에는 '메뉴'가 단순히 식음료의 종류를 기록해 놓은 역할만을 했으나 최근 들어 레스토랑의 강력한 상품판매수단으로서의 매개체 역할을 하고 있어 판매와 관련하여 그 중요도를 인식하게 되었다. 메뉴의 역할은 다음과 같다.

- 메뉴는 기업의 'Management Cycle(경영 사이클)'과 같은 역할을 하고 있다.
- 메뉴는 상품판매수단으로 업주와 고객 간의 매개체 역할을 한다.
- 메뉴는 강력한 판매촉진도구의 역할을 한다.

메뉴란 식당의 운영 특성을 나타내는 얼굴이며 잘 만들어진 메뉴는 식당의 판매촉진을 위한 도구이고 상호와 업소 외관 및 취식 형태와 유사성이 있다. 메뉴(차림표, 식단)는 식당의 조리기술, 분위기와 조화를 이룬다. 메뉴의 특징은 다음과 같다.

- 중장기적인 식당경영의 대책을 세우고 그에 따른 판매계획을 수립, 점포 입지와 고객 그리고 경쟁점을 잘 분석하고 판매한다.
- 식음료에 대하여 원가를 정확하게 파악하고 관리해야 한다.
- 고객으로 하여금 식욕을 자극하는 선미를 최대한 불러일으켜야 하며, 중미는 물론 후미까지 잘 장식하여 지속적으로 재내점할 수 있도록 한다.

제2절 메뉴의 종류와 작성

❶ 메뉴의 분류

1) 정식 메뉴(Table d'Hote Menu)

'전채요리', '수프', '생선요리', '셔벗', '주요리', '가금류', '샐러드', '후식', '음료' 순으로 9가지가 제공되는 것이 일반적이나 경우에 따라 한두 가지가 빠지기도 하는데 미각, 영양, 분량의 균형을 도모하는 식단을 칭한다.

세트(Set)로 주문하기 때문에 가격이 저렴하면서 메뉴에 대한 지식이 없어도 쉽게 차림표와 가격을 식별하여 주문이 가능하지만, 일품요리 메뉴보다 음식의 선택이 좁고 고객의 취향에 따라 상품 변경이 안 되는 단점이 있다. Set Menu라고도 한다.

2) 풀코스 메뉴(Full Course Menu)

'정식 메뉴'의 일종으로 'A코스', 'B코스' 등의 호칭으로 고객이 쉽게 선택하게 하면서 매출 상승을 도모하는 메뉴로 일품요리 메뉴(A La Carte Menu) 중에서 여러 가지를 택해서 주문하는 것보다는 저렴한 장점이 있다. 요리의 종류와 순서가 미리 결정되어 있는 차림표이다.

3) 일품요리 메뉴(A La Carte Menu)

고객 나름대로 기호에 맞게 한 가지씩 자유로이 선택하여 먹을 수 있는 주문 음식메뉴이며, 풀코스 메뉴보다 메뉴 선택의 폭이 넓다.

4) 오늘의 특선 메뉴(Daily Special Menu)

'오늘의 특별요리' 또는 '오늘의 특선요리', '주방장 추천요리' 등으로 불리는 이 메뉴는 재료 재고 소진의 목적으로 일반적으로 '일품요리 메뉴(A La Carte Menu)'보다 더 저렴한 가격으로 제공된다. 이 메뉴의 장점은 다음과 같다.

- 고객의 메뉴 선택을 쉽게 해준다.
- 어제 남은 재고 소진을 통해 원가를 줄일 수 있다.
- 재료 사용에 있어 저장 재료를 낭비하지 않고 판매할 수 있다.
- 매출액 증대에 기여한다.

5) 뷔페 메뉴(Buffet Menu)

음식이 다양하게 구비되어 있어, 일정액을 지불하고 제공되는 모든 음식과 요리를 골고루 양껏 먹을 수 있는 장점이 있다. 마음대로 먹을 수 있는 식사방식으로 Self Service 식사이다.

- 오픈뷔페(Open Buffet)는 불특정 다수의 고객을 대상으로 일정한 가격을 지불하면 다양한 음식들을 마음껏 먹을 수 있는 일반적인 뷔페식당의 형식을 말한다.
- 클로즈드 뷔페(Closed Buffet)는 연회장에서 고객의 요구에 의해 예약된 가격과 인원에 따라 요리의 양과 종류가 결정된 뷔페 형식을 말한다.

▶ 메뉴의 조건

경영자의 측면	• 식당의 목표와 목적 반영 • 예산 요인(음식 판매로 인한 소득, 음식 원가비율에 의해 달라짐) • 납품시장의 상황(원재료 수요와 공급, 계절적 변동 등 고려) • 물리적 시설과 장비로 이용 가능한 주방비품의 크기와 수용력 • 직원의 능력과 조리를 위해 이용 가능한 직원 수(인건비) • 음식 조리와 서비스의 하부시스템 유형(서브시간) • 소정의 특정한 식재료로 메뉴를 구성
소비자 측면	• 영양 요인 : 균형적인 영양음식 제공 • 식생활 습관과 음식서비스 선호도 • 생물학적, 생리학적 및 심리학적 요인 • 인적요인 : 기대수준, 타인의 영향과 식욕, 분위기와 정서, 가족상황 등 • 기타 사회, 경제, 문화, 종교적 요인
메뉴 측면	• 색깔 : 관심과 식욕 촉진 • 질감과 형태 : 다양성 제공 • 고객의 관심 자극 • 농도(점도와 밀도) : 다양성 제공 • 맛 : 고객 특성에 맞출 수 있도록 • 조리방법과 서빙 시 온도, 시각적 효과를 위한 제시방법

❷ 식사 시간별 메뉴

1) 조식(Breakfast) : 06 ~09시까지 조식을 제공한다.

2) 브런치(Brunch) : 주중은 오전 10~12시 정오까지이고, 일요일은 12~14시까지 선데이 브런치를 제공한다.

3) 점심(Lunch) : 12~14시까지이다.

4) 애프터눈 티(Afternoon Tea) : 15~17시경에 간식거리와 함께 차를 즐긴다.

5) 저녁(Dinner) : 18~22시까지이다.

6) 야식(Supper) : 밤 22시 이후의 식사이다.

❸ 지속기간에 따른 분류

1) 고정메뉴

고정메뉴(Static Menus, Fixed Menu)는 새로운 메뉴가 등장하기 전까지 사용되는 메뉴로 일정기간 동안 메뉴 아이템이 변하지 않고 제공되는 메뉴이다. 커피숍, 패스트푸드, 패밀리 레스토랑, 체인 레스토랑 등에서 많이 사용한다.

고정메뉴의 장점은 상품의 통제와 조절이 용이하고 상품이 많지 않아 전문화시킬 수 있다. 그러나 단점은 상품이 오랫동안 고정되어 있으므로 환경변화에 둔감하여 고객이 싫증내기 쉬우며, 시장이 제한적일 수도 있다.

2) 순환메뉴

순환메뉴(Cycle Menu)는 일정한 주기, 즉 월 또는 계절에 맞추어 변화하는 메뉴이다. 리조트 호텔 또는 카지노 호텔의 식음료업장, 학교 카페테리아, 병원급식, 단체급식, 교도소급식 등에서 많이 사용하는 메뉴이다. 순환메뉴의 장점은 메뉴에 변화를 주어 고객에게 신선함을 전달할 수 있고, 계절에 따라 메뉴 조정이 가능하다. 그러나 단점은 식재료의 재고율이 높을 수 있으며, 계절에 따른 메뉴 아이템을 생산하기 위해서는 매우 숙련된 조리사가 필요하다.

3) 일시적 메뉴

일시적 메뉴는 특별한 행사기간에 판매되는 메뉴로 페스티벌 메뉴(Festival Menu), 일일특별 메뉴(Daily Special Menu), 계절 메뉴(Seasonal Menu), 가벼운 메뉴(Light Menu), 건강식 메뉴(Health Food Menu), 야채 메뉴(Vegetable Menu) 등이 있다.

4) 메뉴 설문조사 분석(Menu Survey Analysis)

▶ 메뉴 설문조사를 위한 설문지 Sample

다음 내용은 인구통계학적 조사 내용이오니 협조를 부탁드립니다.

- 고객님의 성별 :
- 나이 :
- 직업 :
- 최종학력 :
- 거주지 :

다음의 척도를 이용하여 밑아래에 나와 있는 메뉴에 대해 좋고 나쁜 것을 가장 적절히 나타낼 수 있는 숫자에 동그라미로 표시하여 주십시오.

0. 결코 먹지 않는다.
1. 아주 싫어한다.
2. 매우 싫어한다.
3. 약간 싫어한다.
4. 보편적으로 싫어한다.
5. 보통 이하이다.
6. 그저 그렇다.
7. 가격 대비해서 괜찮다.
8. 보편적으로 좋아한다.
9. 아주 좋아한다.
10. 매우 좋아한다.

5) 메뉴 엔지니어링

메뉴음식을 분석하는 도구를 메뉴 엔지니어링이라 한다. 이것은 메뉴믹스 및 공헌이익과 깊은 관련이 있다.

6) 메뉴가격 결정방법

- 식재료 원가비율 고려 30~40%선에서 형성
- 노하우, 희소성 고려한 고가 책정 → 대중화 가격 낮아짐
- 입지 내에서의 가격책정법 : 상권의 소득수준, 고객층, 경쟁점, 영업전략 등 고려
  비용 + 목표이익/최저기본 객단가 설정(단체급식)
- 공헌이익에 의한 가격책정법 : 고객의 가격에 대한 반응과 목표이익에 따라
- 경쟁가격책정법 : 경쟁업체들이 사용하는 가격

• 평균비용이 목표이익을 합한 가격책정법

(1) 메뉴믹스

고객의 수요나 인기도에 관한 것이다.

(2) 공헌이익(Contribution Margin)

모든 메뉴의 총수익과 식품원가 이외에 원가와 수익에 미치는 영향에 관한 지표를 말한다. 공헌이익이란 매출액에서 변동원가를 차감한 잔액을 말한다. 다시 말하여, 고정원가를 회수하고 이익을 창출하는 데 공헌한 몫이다.

공헌이익 = 매출액 - 변동원가(변동원가란 조업의 증감에 따라 발생액이 변화하는 원가)

매출액은 변동비 + 공헌이익이므로 변동비가 커지면 공헌이익은 상대적으로 작아지고 변동비가 작아지면 공헌이익은 커진다. 공헌이익률은 (1 - 변동비율)이다.

분석 후에 항목들은 다음의 'BCG 모형'과 같이 매트릭스(Matrix)에서 스타(Stars), 플로호스(Plow Horses), 퍼즐(Puzzle) 그리고 도그(Dogs)로 분류된다.

① Plow Horses 플로 호스, 높은 인기도, 낮은 공헌이익	② Stars 스타, 높은 인기도, 높은 공헌이익
③ Dogs 도그, 낮은 인기도, 낮은 공헌이익	④ Puzzle 퍼즐, 낮은 인기도, 높은 공헌이익

• 플로 호스(Plow Horses) : 인기도(선호도)는 높으나 공헌이익은 낮은 메뉴들이다. 높은 판매량을 제공하나 공헌이익이 수익마진보다 낮다. 이러한 메뉴 아이템은 가격인상이 어렵고 다른 메뉴를 강조해야 한다. 이러한 메뉴들은 공헌이익을 높이기 위해 추가음식으로 판매될 수 있을 것이다.

• 스타(Stars) : 인기도와 공헌이익(수익성)이 높은 메뉴들이다.

• 도그(Dogs) : 인기도와 공헌이익 모두 낮다. 이것들은 보통 메뉴상에서 삭제되어야 한다. 특정고객들을 위해 그 아이템들을 유지해야 한다면 가격을 인상해서 단품 메뉴로 판매할 수 있을 것이다.

• 퍼즐(Puzzle) : 공헌이익은 높으나 인기도는 낮은 메뉴들이다. 이러한 것들은 수익성은

높으나 인기가 없어 판매하기 어렵다. 메뉴에서 이러한 음식들은 제한되어야 한다. 수요가 낮은 음식들은 생산과정에서 식자재의 재고 누적으로 원가 상승의 문제를 유발할 수 있다.

7) 아이템 선정방법

최적의 아이템을 선정하기 위해서는 체계적인 노하우 전수가 가능해야 하고 균일한 맛이나 일정한 메뉴생산이 가능해야 하며 지속적인 식재료의 공급이 가능하다는 것을 전제로 예비창업자가 현재사정과 여건을 고려해야 한다.

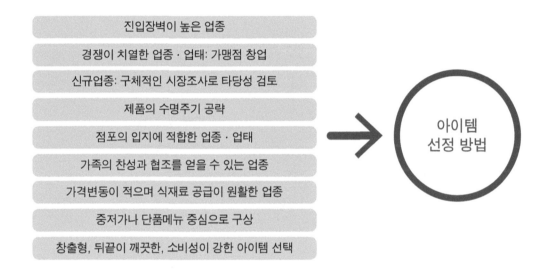

현재 식문화 시장은 HMR(가정식 대체식품)시장 성장이 해마다 증가되고 있다.

HMR은 Home Meal Replacement의 머리글자로 일종의 인스턴트식품이다. 일반적으로 가정에서 음식을 먹을 때의 과정은 식재료 구입 → 식재료 손질 → 조리 → 섭취 → 정리의 순서로 진행되는데, HMR은 이런 과정에서의 노력과 시간을 최대한 줄이려는 목적이다. 대형마트 등에서 조리된 음식을 사서 집에서 먹는 HMR과 아침식사 배달업 등이 맞벌이 부부와 20~30대 싱글족 사이에서 수요증대가 계속되고 있다. 웰빙 붐과 더불어 여성을 대상으로 한 '디저트카페(빵, 와플 등)' 등에서 소비의 주체가 된 여성을 잡기 위한 업태 출현이 계속될 것이다.

일반적으로 가정에서 음식을 먹을 때 만들 음식의 식재료를 구입하여 → 전처리과정(식재료 손질) → 음식조리를 통하어 → 시식 섭취로 진행되는데, HMR(Home Meal Replacement : 가정식 대체식품)은 이런 과정에서의 노력과 시간을 최대한 줄이려는 목적으로 즉, 일종의 인스턴트식품(즉석식품)으로 만들어졌으며 그 안은 크게 RTE, RTH, RTP, RTC의 4가지로 분류하고 있다.

간편 대응식인 CMR(Convenient Meal Replacement)은 따로 데우거나 조리하지 않아도 바로 먹을 수 있는 식사대용 형태의 식품으로 시리얼바, 파우치에 들어 있는 죽 등이 대표적인 사례이다. 고령화 시대와 비혼주의세대를 포함한 1인 가구와 맞벌이 가정이 늘어나면서 간편한 식사에 대한 수요가 증가해 간편식품시장이 더욱 성장할 전망이다. HMR과 CMR은 조리와 비조리, 가열과 비가열 등으로 구분해서 먼저 HMR을 구체적으로 살펴보면 첫째, RTE(Ready to Eat)는 별도의 조리 없이 바로 섭취 가능한 제품으로 편의점에서 피는 샌드위치, 김밥, 과자, 빵 등이며 둘째, RTH(Ready to Heat)는 가열 후 먹을 수 있는 제품으로 냉동만두, 냉동피자, 레토르트 식품 등이 여기 포함된다. 셋째, RTP(Ready to Prepare)는 세척 및 가공한 식재료로 간단 조리 후 섭취할 수 있는 제품으로 세척된 신선한 채소와 통조림 제품 등이고 넷째, RTC(Ready to Cook)는 간편하게 조리해서 섭취할 수 있게 미리 손질된 제품으로 요리과정의 즐거움과 만족을 느낄 수 있으며 원재료를 사용해 신선한 음식을 섭취할 수 있어 선호 고객층이 많다고 한다.

구분	분류	내용	종류
HMR (Home Meal Replacement)	RTE (Ready to Eat)	먹을 준비가 됐다는 뜻처럼 구입 후 바로 먹을 수 있는 형태의 식품	샌드위치, 김밥 등
	RTH (Ready to Heat)	구입 후 열을 가하여 데운 후 바로 섭취하는 형태의 식품	레토르트의 단량제품. 육개장, 김치찌개, 된장찌개, 냉동만두, 냉동피자
	RTP (Ready to Prepare)	식재료들을 조리하기 편하게 전처리과정을 거쳐 편하게 세척·절단한 뒤 유통하기 편리하게 된 형태의 식품	스테이크 재료 (채소와 통조림)
	RTC (Ready to Cook)	위 형태의 식품과 다르게 상대적으로 긴 조리과정을 거치나 간단하게 조리 후 섭취할 수 있는 형태의 식품	파스타, 스파게티
CMR (Convenient Meal Replacement)		따로 데우거나 조리하지 않고 바로 먹을 수 있는 형태의 식품	시리얼바, 파우치 용기에 담긴 죽

가정간편식으로 인기 있는 제품은 밀키트[식사(Meal)+키트(Kit)] 요리이다.

필요한 식재료를 손질하여 여기에 딱 맞는 양의 양념, 조리법을 세트로 구성해서 제공하는 제품으로 쿠킹 박스, 레시피 박스라고도 한다. 이미 조리되어 있어 데우기만 하면 되는 가정간편식(HMR)과 달리, 밀키트는 조리 전 냉장상태의 식재료를 배송하기 때문에 유통기한이 길지 않으며, 소비자가 동봉된 조리법대로 직접 요리해야 한다.

밀키트는 신선한 재료를 직접 요리해 외식보다 저렴하면서도 건강한 식사를 할 수 있고, 재료를 구입 손질하는 시간이 절약돼 1인 가구나 맞벌이 가구로부터 특히 인기를 끌고 있다.

해마다 성장하는 HMR(가정간편식)과 CMR(간편 대응식) 시장은 2024년 소비 트렌드에 따라 국내 레스토랑들이 RMR제품을 속속 출시하고 있다.

RMR은 Restaurant Meal Replacement의 약자로 레스토랑 간편식을 말하며, 맛집에서 파는 간단한 떡볶이부터 고급 한식당 및 양식 레스토랑의 메뉴까지 밀키트(Meal Kit) 식으로 출시되는 식품이다. 외식 브랜드를 내걸었다는 점이 HMR과 RMR의 다른 점이다. HMR의 간편함에 맛집 메뉴의 맛까지 챙긴 RMR 제품은 차별성을 내세워 소비자의 입맛을 사로잡고 있다.

외식산업 창업 매니지먼트

CHAPTER

07

외식업
재무관리

7 외식업 재무관리

제1절 / 식음료 원가관리(Food & Beverage Cost Control)

경영분석의 일환인 식음료 원가관리(Food & Beverage Cost Control)란 '원가관리'를 의미한다. 즉 '식음료 원가관리'란 판매되는 식음료의 매출 관련 원가인 재료비, 인건비, 경비 등을 통제(Control)하여 사업체의 이익 극대화를 꾀하는 일련의 과정을 의미한다.

식음료 원가관리는 식음료 원가의 백분율(Percentage)로 일정 기간 매장의 총매출과 판매된 원가 사이의 비율을 말하며 경영의 척도가 된다. 처음에는 수치를 이해하기 어려우나 반복적인 노력으로 이해가 가능하며 이로 인한 원가의 통제가 가능하다. 수치 편차가 심할 경우 원인 분석을 통해 해결할 수 있다.

원가의 형태별 분류	재료비, 노무비, 제조경비
제품의 추적 가능성에 의한 분류	직접비, 간접비
경영활동 직능에 따른 분류	제조원가, 총원가, 판매비, 관리비, 판매가격
조업도에 따른 분류	변동비, 고정비, 준변동비, 준고정비

▶ 매출분석 비율

평균 매출액	평균고객지불가격 = 매출액/고객의 수
좌석회전율	좌석회전율 = 고객의 수/좌석의 수
비용분석	비용비율 = 판매된 원가/매출액

▶ 손익계산서 분석

손익분기점이란 점포의 매출액과 매출을 달성하기 위해 들어간 제 비용이 일치하는, 즉 '0'이 되는 것을 말함

매출분석	• 매출의 증가 및 감소에 대한 이유 및 물리적 시설의 가치나 좌석 수 또는 투자 규모에 적합한 판매인지를 파악하는 것 • 당해 매출액의 증가나 감소는 상대적 수치로 나타냄 • 매출액은 월별, 연도별로 비교될 수 있음
수익분석	비용이 판매일로부터 공제될 때 남은 금액을 말함

❶ 원가(Cost)의 개념

원가란 식음료상품을 생산하기 위해 소비한 경제적인 가치를 말하며 다음과 같이 분류한다.

1) 재료비

원료와 재료인 물적 요소의 소비에서 발생하는 원가이다.

2) 노무비

급여, 수당 등 노동력의 소비에서 발생되는 원가이다.

3) 제조 관련 경비

재료비와 노무비로 분류되지 않은 원가요소의 소비에서 발생한 원가로 수도광열비, 보험료, 수리비, 감가상각비 등이 있다.

❷ 원가관리(Cost Control)의 필요성

① 외식사업 경영 관리자(Manager)에게는 운영의 현황 즉, 손익 분석을 파악할 수 있는 능력이 요구된다.

② 통제(Control)는 지금까지의 사전 업무수행 결과를 평가하여 미진한 부분을 개선할 대책을 강구하여 시행착오를 예방, 방지하는 것을 의미한다. 원가관리는 일회성 업무가 아니라 매일매일 지속적으로 행해야 하는 활동이다. 불필요한 낭비와 손실은 최대한 줄이고 이익을 극대화하려는 노력으로 재료비, 수도광열비, 인건비, 기타 경비가 중점 관리 대상이다.

③ 소규모 자영업자의 경우, 보편적으로 회계 수치를 이해하려면 힘이 들겠으나 반복적 분석을 하다 보면 이해가 쉬워진다. 3~5개년 전후 재무제표 현황이 향후 예측과 평가 (Evaluate) 및 조정(Control)을 실시할 때 중요한 기초 자료가 될 수 있다.

❸ 원가관리(Cost Control)의 목적

① 매일 발생하는 경영 관리(經營管理, Business Management)에 관련한 의사결정에 필요한 정보를 제공해 준다.

② 어떤 비용과 어떤 매출액이 발생하였으며 이런 요인들이 표준예산 내에서 정상적으로 잘 운영 관리되고 있는지를 파악할 수 있는 정보를 제공해 준다.

③ 우리 매장이 지금 잘 해나가고 있는지? 사업을 폐업해야 하는지? 등의 향후 경영방향을 제시해 준다.

❹ 원가관리(Cost Control)

사업체 운영에 필요한 구매, 검수, 저장, 출고, 전처리, 조리, 제공, 주문과 계산서 처리, 정산 등의 9가지 주요 기능으로 구분해서 다음 내용과 같이 각각의 단계마다 Cost Control 을 해나가면 이익증대를 꾀할 수 있다.

1) 구매

- 메뉴별 매출액의 분석을 통해 어떤 식재료를 얼마만큼 구매해야 하는지를 파악한다.
- 물품별 정확한 재고파악, 표준화된 구매명세서를 구비, 구매요구 물품의 스펙(사양 ; Spec)에 맞는지 실제 방문조사를 통해 우량 납품업체를 선정하도록 한다.

2) 검수

- 구매 요구한 제품 상표, 품질 등급, 종류, 수량, 가격, 사양 등을 확인한다.
- 불량품, 훼손품 등의 반품처리 방법을 구매명세서 등에 구체적으로 명시한다.
- 구매부서장은 매 검수 시에 점검한다.

3) 창고 저장

　제반 물품, 특히 식음재료는 적정한 온도와 환기시설, 교차오염이 없는 환경에서 저장하여 사용되기 전까지 최상의 본래 품질의 유지 및 주의에 최선의 노력을 기울여야 한다.

4) 출고

- 저장 창고로부터 주방으로의 식재료 출고 시 선입선출을 원칙으로 관리한다.
- 당일 초기재고, 판매량, 마감재고를 확인하고 재료가 사용된 부서를 명시한다.

5) 전처리

- 의무적인 표준 레시피(조리법 ; Recipe) 활용을 규정화한다.
- 조리사의 전처리 작업을 효율적으로 관리하여 버려지는 식재료량을 최소화한다.
- 버려지는 식재료는 식음료 원가 상승의 주요인이다.

6) 조리

- 조리 매뉴얼을 제작하여 조리과정과 서빙(Serving, 서브 Serve) 방법의 표준 절차를 확립하고 적절한 품질을 유지한다.

- 조리과정은 식음료 원가 및 맛과 양의 일관성 유지가 중점관리 대상이다.

7) 제공

- 매뉴얼(Manual)상의 메뉴별 조리법(Recipe)에 의거한 표준 음식의 가격, 목표고객, 식사 시간대 등의 관점에서 제공 분량을 결정한 후 메뉴 분량을 제대로 준수하지 않을 경우 고객 불평과 식재료 원가가 상승한다.
- 부정확한 식수 예측 및 부적절한 조리와 제공 등은 음식물 쓰레기(잔반)로 버려지는 빈번한 잔반(殘飯, 먹고 남은 음식) 발생으로 이어진다.
- 초과분량 제공(Over-Portioning)은 원가 상승으로 이어져 이익을 감소시킨다.

8) 주문 과정[절차(프로세스 ; Process)]과 Bill 제공

제반 메뉴와 주방에서 출고된 모든 음식을 판매 시점에서 정보 관리하는 POS 시스템은 담당 직원별 매출액 비교, 계산 오류 발견, 메뉴 ABC분석 등의 활용을 극대화시킨다.

9) 마감 정산[Finish Calculate ; (결산) Balance Accounts]

매출전표 작성은 원가계산Calculate(Estimate) the Cost]에 있어 기초자료로써 중요하다. 따라서 영업 마감 후 당일 발생한 주문서 전량을 회수 점검하고 정산을 실시한다.

제2절 원가비율(Cost Ratios) 산출

❶ 식품 원가비율과 백분율로 나타낸 비율

내용	금액
총음식매출	200,000,000원
초기 재고	80,000,000원
기말 재고	76,000,000원
초기재고 + 식재료 구입비 = 156,000,000 − 기말재고 76,000,000 = 80,000,000	
식재료 구입비	80,000,000원
실제 소비된 식재료 원가	76,000,000원
실제 판매된 식재료 원가	80,000,000원

- 소비된 식재료 원가비율 : 76,000,000/200,000,000 = 0.38 × 100 = 38%
- 판매된 식재료 원가비율 : 80,000,000/200,000,000 = 0.40 × 100 = 40%

❷ 노무비 비율(Labor Cost Ratio : 인건비, 노동코스트, 노무비)

구분	식당 ①	식당 ②
매출	3,000만 원	6,000만 원
인건비	1,200만 원	1,800만 원
고객 수	4,285명	8,571명
근로시간	2,310시간	3,300시간
인건비 비율	40%(1,200만 원/3,000만 원)	30%(1,800만 원/6,000만 원)
노동시간당 인건비	① 1,200만 원/2,310시간 = 5,194	② 1,800만 원/3,300시간 = 5,454
노동시간당 매출	① 매출/2,310시간 = 12,987	② 매출/3,300시간 = 18,181
고객 한 명당 인건비	① 1,200만 원/4,285명 = 2,800	② 1,800만 원/8,571명 = 2,100
노동시간당 고객 수	① 4,285명/2,310시간 = 1.85	② 8,571명/3,300시간 = 2.60

❸ 매입원가(Prime Cost, 제품의 원가)

- 보통 레스토랑 총매출액의 60% 이내가 적정원가이다.
- 이는 가장 우선시해야 하는 중점관리 원가요소에 해당한다.
- 식재료비와 메뉴 조리생산에 투입된 직접적인 인건비(노동비 ; Labor Cost)의 합계

❹ 재고회전율(Inventory Turnover Rates)

재고의 보충 빈도로서 통제 기간 또는 일정한 검토 기간 중 재고가 얼마나 부족되었다가 다시 보충되느냐 하는 재고의 회전 속도를 말한다.

- 기초재고 700만 원, 기말재고 600만 원, 구매하여 사용한 양이 1,200만 원이라 가정
- 평균 재고 = (700만 원 + 600만 원)/2 = 650만 원
- 식품재고회전율 = 1,200만 원/650만 원 = 1.8회
- 재고 회전일수 = 30일/1.8회 = 16일마다 보충을 위해 재고 발주하는 것이 좋다.

❺ 평균 객단가(Average Check)

- 식음료 총매출/총고객 수 = 고객 1인당 평균 객단가
- 객단가를 20,000원 정도로 예상했으나 실제 15,000원 정도였다면 5,000원을 올리기 위한 메뉴가격 및 메뉴 믹스 전략 수립이 가능하다.

❻ 좌석회전율(Table Turnover Rates)

한 개의 좌석당 하루 몇 명의 고객이 앉는가를 의미한다. 선진국에서는 좌석당 고객 수를 산출할 뿐 아니라 좌석당 매상고를 분석한다. 좌석당 매상고를 산출할 때는 자본의 수익성을 고려해서 당연히 좌석당 투자액을 계산한다.

좌석회전율 계산방법은 다음과 같다.

$$\text{좌석회전율} = 1\text{일}(日) \ \text{총고객 수/좌석 수}$$

※ 이는 매출액을 분석할 때 매우 중요하다.

$$\text{매출액} = \text{고객단가} \times \text{객석 수} \times \text{좌석(객석)회전율}$$

고객단가와 좌석회전율의 많고 적음에 의해 매출액이 정해진다. 일반적으로 고객단가가 높은 상품을 판매할수록 좌석회전율이 낮다. 좌석회전율은 영업시간 전체를 고려하기보다는 혼잡한 시간대, 혹은 고객 수가 많은 요일별로 검토하는 것이 효율적이다. 왜냐하면 고객 수가 아주 많은 시간대에 노력을 결집하는 것이 성과가 더욱 오르기 때문이다. 혼잡한 시간대에는 좌석회전율에 주목하고 고객 수가 적은 시간대에는 고객단가의 상승을 기대한다.

• 조식, 점심, 저녁, 서퍼(야식) 등의 식사시간 동안 좌석을 몇 번 채울 수 있는가를 의미
• '객단가'가 낮은 경우 Table Turnover Rates를 높여 목표매출액의 달성이 가능해짐
• '객단가'가 높을수록 Table Turnover Rates는 상대적으로 낮아짐

❼ 음료 원가율(Beverage Cost Ratio)

• 알코올 음료매출 대비 원가비율
• 커피, 홍차, 녹차, 우유, 각종 주스류 등의 비알코올 음료는 식재료 매출로 분류
• 식료 대비 이익률이 더 높음

◈ 의제매입세액공제의 개념

의제매입세액공제란? 부가가치세가 면제되는 농산물·축산물·수산물·임산물 등의 원재료를 구입하고, 이를 제조·가공하여 공급하는 사업자에게, 일정 비율의 금액을 매입세액으로 보아 매출세액에서 공제받을 수 있도록 하는 제도이다.

의제매입세액공제

의제매입세액공제는 부가가치세가 면제되는 농산물·축산물·수산물·임산물 등의 원재료를 구입하고, 이를 제조·가공하여 공급하는 사업자에게, 일정 비율의 금액을 매입세액으로 보아 매출세액에서 공제받을 수 있도록 하는 제도이다.

1) 공제 요건

음식업을 영위하는 일반과세자 또는 간이과세자가 부가가치세 면제(농산물·축산물·수산물 또는 임산물) 원재료를 구입 사용하여, 제조·가공한 재화 또는 용역의 공급에 부가가치세가 과세되는 경우에 적용한다.

구분	과세표준 (6개월 기분 매출액)	공제한도(2024년 기준)		적용
		음식점업	그 외 업종	
개인 사업자	1억 원 이하	매출액의 75% (9/109)	매출액의 55%	2021년 12월 31일 까지만 특례 적용
	1~2억 원 이하	매출액의 70% (9/109)		
	2억 원 초과	매출액의 60% (8/108)	45%	
법인 사업자 (6/106)			50%	
음식점업	과세유흥장소		2/102	
	기타	개인사업자	9/109 (과세세표 2억 초과인 경우 8/108	
		법인사업자	6/106	
제조업	중소기업 및 개인사업자		6/106	
	법인 사업자		4/104	
기타			2/102	

◈ 면세 농산물 등을 구입하여 사용할 경우 의제매입세액의 공제 요건

① 사업자 등록된 부가가치세 과세사업자(간이과세자는 음식점업과 제조업에 한함)여야 한다.
② 부가가치세 면세로 공급받은 농산물, 축산물, 수산물, 임산물이어야 한다.
③ 농산물 등을 원재료로 하여 재화를 제조·가공 또는 용역을 창출하여야 한다.
④ 제조·가공한 재화 또는 창출한 용역의 공급에 부가가치세가 과세되어야 한다.

◈ 면세 농산물 등 의제매입세액의 공제 대상이 되는 원재료

① 재화를 형성하는 원료와 재료여야 한다.
② 재화를 형성하지는 아니하나 해당 재화의 제조·가공에 직접적으로 사용되는 것으로서 화학반응을 하는 물품이어야 한다.
③ 재화의 제조·가공 과정에서 해당 물품이 직접적으로 사용되는 단용 원자재여야 한다.
④ 용역을 창출하는 데 직접적으로 사용되는 원료와 재료여야 한다.

2) 부가가치세 카드사별 수수료 공제율

연매출액	신용카드	체크카드
3억 원 이하	0.8%	0.5%
3~5억 원	1.3%	1.0%
5~10억 원	1.4%	1.1%
10~30억 원	1.6%	1.3%

* 연매출액 3억 원 이하는 영세가맹점 〈영세·중소 가맹점 우대 수수료율〉

▶ 연간 매출액별 적용 수수료율

구분	연간 매출액	적용 수수료율	
		신용카드	체크카드
영세가맹점	3억 원 이하	0.5%	0.25%
중소가맹점	3억 원 초과 5억 원 이하	1.1%	0.85%
	5억 원 초과 10억 원 이하	1.25%	1.0%
	10억 원 초과 30억 원 이하	1.5%	1.25%

출처 : 금융위원회(www.fsc.go.kr)

사업타당성 분석이란 고려하고 있는 사업아이디어를 경제주체가 수행 및 추진하고자 하는 사업 활동의 타당성 여부를 사전에 조사, 분석, 검토하여 경영의사 결정에 필요한 자료를 제시하는 활동으로 사업아이템을 실현하는 기업을 설립하면, 어느 정도의 이윤을 실현할 수 있겠는가를 객관적으로 조사하는 활동으로 정의한다.

사업타당성
- 시장분석(Market Analysis)
- 기술타당성분석(Technical Analysis)
- 재무분석(Financial Analysis)

사업타당성 분석은 성공적인 사업을 하는 데 요구되는 모든 조건들을 객관적으로 분석하고 평가함으로써 주관적 판단으로 잘못된 결정을 내리지 않도록 함

◆ 기술적 타당성 분석 : 기술적 타당성이란 제품의 생산과 관련되는 제 요소, 즉 제품이 원만하게 생산될 수 있는지를 분석하는 요소

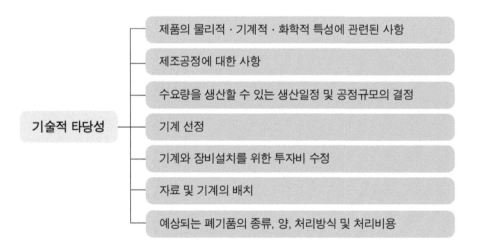

기술적 타당성
- 제품의 물리적 · 기계적 · 화학적 특성에 관련된 사항
- 제조공정에 대한 사항
- 수요량을 생산할 수 있는 생산일정 및 공정규모의 결정
- 기계 선정
- 기계와 장비설치를 위한 투자비 수정
- 자료 및 기계의 배치
- 예상되는 폐기품의 종류, 양, 처리방식 및 처리비용

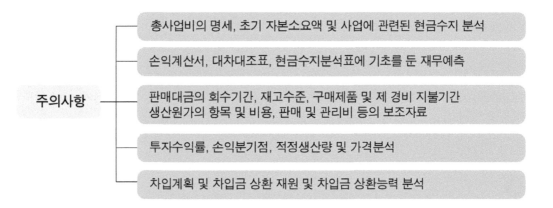

주의사항	총사업비의 명세, 초기 자본소요액 및 사업에 관련된 현금수지 분석
	손익계산서, 대차대조표, 현금수지분석표에 기초를 둔 재무예측
	판매대금의 회수기간, 재고수준, 구매제품 및 제 경비 지불기간 생산원가의 항목 및 비용, 판매 및 관리비 등의 보조자료
	투자수익률, 손익분기점, 적정생산량 및 가격분석
	차입계획 및 차입금 상환 재원 및 차입금 상환능력 분석

매출액에서 변동비를 공제한 이익을 한계이익이라고 한다. 한계이익에서 고정비를 빼면 경상이익을 구할 수 있는데, 고정비는 일정하므로 한계이익이 증가한 만큼 경상이익이 증가한다.

$$한계이익 = 매출액 - 변동비$$
$$한계이익률(\%) = (한계이익/매출액) \times 100$$

❶ 손익분기점

일정 기간 수익과 비용이 똑같아서 이익도 손실도 생기지 않는 경우의 매출액을 말한다. 즉, 이익과 손실의 갈림길이 되는 매출이 '손익분기점'이다. 이윤 극대화를 목적으로 하는 기업은 경기침체나 경쟁회사 등장 등 어떠한 경영환경 변화에도 손익분기점 이상의 매출액을 달성해야 장기적으로 유지될 수 있다.

❷ 종합분석 : SWOT분석 등을 활용하여 종합분석을 한다.

제4절 손익분기점 분석(Break-Even Point Analysis)

창업을 준비하는 경우이든 현재 운영하는 경우이든 손익분석의 이해가 쉽지 않다. 업주와 직원이 최소한으로 이해해야 하는 손익분기점과 월별 손익계산 방법은 다음과 같다.

❶ 손익분기점(Break-Even Point)

손익분기점은 식음료 사업체 영업을 해서 달성한 매출액과 매출을 달성하기 위해서 지출된 모든 식음료 사업체 운영비용이 일치하는 시점이다. 다시 말하면 매출액이 고정비와 변동비의 합을 초과하는 시점 "0"을 의미한다.

❷ 고정비(Fixed Costs)

매출액에 관계없이 고정적으로 들어가는 비용이다.

- 인건비 : 식음료 사업체 운영 시 매월 지출되는 종업원 급료
- 월임대료 : 식음료 사업체 임차 시 건물주에게 매월 지출되는 금액
- 이자 : 창업 시 은행대출 및 외부 차입금액 때문에 지출되는 이자
- 보험료 : 식음료 사업체 화재보험, 종업원 4대 보험 등
- 감가상각비 : 창업에 따른 인테리어, 주방설비, 주방집기류 등에 투자된 금액을 대체로 60개월(5년)을 감가상각 기간으로 계산한다.

투자금액 ÷ (60개월) = 감가상각비

❸ 감가상각비의 특성

- 보증금을 감가상각비에 포함할 경우 은행 금리 정도를 포함시키나, 상가 임대차 보호법에 의거하여 확정일자를 받았을 경우에는 미포함시켜도 된다.

• 권리금을 감가상각비에 포함할 경우 대체로 60개월(5년)을 감가상각비로 계산한다. 식음료 사업체를 임차했을 경우 권리금의 조건이 시설권리금이나 영업권리금으로 전 임차인에게 지불하였을 때는 감가상각비에 포함하고, 순수한 바닥권리금(폐업해서 사업체를 정리해도 받을 수 있는 지역상권 고정권리금)으로 지불하였을 때는 추후 식음료 사업체 매물 시 받을 수 있는 금액이므로 미포함하여 계산해도 된다. 고로 감가상각비에 보증금, 권리금(영업권리금, 바닥권리금, 시설권리금)의 포함 여부는 초기 식음료 사업체 투자 유형에 따라 달라진다.

❹ 변동비(Variable Cost)

조업도(생산량)의 증가와 감소에 따라 발생액이 변화하는 원액이 '변동비'이다. 원가요소는 조업도의 증감에 대한 원가 발생의 양태에 따라 고정비와 변동비로 분류한다. 변동비의 중요 요소로 주요 재료비, 부분품비, 생산액 불입금, 외주가공비, 포장비 등이 있다.

즉, 사업체를 운영함에 있어 매출금액의 증감에 따라 유동이 있는 비용이다.

1) 원·부재료비

판매하는 메뉴를 만드는 데 사용되는 순수 재료비용이다(업소의 기본재료, 농수산물, 공산품, 쌀 등).

2) 판매관리비

전기, 가스, 수도, 통신비(전화, 인터넷), TV유선비, 소모품비, 수선비, 광고선전비, 카드수수료, 기타 잡비 등이 있다.

❺ 손익분기점(Break-Even Point ; BEP)[1]

한 기간의 매출액이 당해기간의 총비용과 일치하는 점이다. 매출액이 그 이하로 감소하

---

[1] 두산백과

면 손실이 나며, 그 이상으로 증대하면 이익을 가져오는 기섬을 가리킨다.

손익분기점 분석에서는 보통 비용을 고정비와 변동비(또는 비례비)로 분해하여 매출액과의 관계를 검토한다. 매출액은 매출수량과 매출단가의 관계로 대치되므로 판매계획의 입안에 있어 이 분석방법은 중요한 실마리가 된다. 또한 이의 상호 인과관계를 추구함으로써 생산계획 · 조업도(操業度) 정책 · 제품결정 등 각 분야에 걸쳐 다각적으로 이용된다.

손익분기점 분석에서는 주로 다음의 공식이 이용된다.

손익분기점(채산점)을 산출하는 공식
손익분기점매출액 = 고정비 ÷ (1 - 변동비/매출액)

어떤 일정한 매출을 했을 때 발생하는 손익액을 산출하는 공식
손익액 = 매출액 × (1 - 변동비매출액) - 고정비

특정의 목표이익을 얻기 위하여 필요로 하는 매출액을 산출하는 공식
필요매출액 = (고정비 + 목표이익) ÷ (1 - 변동비/매출액)

❻ 공헌이익(Contribution Margin)

- 매상 총이익, 총수익(Gross Profit)
- 100%에서 총변동비(식음료 원가, 직접 운영경비)를 뺀 나머지 = 공헌이익[2]
- 각 품종의 공헌이익 합계 - 공통의 고정비 = 순이익

---

2) • 공헌이익(貢獻利益) : 특정 품종의 한계이익에서 개별 변동비를 뺀 금액
  • 개별 고정비용이란 그 품종의 전용기계에 대한 감가상각비 · 고정재산세 등을 말한다.
  • 품종별 공헌이익은 품종에 공통적으로 발생하는 고정비의 회수력과 순이익에 대한 공헌도를 나타내며, 이것에 의해 품목별 수익성을 분석한다. 또 공헌이익의 계산은 기업 전체의 이익계획 · 고정비계획 · 예산편성 등의 경우에 유익한 자료가 된다. 한편, 공헌이익을 한계이익과 동일시하는 입장도 있다.

제5절 / 식재료비 관리

가장 많은 부분을 차지하는 식재료비를 잘 관리하기 위해서는 다음 사항을 철저히 관리해야 할 것이다.

- 어떤 메뉴품목을 얼마나 판매할 것인지 정확한 수요를 예측할 것
- 수요 예측에 알맞은 재료 구매와 조리 실시
- 조리된 음식의 적정 제공 분량을 표준화한 조리법(레시피)을 매뉴얼화한다.
- 음식쓰레기와 도난방지에 대한 철저한 관리

제6절 / 인건비와 경비 관리

❶ 인건비 관리지표

① 노동시간당 매출(Sales Per Labor Hour)
- 1인의 1시간당 매출액은 높을수록 좋고 생산성도 높게 나타난다.
- 통상 '평균 객단가'가 높은 업종이 유리하므로 노동시간당 고객 수와 함께 비교하는 것이 더욱 객관적이다.

② 노동시간당 고객 수(Covers Per Labor Hour)

③ 노동시간당 인건비(Labor Cost Per Labor Hour)

④ 고객 1인당 인건비(Labor Cost Per Cover)

⑤ 노동생산성(월 판매 이익액/환산인원)

⑥ 인시생산성(월 판매 이익액/노동시간 수)

⑦ 매출액 대비 인건비율(인건비/매출액) : 표준 22.5~27.5%

❷ 작업스케줄(Work Schedule)을 통한 인건비 관리

① 인건비 관리의 핵심은 파트타임(Part Time) 또는 아르바이트의 노동시간 수
  • 정규직원은 고정비적 경비이나 파트타임이나 아르바이트는 계절과 매출액에 따라 변동
  될 수 있으므로 이들 인건비의 관리가 매우 중요하다.

파트타임이나 아르바이트 인건비 = 시급 × 노동시간 수

  • 시급 직원보다는 노동시간 수의 관리 가능성이 높으므로 고객만족도를 높이면서 타임
  이나 아르바이트의 노동시간 수를 얼마나 잘 관리하는가가 인건비 관리의 중요 관건
  이다.
  • 타임이나 아르바이트 월 계획 노동시간 수는 (월 총노동시간 수 - 정규사원의 총노동시간)
  으로 산출하고 주단위의 근무 스케줄 작성과 매일의 실제 노동시간 체크를 반복하면서
  관리한다.

② 인건비 관리의 포인트
  파트타임 직원들은 일반적으로 각자가 선호하는 업무시간이 있어 일정금액 이상의 급여
를 목표로 근무하는 경향이 높다.

❸ 노동생산성 향상

① 관리 측면
  • 인력 낭비 없는 효율적인 주간, 월간 근무 스케줄 작성
  • 현재 업무에 꼭 필요한 인재에게 채용 교육과 훈련 실시
  • 생산성 향상을 위한 첨단 시스템 도입 노력(급여, 복리후생, 인센티브/인정 프로그램 등)
  • 적절한 인사관리(직무명세서 구축, 직무배치 및 순환근무, 진급체계 등)
  • 직원들의 만족도를 우선적으로 제고

② 운영 측면

- 업종과 업태에 적합한 콘셉트 개발과 서비스 수준의 명확화
- 메뉴 품목 수의 조정으로 음식 서빙시간 단축, 좌석회전율의 증대, 고객 수 증대, 사양서(仕樣書) 발주 가능
- 가공 식자재 활용 증대로 비용과 인건비 축소
- 식음료 사업체 정리 및 청소는 전담인원 배정 또는 위탁업체에 이관

❹ 제반 경비 관리

세세한 비용은 적어서 눈에 띄지 않으나 이러한 비용들이 누적되면 커다란 비용 증가로 이어지기 때문에 관리자의 세심한 확인 절차가 필요하다. 이를 좀 더 살펴보면 다음과 같다.

① 수도광열비

- 전기, 가스, 수도 등은 제반 경비 중 가장 높은 비중을 차지(전기요금은 단가도 높고 사용량도 많아 최우선으로 관리하며 매출액 (대비) 5.5~8% 정도임)
- 일일 또는 주간 단위로 계량기 체크를 통해 관리 가능

② 집기비품과 소모품비

- 집기비품의 파손, 분실 금액은 매장에 따라 다르겠지만, 매출대비 0.3% 이하가 적정
- 매월, 매년 집기비품, 소모품 재고조사의 실시 제도화
- 일회용품의 경우 월간 고객 수에 따라 월간 적정 소비량 파악 가능
- 집기비품, 소모품 발주계획표 및 식기류 파손/분실 보고서의 작성 관리

③ 위생, 서비스 비용

- 위생관리 및 고객서비스 측면에서 발생되는 제반 비용
- 유니폼 세탁비 및 청소용구 관련 청결유지 비용, 방충 해충 구제 비용
- 직원 수 및 고객 수에 따라 전전월, 전월, 당월 대비, 전년 동월 대비를 통해 실제 금액

과 내출 비율로 비교하여 차이를 구하면 관리가 가능하다.
- 위생/서비스 비용 지출 월간보고서 비치 및 작성관리

④ 소액 현금(Petty Cash) 관리
- 매장 운영상 현금시제가 필요하므로 사용한도를 규정하여 관리
- 소액 현금 사용 시 영수증을 부착한 보고서 기록 유지
- 매월 소액 현금 사용금액을 확인하고 이용자 성명과 사유를 확인
- 불필요한 물품 구입 예방 및 관리능력의 향상을 꾀할 수 있음

08

외식산업
인적자원 관리

8 외식산업 인적자원 관리

직원모집과 고용, 교육훈련, 인적자원 개발과 같은 인사관리부문의 투자를 과거에는 불필요한 비용으로 여겨 왔다. 그러나 최근에 패러다임(Paradigm)이 바뀌게 되었다. 요즘은 인사관리를 위한 비용을 불필요한 지출이라고 여기지 않는다. 앞으로는 '인사관리'를 "가장 비용이 많이 들어야 하며, 가치 있는 것"으로 "중요한 자산을 모으고 유지하는 필수 과정"으로 보지 않으면 그 업체는 발전하기 힘들다고 본다. 피고용인 각 개인은 외식기업에 있어 그들이 인간이기에 유일한 가치적 존재이다. 외식기업의 장래 성패가 그들에게 달려 있다고 생각해야 한다.

'인사관리'는 기업의 발전에 결정적인 역할을 제공하므로 가장 중요하게 다루어야 한다.

❶ 인사관리의 개념

'인사관리(人事管理)'는 "일하는 사람들이 각자의 능력을 최대로 발휘하여 좋은 성과를 거두도록 관리하는 일"이라고 정의할 수 있다. 인적자원(人的資源, Manpower), 물적자원(物的資源, Material), 재원(財源, Money), 정보(情報, Information) 등은 기업을 운영하기 위한 기본 요소이다. 회사 발전과 개인 발전을 같이 도모하며 인간관계, 채용관계, 노사관계 등의 인사관리 기능 3요소를 시스템화하는 기술이 필요하다.

❷ 인사관리의 정의 및 목적

1) 인적자원 관리의 의의

기업의 가장 중요한 자원은 기업에 기술, 지식, 재능 등을 제공하는 바로 '사람'이다. 그리고 기업이 목표를 달성하도록 사람을 선발하여 훈련시키고 개발하는 일을 '인사관리(Personnel Management)' 또는 '인적자원 관리(Human Resource Management)'라고 한다. 다만 우리나라에서 경시하는 '개인의 존엄성'은 선진국처럼 중요시되어야 한다.

2) 인사관리의 방안과 정책 마련의 Key Point

- 우수한 직원의 채용과 적절한 배치, 이동·형평성에 맞는 승진
- 정기적인 신입 및 관리자의 맞춤형 교육훈련
- 욕구불만 청취로 근로의욕 개선과 향상 및 적법의 노사관계 관리
- 근로시간 단축 및 급여조건 개선관리
- 인간관계 및 정서회복 교육
- 혁신적인 조직과 작업방법의 개선
- 직원의 안전 및 위생 관리

3) 바람직한 인사관리

(1) 잠재력을 극대화시키는 데 조력한다.

동물 가운데서 만물의 영장인 인간의 잠재능력은 "경력과 능력에 맞는 적절한 보상, 회사에서 자신이 인정받고 자신을 필요로 한다는 인간 본연의 존엄성을 지켜주는 안정적 여건" 등이 조성되면 얼마든지 창의적으로 발휘될 수 있다.

(2) 인간 중심적이어야 한다.

외식산업 종사자들의 교육수준이 높아졌으며 종일 서서 까다로운 고객을 상대해야 하는 육체적, 정신적으로 고된 서비스업의 특성을 감안하여 인사관리를 종사원의 개인 지향적으

로 전개할 필요가 있다.

(3) 혁신적이고 직원의 자기개발에 도움이 될 수 있어야 한다.

수동성, 보수성을 탈피하고 직원의 적극성과 각각의 자기개발 가능성을 고려하여 개개인의 능력개발과 만족감의 증진에 도움을 줄 수 있는가에 주안점을 두어야 하며, 인사관리방안이 혁신적으로 변화되어야 한다.

(4) 미래 지향적이어야 한다.

기업 환경과 기술, 젊은층의 사고방식, 행동이나 사회규범 등은 변화하고 있다. 기업은 이에 대응하여 미래 지향적인 입장에서 인사관리를 하여 최선의 노력을 기울여야 한다.

4) 인사관리의 목적

(1) 인재의 확보

훌륭한 자질을 갖춘 인재를 확보하는 것으로부터 시작한다. 외식업체 주방, 홀 서비스, 총무, 구매 등 각 부문 직원들의 철저한 직무분석을 통해 직무요건을 갖춘 유능한 자원이 필요한데 이들 인재의 확보가 인사관리의 시작이다.

(2) 인재의 육성

채용 후 유능한 인재로 육성하고 개발하는 것을 말한다. 여러 경로로 힘들게 채용하여 많은 노력과 비용을 투자한 신규직원이 기업 발전에 유용한 인재로 성장하는지는 인사관리 부서에서 시행하는 교육훈련에 의해 좌우된다.

(3) 근로조건의 개선

회사 발전을 위하여 적극적인 자세로 직무에 충실할 수 있도록 근무조건과 제반환경을 개선해야 한다. 이 중 가장 중요한 것은 급여체계이며, 급여는 근무의욕을 고취하는 데 가장 중요한 보상요인이다. 승진은 주로 비물질적인 기회이고 사회적 승인의 욕구를 충족시키는 유인이며, 임금은 공헌에 대한 유인의 대표적 보상이다.

(4) 인사관리의 본질

직원들이 각자의 능력을 최대로 발휘하여 좋은 성과를 거두도록 관리하는 것이 '인사관리'이며, 조직체가 보유한 인적자원의 효율적 이용을 위하여 수행하는 일련의 계획적이고 체계적인 시책이 인사관리의 본질이다.

(5) 개별적 관리

인사제도가 객관적으로 수립되어 있다고 해도 인간은 개별 감성을 지니고 있어 획일적 인사제도를 적용하는 데는 한계가 있다. 고로 개별적인 대응책이 필요하다고 본다.

제2절 / 교육훈련

❶ 교육훈련의 중요성

외식업체 직원의 높은 이직률은 하루속히 해결해야만 하는 심각한 문제점으로 대두되고 있다. 외식시장의 전망은 밝으나 외식서비스업의 여러 특성상 업체 규모가 작더라도 종업원 교육훈련에 관심을 두지 않으면 기업 존속에 문제가 뒤따를 것이다.

외식산업 발전에 대한 열정을 가지고 직원들에게 다양한 교육훈련을 계획하여 실행한다면, 고객서비스의 개선과 함께 수익 창출 극대화 효과를 얻는다.

1) 교육의 목적

- 외식기업의 경영이념 이해
- 업무지식 및 기술 습득으로 능력을 개발
- 개개인의 동기부여 및 자아실현의 욕구 충족
- 이에 따른 단골고객 증대로 회사 이익 증대

2) 다양한 교육 프로그램

- 인성교육 : 글로벌 외식 종사자로서의 상식을 가르쳐 인성 제고. 신입이나 기존 사원 모두에게 주기적으로 반드시 필요
- 업무에 관한 교육 : 직무 관련 기초지식 기술이나 상위 전문지식 기술을 체계적으로 습득시킴
- 서비스 교육 : 고객응대 관련 서비스 태도, 표정 관리, 언행 매너 등을 익혀 궁극적으로 고객만족을 통한 매출 증대
- 관리자 교육 : 외식 경영의 지식 습득, 안전 및 위생 관리, 식자재 구매 및 원가 관리, 손익관리 등에 관한 지식, 메뉴 경영, 서비스 및 고객 관리, 마케팅, 부하직원 관리 및 리더십 등

3) 교육 적용 시 고려사항

- 적합한 훈련 프로그램을 마련하고 전문적 기술과 지식을 갖춘 교육자 발굴
- 형식적 교육을 탈피한 피교육자의 동기 유발과 사기 증진을 위한 효율적 교육
- 공정한 평가체계를 구축하여 반복교육 진행

4) 교육효과

- 생산성의 향상 및 매출 증대
- 고객 불평(Complaint) 감소
- 직무에 대한 자신감 구축(고객 기피 해결)과 이직률 감소로 안정적 고객관리

❷ 교육훈련 시스템 구축은 어떻게 하는가?

교육훈련 시스템이란 기업에서 교육활동을 실시하는 데 필요한 내용과 절차를 말한다.

1) 교육의 목적 및 방침

외식기업의 경영이념에 맞추어 필요한 인재를 채용한 후 어떻게 육성할 것인가에 대한

계획을 수립하고 이에 대한 교육·계획을 어떠한 방식으로 전개해 나갈 것인가를 고려한다.

2) 교육제도(System)와 실시체재

- 교육을 실제로 운영해 나가는 데 있어 그 조직구도를 구상하고 구체화한다.
- 어느 부문을 어떻게 수행해 나가는가에 대해 고려한다.

3) 다른 인사제도와의 관련성

승진 자격조건과 교육과의 관계 등을 고려하여 교육훈련 체계는 다음 내용의 순서대로 구축해야 한다.

- 경영이념과 방침에 따른 자사 훈련목적 확립 및 최고 경영층의 방침을 인지시킴
- 관련된 인사제도와의 전반 관계 연구 및 분석
- 훈련 목표 설정 및 세부지침 마련
- 의사소통 장애 제거(교육자와 피교육자 사이의 장벽)
- 피교육자가 진솔한 쌍방 의사소통(Both Communication)을 할 수 있도록 민주적 설문 제도 확립
- 교육훈련규정의 이해와 충분한 교육 실시 후 체계적 도구를 이용하여 관찰
- 교육 후 현장에서의 실천 여부를 무기명 설문지를 통해 민주적으로 파악
- 실시 직후의 효과 측정과 Follow-Up 교육의 계획과 실시

❸ 교육·훈련 절차

채용 후 직원의 현재 능력이 요구되는 능력보다 적을 경우 교육·훈련이 진행된다. 내부교육, 위탁교육, 능력개발 교육, 부서 배치 이동, 승진 등의 방법을 적절히 실시할 수 있으며 교육훈련 절차 중 가장 우선되어야 할 내용은 다음과 같다.

① 교육내용을 설정한다. 교육내용을 개업 전에 매뉴얼화하여 교육자가 바뀌더라도 피교육자(Educatee)에 대해 일관성 있는 교육을 유지한다.

② 교육단계를 설정한다(쉬운 것부터 시작하여 어려운 것으로, 간단한 것에서 복잡한 것으로 사전에 충분한 연구 검토).

③ 효율적인 교육기간을 설정한다(몇 시간을 얼마 동안 교육할 것인가?).

④ 교육에 적합한 담당자를 결정한다.

⑤ 흥미를 유발할 수 있는 Tool(도구)을 적극적으로 사용한다.

⑥ 교육내용을 충분히 이해하고 있는가, 확인은 누가 어떤 방식으로 할 것인가를 점검하고 확인한다(피교육자에 적당한 교육속도를 유지).

⑦ 교육 완료 후에는 교육한 내용을 평가한다(얼마나 잘 이해하고 있는지를 반드시 확인).

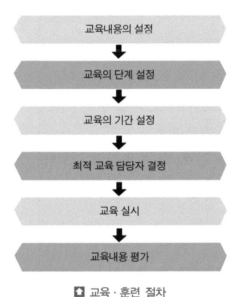

⬆ 교육 · 훈련 절차

❹ OJT(On the Job Training) 교육이란?

교육에는 오리엔테이션과 같은 신입사원 안내교육, 예비교육 그리고 직장 내 현장교육인 OJT(On the Job Training)와 집합교육인 OFF · JT(Off the Job Training) 등이 있다. 특히 OJT 교육은 최근에 중시되고 있으나 집합연수를 통한 대인관계 개발이나 자기개발도 중시되어 OJT, 집합연수, 자기개발 등의 3요소가 사내교육의 중심이 되고 있다. 다음의 표는 사내교육의 3종류와 그 특징을 설명하고 있다.

➡ 사내교육의 종류

구분	교육내용	실시자	비고
집합연수 OFF · JT	• 동일내용의 지식, 기법교육 • 신입사원교육, 계층별 전문교육	• 사내교육부서 담당	• 온라인 • 일자리 내 특정한 장소
직장 내 교육 OJT	• 직원의 능력과 일에 맞춘 교육 • 직무능력태도 문제해결 교육	• 영업장의 선배사원이 후배사 원에게 현장교육	• 일자리 내 작업 현장
자기개발 Self-Development	• 개인이 필요로 하는 지식 습득 자기개발로 재능을 일깨움	• 근로시간을 피해서 비용과 시 간을 본인이 투자	• 개인 결정 장소

1) OJT 교육의 개념과 목적

OJT 교육은 일이나 직장생활을 통해 부하사원 각자의 능력을 높이고 이것을 충분히 발휘시키기 위한 상급 사원의 의도적인 관리이자 활동이라고 할 수 있다. OJT 교육 실시에 따른 대표적인 효과는 다음과 같다.

- 업무 수행능력 향상과 기업의 존속 및 발전을 도모하게 된다.
- 부문의 목표를 달성시키는 데 크게 기여한다.
- 부하(후배사원)의 업적을 개선시켜 근무의욕과 성취감을 높여준다.
- 후배사원의 자발성, 자주성과 창의력을 높여준다.

2) OJT의 필요성

OJT 교육의 필요성을 요약하면 다음과 같다.

- 경쟁력 강화의 일환
- 교육계획서가 지켜지지 않아 현실적으로 의미가 없을 때
- 후배사원의 의욕과 적극적인 자세의 부족으로 효과가 오르지 않을 때
- 일상의 관리 · 감독업무가 많고 시간의 여유가 없어 집합교육이 힘들 때
- 업무의 내용, 기술, 방식이 급격하게 변화됨에 따라 현재의 지식이나 능력만으로는 불충분할 때보다 높은 업무능력을 배양하기 위해

또한 적극적이고 효과적인 OJT를 실시하기 위한 방법은 다음과 같다.

- 현장 여건에 어려움이 따르더라도 포기하지 않고 끈기를 가지고 지속적으로 실천한다.

- OJT를 추진하는 데 있어 효과적인 기법을 적절히 사용토록 하여 홍미를 높인다.
- 사전에 관리자의 열의와 이에 대한 피교육자(후배사원)의 신뢰를 도모한다.
- "부하의 능력을 어떻게 하면 향상시킬 수 있을까?"에 주안점을 두고 OJT 교육의 원리를 잘 이해시킨다.

3) OJT의 목표

OJT는 기업 내 조직의 성장과 발전의 도모에 목적이 있다. 이를 위해 유능한 후계자 육성이 필요하며, 부하의 육성은 상사의 책임이다. 인재 육성을 위해 본인의 의욕과 상사나 선배의 지원이 조화를 잘 이루어야 한다. OJT 교육이 성과로 나타나게 하려면 다음과 같은 5가지 목표를 달성해야 한다.

① 장기적 안목에서 부하 개인을 육성(몇 년 후를 바라보는 장기 육성전략)
② 회사 목표를 달성하기 위하여 강력한 통합체제 확립(회사의 목표를 인지하고 수평적 연결에 의한 전체의 통합체계 구축)
③ 구체적인 주요 업무목표를 달성하기 위해 부하 개개인의 일상행동을 계속 변화시킴 (관리자의 강한 실천력과 용기가 필요)
④ 부하에게 자발적 목표를 설정시킴으로써 자기개발 의욕 촉진(부하 개개인의 업무중점 목표를 스스로 설정하도록 하여 부하 자신이 개발계획을 세울 수 있도록 유도)
⑤ 부하를 사려 깊고 창의적인 인간으로 키움(일을 시킬 때 사고력을 배양할 수 있도록 기회 제공)

4) OJT의 진행

(1) OJT 계획 수립

부서의 중점업무목표를 설정, 관련 업무를 취합, 중점적으로 지도할 최소한의 항목을 다음과 같이 업무선정기준에 의해서 엄선한다.

- 긴급도와 중요성이 높은 업무내용
- 관리업무에 영향이 큰 업무내용

- OJT 관리자가 무난히 진행할 수 있는 업무내용
- 일정기간 내에 실현이 가능하다고 생각되는 업무내용 계획 시 누구에게, 무엇을, 언제까지, 어느 정도, 어떤 방법으로 교육할 것인지를 구체화한다. 부하직원이 의욕이 생기도록 사실 중심으로 충분히 설명, 부하 스스로 능력을 개발할 수 있도록 유도하는 것 등이 중요하다. 따라서 전담 책임지도사원을 선정, 부서장과 협의하여 도달하고자 하는 육성목표를 설정하게 하고 체계적인 OJT 계획을 수립

(2) 효과적인 OJT기법

동기부여와 동기유발은 목표달성을 촉진한다. 능숙한 방법에 의한 칭찬은 상대의 의욕과 열정을 드높이고 능력이나 장점을 고양시킬 수 있으며, 능숙한 질책을 통하여 잘못된 행위를 고치도록 할 수 있다.

❺ 직원의 평가

노력과 성과의 충분한 보상을 위한 동기부여 방법으로 매우 중요한 것이 평가시스템이다. 평가표를 미리 작성, 직원 개개인에게 사전에 공지한 후 평가하도록 한다. 평가표에 태도, 적극성, 근태, 협조성(Cooperation), 팀워크(Teamwork), 고객응대, 예절, 책임감, 정확성, 숙련도, 향후 발전성 등을 포함시킨다.

1) 효율적으로 칭찬하는 방법

- 진심으로 받아들일 수 있게 칭찬하고 확실하고 구체적으로 요점만 칭찬한다.
- 필요할 때만 칭찬하고 적절한 타이밍과 실수한 점에 대한 충고를 동시에 해준다.
- 미래 기대감을 표현하여 동기부여를 해준다.

2) 효율적으로 질책하는 방법

- 남들이 없는 장소로 이동하여 모멸감을 느끼지 않도록 최대한 배려를 한다. 상대가 왜 질책받는지 알 수 있도록 나긋이 설명하면서 거부감을 느끼지 않게 감정적 질책을 피하는 것이 매우 중요하다.

- 사실 여부를 사전에 잘 확인한 뒤 질책하여 반발적 태도를 예방한다.
- 상대방의 해명을 충분히 청취하고 상대를 질책한 후에 사과하는 태도는 피한다.
- 평소의 장점을 서두에 꺼내어 상대가 꾸지람을 받아들이기 쉽도록 한다.
- 상대에게 미래 기대감을 표현한다.

3) 효과적인 교육기법

다음 도표와 같이 교육에 대한 ① 가르칠 준비 확인, ② 작업에 대한 설명, ③ 교육의 실행, ④ 가르친 후 점검 및 동기부여(Moral Up) 등의 4단계를 활용하면 효과적일 수 있다.

1단계 : 가르칠 준비 확인
- 교육을 시작할 때, Break The Ice를 통해 서먹서먹한(딱딱한) 분위기를 깨고 피교육자들을 편안하게 해줄 교육기법을 개발한다.
- 교육하게 될 윤곽을 설명해 주는 OT(사전 안내 교육)를 실시한다.
- 피교육자가 알고 있는 정도를 확인한다.

2단계 : 작업에 대한 설명
- 작업의 주요 순서를 인지시킨다
- 가장 중요한 작업 요점을 강조하여 설명한다.
- 단계별로 작업의 순서를 구분하여 설명한다.
- 상대의 이해도를 확인해 가며 지도한다.

3단계 : 교육의 실행
- 실행 전에 피교육자 개개인에게 작업절차를 암기시킨다.
- 실행 전에 피교육자 개개인에게 작업순서를 직접 복창하게 한다.
- 실제로 실행시켜 보고 잘못된 점은 절대 꾸짖지 말고 친절히 반복 지도한다.
- 충분하게 습득될 때까지 친절하게 칭찬하며 반복시켜 주눅 들지 않고 자신감을 갖도록 한다.

4단계 : 가르친 후 점검 및 동기부여(Moral Up)
- 칭찬하면서 동시에 부족한 사항을 깨닫게 해주어 성취감을 갖도록 해준다.
- 수시로 관찰하여 잘 이해하고 있는지를 반드시 점검한다.
- 해당 내용의 지도 횟수를 줄여가면서 상위 내용을 지도해 나간다.

효과적인 교육은 외식사업체의 이미지에 맞게 그들을 변화시키는 데 있다. 우수사원은 입사시점에 어떻게 신입교육을 받고 직장에 대해 어떤 가치관을 갖느냐에 의해 좌우되며 관리자가 지원해 줌으로써 효과를 극대화할 수 있다.

6 배치

직무분석에 따라 적재적소에 배치한다. 개개인에 따라 차이가 있으나 일정 기간이 지나면 태도와 능력에 변화가 일어나기 시작한다. 외식업의 경우 대부분 소규모 조직으로 운영되고 있어 대기업과는 달리 승진, 전보 등의 폭이 좁고, 근무여건이 열악해 이직률이 매우 높은 편이다. 이들을 효율적으로 개선하여 능력을 개발하고 자기 동기부여(Self-Motivation)를 고취할 수 있는 방안이 타 업종보다 더욱 절실히 필요하다.

1) 적재적소의 배치

업무수행에 필요한 명확한 능력 요건을 정해서 직급별 업무수행 능력과 적성에 관한 직무분석에 근거해 배치한다.

2) 순환배치

각 부서 간의 효율적인 순환배치를 통하여 개개인의 잠재능력을 개발함에 그 의의가 있다. 일정기간 동안 다른 장소로의 이동을 거쳐 다른 업무 흐름을 익히고 개인 역량을 강화해 나가는 동시에 그 부서에 각자가 기여하는 인사기법 중 하나이다.

▣ 적재적소의 배치 효과

- 개인능력 극대화에 의한 창의력 제고
- 단위면적당 3배 이상의 생산성 향상
- 조직 간 팀워크 향상 동기부여로 직원 이직률 감소
- 원가 절감에 기여

▣ 순환배치에서 주의할 점

- 개인의 적성을 고려
- 생산시설의 규모와 위치를 파악
- 개인 능력의 관찰 파악
- 업장 간의 효율성을 검토하여 적합한 배치

제3절 / 종사원의 역할

❶ 점장의 역할

영업점 운영을 위해 점장은 다음과 같은 일을 효과적으로 수행해야 한다.

- 직원을 리드(Lead)하고 리더십(Leadership, 지도력)을 가지고 교육을 총괄
- 고객으로부터 '수량·품질·포장 따위에 계약 위반 사항이 있는 경우에 매주(賣主)에게 손해배상을 청구하거나 이의를 제기하는 일'인 '클레임'을 해결
- 슈퍼바이저(Supervisor, 감독자)의 지시 이행
- 판매촉진을 위한 PR(홍보)과 광고 실행 및 결과 분석
- 외식관련 각종 정보수집과 거래처 접촉 및 관리
- 인사 및 손익 관리, 세무관리, 각종 체크리스트 작성 관리
- 주방장과 협조하여 주방시설 및 장비 관리, 제반시설 관리
- 영업일보 및 식자재 재고조사서 등의 제반 보고서 확인
- 영업장 목표 수립 및 달성 외 기타 행정업무처리

점장의 역할은 다음과 같이 요약할 수 있다.

- 커뮤니케이터(Communicator)
- 컨설턴트(Consultant)
- 카운슬러(Counselor)
- 고객의 구매를 도와주는 자(Purchase Helper)
- 단골고객 확보를 위한 사후관리자(Follow-Up Management Administrator)
- 판매전략을 향상시키기 위한 연구기획자(Research Planner)

❷ 판매사원의 역할

식음영업장을 이용하는 고객들에게 바로 민감한 영향을 줄 수 있기 때문에 가장 실질적

인 판매의 주체이다. 판매사원의 역할을 제대로 수행하기 위해서는 다음 내용을 잘 숙지해야 한다.

- 용모관리, 표정관리, 복장관리(유니폼 착용) 바른 자세와 인사 방법 숙지
- 전화응대 방법, 올바른 고객 호칭, 판매용어 숙지
- 상품지식, 포장방법, 진열방법, 판매가격, 메뉴별 서비스 방법 숙지
- 각종 식음료 제조기기 외에 POS 조작방법 숙지
- 청소 및 소독 방법, 위생 및 안전사항 숙지
- 고객 불평처리와 대처방법 숙지
- 판매일보 작성법, 재고조사 방법 외 회사의 제반규정 숙지

 제**4**절 인적자원 관리의 이해

❶ 인적자원 관리의 개념

1) 인적자원 관리의 정의

조직의 목적을 달성하기 위해 활용해야 하는 자원 중에는 인적자원을 확보하고, 평가·개발, 보상·유지하기 위한 계획과 실행, 평가활동이 있다.

▶ HRM 도입으로 인한 변화

	전통적 조직	미래조직
인적자원 관리 관점의 변화	■ 직무, 연공 중심의 인사관리 • 연공 중심 • 직무 중심(훈련 중시) • 수직적 경력관리 • 승진과 보상의 연계 • 고정급 • 직급과 직책의 연계	■ 사람, 능력 중심의 인사관리 • 직능 중심 • 사람 중심(교육 중시) • 수평적 경력관리 • 승진과 보상의 분리 • 연봉급

조직에서 요구하는 개인의 특성변화	◙ 말 잘 듣는 사람 • 성실성 • 명령수용적 • 내부지향적 • 자기고집적 • 위험회피적	◙ 자율적, 창의적인 사람 • 창의적, 자율적 • 미래지향적 • 고객지향적 • 학습지향적 • 위험선호적
관리자 역할의 변화	◙ 지시, 통제자 • 지시적 • 관리, 통제 • 정보 독점 • 권력 추구	◙ 비전 제시자, 후원자 • 참여적, 설득적 • 코치, 후원 • 정보 공유 • 권한 위양

2) 인적자원 관리의 의의

(1) 인적자원 관리의 중요성

외식산업은 원재료를 구입하여 가공한 후 소품종 다량 생산을 하고, 인적서비스를 더해야 비로소 상품으로서 역할을 한다. 이외에도 즐거운 식사를 하도록 청결을 유지하고 분위기 있게 장식하는 등 많은 부분이 사람을 필요로 하는 기술집약적이고 노동집약적인 산업이다. 그러므로 사람에 대한 의존력이 높은 외식산업에서는 우수한 인재를 확보하고 개발하여 유지하는 인적자원 관리가 매우 중요하다.

(2) 인적자원 관리의 구성

인적자원 유지는 직원의 보상과 복리후생 및 안전위생 · 의사소통 · 제안제도 등을 통해 좋은 직무환경과 분위기를 유지하는 활동이며, 인적자원 조정은 효율적인 조직규모를 구성할 수 있도록 구성원 수를 조정하는 활동을 말한다.

❷ 인적자원 관리의 계획

1) 계획과정

인적자원계획을 수립하기 전에 수요와 공급 측면에서 직무분석을 실시한다.

2) 직무분석

직무분석은 인력관리의 기초적 정보의 하나로 각 직무의 내용·특징·자격요건을 설정하고 직무를 수행하는 데 요구되는 기술·지식·책임 등을 분명히 밝혀주는 절차이다.

- 실질적으로 채용기준의 설정, 교육훈련과 배치 및 전환의 자료제공, 효율적인 노동력 이용, 적정임금수준의 결정, 직무의 상대적 가치를 결정하는 자료를 제공
- 직무기술서는 직무의 목적, 업무내용, 책임, 의무 등을 기술한 것으로 인사관리를 실행하는 데 기초가 된다.

❸ 인적자원 활동

- 인적자원 활동은 인력의 수요와 공급을 예측하여 필요한 인적자원을 계획하고 모집·선발 과정을 거쳐 적임자를 채용하는 방식으로 인적자원 확보에서 시작한다.
- 직원 선발 시 체크사항은 취업동기를 파악하고 근무조건을 명확하게 제시, 급여는 업계 평균수준 또는 그 이상의 급여 대우 등을 전달한다.

직무명세서	
• 직명 : 웨이터/웨이트리스 • 근무시간 : 아침 9시~오후 6시, 주 5일 근무 • 일주일 총 근무시간 : 40시간 • 휴일 : 1주일에 2회 • 휴가기간 : 1년에 2주 • 교육수준 : 고졸, 전문대졸, 대졸 • 성격 : 고객들에게 친절히 대해야 함 • 보고자 : 지배인	• 연령 : 18~60세 • 경력요구사항 : 2년 • 신체조건 : 양호한 건강상태 • 특별기술 요구사항 없음 • 직무에 대한 특기사항 : 본 직무는 웨이터나 웨이트리스가 현금을 다루며, 알코올 음료를 취급하는 것을 요구한다. 그리고 매달 지배인으로의 승진도 가능하다.

1. 소요인원	2. 모집	3. 선발	4. 배치
• 인원계획	• 채용전략 수립 • 지원서 교부접수 [외부모집] 외식업중앙회 산하 각 지회와 지부, 광고, 인터넷, 추천, 식당 관련 전문잡지, 국가고용기관, 대학취업정보센터, 사설직업소개소 [내부모집] 이동, 승진, 재배치	• 서류전형 • 1차 채용시험(실기) • 2차 면접시험 • 오리엔테이션, 신체검사, 적성검사 • 최종 합격자 발표	• 신입사원교육 • 배치 및 직능 교육

❹ 인적자원 개발 및 유지

기업은 직원의 도움 없이는 성공할 수 없으며, 각 구성원의 역할에 따라 성패가 좌우되므로 임금, 보상, 복지후생 등의 인적자원 유지활동이 필요하다.

❺ 인적자원의 기능

1) 기업지향적 인적자원 관리의 기능

- 확보관리 : 인력을 충원하고 최대한 활용하는 과정이다.
- 개발관리 : 확보된 인적자원의 잠재된 능력 발휘 및 좋은 성과를 나타낼 수 있도록 교육훈련하는 과정이다.

2) 근로자지향적 인적자원 관리의 기능

- 보상관리 : 임금, 복리후생이 중요하다.
- 유지관리 : 안전 · 보건관리, 대인관계(인간, 노사) 관리, 이직관리이다.

외식산업 창업 매니지먼트

09

외식업
서비스 실무

9 외식업 서비스 실무

제1절 / 서비스의 이해

외식업은 예절과 친절 그리고 맛있는 음식으로 승부를 걸 수 있는 서비스업이다. 식당을 이용하는 고객은 좋은 음식과 더불어 모든 종사원들로부터 존경과 환대를 받고 싶어 하는 기본욕구를 갖고 있다. 따라서 고객의 가치와 중요성을 인식하는 것이 서비스의 기본이다. 봉사정신은 가장 중요하며, 기본이 되는 자세이다. 고객이 무엇을 원하는지 미리 신속하게 파악해서 자신이 해야 할 서비스를 예의 바르게 제때에 하는 것이 진정한 의미의 서비스라고 할 수 있다.

- 고객은 우리로부터 만족을 느끼지 못할 때 언제든지 떠날 준비가 되어 있다.
- 고객 감동서비스는 다음과 같은 성실함에서 나온다.
- 고객연령층이나 수준에 관계없이 공평하게 서비스 향상의 방안을 강구한다.
- 서비스를 처음부터 마지막까지 관철하는 일관성이 요구된다.
- 서비스 리더가 되기 위해서는 서비스에 대한 리더의 배려와 서비스 절차를 계속해서 재확인하고 또한 과감하게 개선해 나갈 필요가 있다.

① 서비스의 개념

서비스(Service) 또는 용역(用役)은 물질적 재화 이외의 생산이나 소비에 관련한 모든 경제활동을 일컫는다. 용역은 개인이나 기관이 다른 사람이나 특정집단을 위하여 일하는 행위를 뜻하기도 한다. 고객서비스는 재화나 서비스를 구입한 고객에게 제공하는 서비스를 말한다. 서비스는 "고객 또는 이용자의 편익을 위한 노력, 기능 또는 사업" 또는 "타인의 이익을 도모하기 위해 행동하는 정신적, 육체적 노무(Contribution to the Welfare of Others)"라고 하여 고객을 위한 노력과 정신적 · 육체적 봉사로 해석하고 있다. 좋은 인상과 고객을 향한 모든 노력으로 고객의 니즈(욕구, Needs)를 충족시켜 주는 행위가 서비스(Service)인 것이다.

'직원의 서비스 마인드 구축'을 통한 고객만족을 위한 서비스 "Key Words 7가지"의 첫머리인 '어두(語頭)'를 발췌(拔萃)하면 'SERVICE'(서비스)라는 단어가 되는데 다음과 같이 설명할 수 있다.

- S(Sincerity, Speed & Smile) : 서비스에는 세일즈(Sales)의 3S로 신세러티(성실), 스피드(신속), 스마일(미소)이 있어야 한다. 즉, 성실하고 정직한 서비스, 신속한 서비스, 상냥한 미소를 띤 서비스가 제공되어야만 한다.
- E(Energy ; 에너지) : 서비스에는 활기찬 에너지가 넘쳐야 한다.
- R(Revolutionary ; 혁명적인) : 서비스는 새롭고 혁신적이어야 한다.
- V(Value ; 가격 · 비용 대비 가치) : 서비스는 제공하는 직원이나 제공받는 고객 모두에게 가치 있는 것이어야 한다.
- I[Impressive ; 사물 · 사람이 인상적인, 인상(감명) 깊은] : 서비스를 받는 고객에게 감동적인 서비스가 제공되어야만 한다.
- C(Communication ; 소통) : 고객과 직원 간 쌍방향 의사소통이 중요하다.
- E(Entertainment ; 엔터테인먼트) : 고객 접대를 뜻한다. 이는 고객에게 맛있는 음식, 음료 같은 유형별 서비스와 친절, 미소, 진실, 신속, 쾌적한 분위기 등의 무형 서비스로 즐겁게 해드리는 것이 중요하다.

외식산업에서의 서비스는 고객에게 음식을 서브하고, 인사를 하고, 주문을 받는 일들뿐만 아니라 진심으로 고객을 배려하는 마음으로 봉사하는 것이다. 외식경영의 핵심은 고객만족(CS : Customer Satisfaction)이다. 신규 고객을 창출하는 것은 기존의 고객을 유시하는 것보다 많은 노력과 비용이 든다. 음식이나 서비스를 이용 후 느끼는 가치보다 기대치(期待値)가 컸을 경우 고객은 불만을 느끼게 되어 반복구매(Repeated Purchasing Behavior)를 거부한다. 반면에 사용 후 느끼는 가치가 이용 전 기대치(期待値)보다 클 경우엔 고객 감동이 생기며 이때는 지속적인 구매욕구가 생겨 업체와 직원의 기회와 역할을 확보하게 된다. 생산과 소비의 비분리성이라는 서비스 고유의 특징은 생산의 담당자인 직원과 소비의 주체인 외식이용 고객의 만남을 유발하며 이를 통해 고객은 서비스를 경험하게 된다.

호텔, 외식산업을 포함하는 모든 산업에서 경쟁의 심화에 따른 서비스의 중요성 증대, 서비스 경제화(Service Economy) 등으로 특징되는 요즈음의 산업구조 속에서 '고객접점 마케팅'은 중요한 의미를 지닌다.

❷ 고객서비스

1) 고객의 정의

오늘날 고객의 정의에 대해 아주 다양하게 표현하고 있다. 고객을 신이나 왕으로까지 표현하는 것은 고객이 기업의 경영목표이고 중심이 되어 있다는 것을 보여준다.

모든 서비스 산업에서 고객과 언제나 함께한다는 의미에서 고객을 더욱 소중히 여겨야 한다. 우리가 서비스를 통해 고객에게 호의를 베푸는 것이 아니라, 고객이 우리에게 서비스 제공할 기회를 줌으로써 우리 기업이 생존할 수 있는 것이다.

2) 고객서비스의 정의

직원[職員, 스태프(Staff)]과 업주[業主, 비즈니스 오너(Business Owner)]는 고객[顧客, 게스트(Guest, 커스터머)]에게 서비스를 통해 만족을 주게 되며 이렇게 좋은 서비스를 받은 고객은 단골고객(A Regular Customer)이 되어 반복구매(Repeated Purchasing Behavior)로 다시 업체에게 이익을 제공하며 일자리를 창출, 직원에게는 자아실현의 기회를 제공한다.

서비스는 고객에게 음식을 서브하고, 인사를 하고, 주문받는 일들만이 아닌 고객을 배려하는 마음으로 봉사하는 것이다. 고객이 존재하지 않으면 업체는 그 의미를 상실하기 때문이다.

3) 고객만족 서비스

외식 관련 고객서비스의 의의와 특성을 앞에서 살펴보았는데 이를 요약해서 고객만족 서비스를 잘 이행하기 위한 중요점은 다음과 같다.

(1) 철저하게 서비스 마인드를 높인다.

- 반복교육 및 좋은 습관이 몸에 익숙해지도록 철저히 훈련되어야 한다.
- 고객감동을 위한 서비스 테크닉을 길러나가야 한다.

(2) 고객을 향한 인적서비스의 비중이 절대적이다.

- 고객과의 1 : 1 쌍방 커뮤니케이션(Communication)
- 최상의 유니폼(복장), 언어, 밝은 표정, 태도, 정성 어린 마음가짐 하나하나가 서비스 품질을 결정

새티스팩션(Satisfaction)은 영어로 '만족함'을 뜻한다. 요즈음 기업 경영의 핵심은 고객만족(CS : Customer Satisfaction, 커스터머 새티스팩션)이다. 매출은 신규고객(New Customers)과 기존고객(Existing Customer)의 반복 구매행동(Repeated Purchasing Behavior)에서 발생한다. 새로운 고객을 창출하는 것은 기존의 고객을 유지하는 것보다 많은 노력과 비용이 든다. 그러나 '이용 후 느끼는 가치'가 '이용 전 기대치(期待値)'보다 클 경우에 고객 감동이 생기며 이때 지속적인 구매욕구가 일어나 업체와 직원의 기회와 역할을 확보하게 된다. 고객만족의 개념을 정리하면 다음과 같다.

- 기대치(期待値) > 이용 후 고객이 느끼는 가치(價値) : '불만'을 느낀 고객 이탈[커스터머 시세션(Secession)]로 직원 기회와 역할 상실
- 기대치(期待値) = 이용 후 고객이 느끼는 가치(價値) : '만족'하지만 경쟁자가 생기면 이탈
- 기대치(期待値) < 이용 후 고객이 느끼는 가치(價値) : '감동'하면 고객 충성(Customer Loyalty)으로 종사원 기회와 역할이 확보됨

객관적인 판단은 고객의 몫이다. 외식업체 대표와 직원들은 고객에게 즐거움과 쾌적함을 제공하기 위해 온갖 힘을 다하려는 참되고 성실한 마음과 실천의 노력이 필요하다. 진정으로 마음속에서 우러나는 서비스를 제공함으로써 진정한 고객만족이 생기게 되는 것이다.

제2절 / 접객 서비스

접객 서비스는 직원이 고객을 응대할 때의 자세나 태도를 말한다. 이는 음식을 조리하거나 제공하는 숙련된 기능과 태도 등의 기능적인 서비스 및 고객에 대한 직원 태도와 친절 등과 같이 형태가 없는 정신적 서비스로 나눌 수 있다.

접객 서비스 기법은 고객이 업체에 사전 예약을 하고 방문했을 때 처음 환영인사를 하는 순간부터 구매를 마치고 떠날 때까지의 모든 절차를 효율적이고 정중하게 서비스하는 기술, 고객의 피드백(Feedback)까지 확인하는 사후관리까지가 모든 절차이다. 인적서비스의 품질이 나쁘면 음식 맛이 아무리 훌륭했다고 해도 고객에게 좋은 이미지를 줄 수 없다.

제3절 / 고객과의 쌍방향 커뮤니케이션(Two Way Communication)

친절한 서비스를 받은 고객은 자신을 진정으로 환영한다고 느끼기 때문에 답례의 인사와 함께 적극적인 구매상황에 돌입하게 된다. 이와는 별개로 직원의 입장에서는 고객에게 '최상의 서비스를 했다'는 만족감으로 근무 피로감도 잊고, 동기부여도 된다.

제4절 / 서비스 언어 습관

서비스 언어 습관 즉, 고객과의 간단한 대화는 친밀감을 유지하고 좋은 관계를 유지하는데 매우 효율적이다. 외식종사원들은 고객이 편안함과 따뜻함을 느낄 수 있도록 가급적 표정을 부드럽게 하고 용모를 단정히 하여 서두르지 말고 예의 바른 자세를 갖추어 가장 품위 있는 언어로 이야기하는 언어 습관을 길러 나가도록 훈련되어야 함과 동시에 나름의 노력을 해야 한다.

① 세일즈(Sales) 용어

첫째, 세일즈 용어는 표준어만 사용한다. 사투리는 사용하지 않는 것이 좋다.

둘째, 세일즈 용어는 된소리를 사용하지 않는다. 된소리(ㄲ, ㄸ, ㅃ, ㅆ, ㅉ 등)를 사용하면 부드러움이 사라지기 때문이다.

셋째, 세일즈 용어로 부정어를 사용하지 않는다. '안 돼요', '없어요', '몰라요' 등의 표현을 사용하지 않는다. 재료가 품절되었을 경우 '없습니다'라는 부정 표현을 하지 말고 '죄송합니다. 재료가 품절되었습니다. 다음에 반드시 준비해 드리겠습니다. 대신 OOO을 추천해 드리고 싶습니다. 모든 고객이 만족해 하십니다.' 등의 표현을 훈련하여 적극 사용토록 한다.

넷째, 억양은 뒷부분을 살짝 올려서 발음하되 또렷한 어조로 한다.

다섯째, 항상 '예, 감사합니다'라고 표현하고 식사와 음료의 서빙이 늦는 등의 불편을 느끼게 하면 즉시 '죄송합니다, 고객님'이라고 서두를 시작한다.

② 서비스 절차별 권장 사용 용어

서비스 절차별로 사용해야 하는 권장 용어는 다음 표와 같다.

서비스 절차	권장 사용 용어
고객을 입구에서 응대 시	어서 오십시오 고객님(손님)! 조선훈입니다! 석미태카페입니다!
고객이 많아 대기한 한 경우	(활기찬 어조로 밝게 웃으며) 오래 기다리셨죠? 고객님(손님)! 죄송합니다! 지금 바로 모시겠습니다!
좌석 안내 시	이쪽으로 모시겠습니다. 이 좌석입니다. 어떠신지요? (예약이든 워크인 게스트이든 '반드시' 여쭙고, 불만족하시면 상급자 보고 후 적절하게 조치)

제**5**절 고객 불평(Claim, 클레임 / Complaint, 컴플레인) 처리 방안

아무리 완벽하게 고객서비스를 해도 고객의 불평은 있기 마련이다. 서비스에 대한 평가는 받아들이는 측인 고객의 주관에 따라 달라지기 때문이다. 고객으로부터 지적이나 불평

이 발생했을 경우 긍정적인 자세로 고객의 입장에 서서 정확한 원인을 파악하여 해결방안을 강구하도록 한다. 그리고 그 고객에게 호감을 줄 수 있는 만족한 조치로 신뢰감을 더 높이는 계기로 삼아야 한다. 그리하면 고객 유지가 가능하다.

① **클레임** : 구매한 물건 또는 제품에 하자가 있을 때 제기하는 불만, 제품의 결함에 대한 객관적인 불만

② **컴플레인** : 상대방의 잘못된 행위나 불만족스러운 태도에 대한 불만, 고객서비스에 대한 주관적인 불만

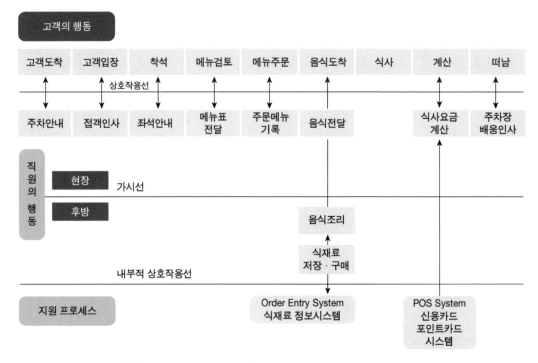

🔺 서비스 청사진 프로세스(Service Blueprint Process)

❶ 외식업체의 불평유형

무형의 불만은 장래의 불만이라고도 말하는데 접객에 대한 불만, 잔돈 처리의 불만처럼 눈에 보이지 않고 감정이나 기분 그리고 고객 스스로의 자존심 등에 관한 것들을 고려하여 고객불만을 최소화하도록 교육을 강화해야 외식 선진국처럼 발전할 수 있다.

◈ 서비스 부재에서 기인한 외국 관광객의 불평 10가지 요인

① 맛없는 음식

② 서비스 지연

③ 불친절한 태도

④ 기대치(期待値)수준 이하의 서비스 제공

⑤ 불결하고 비위생적인 식당기물을 사용할 경우

⑥ 메뉴에 대한 잘못된 설명과 불충분한 상품안내

⑦ 고객의 요구사항에 소극적인 조치

⑧ 잊어버려서 조치를 안 함

⑨ 계산상의 부조리 및 팁(Tip)을 강요할 경우

⑩ 외국어 의사소통장애

◈ 일반적인 레스토랑 고객의 일반적인 불평 원인

① 입구에서부터 뭔가 환영하지 않는 것 같은 불친절을 느꼈을 경우

② 예약했는데 잘못되어 예약되어 있지 않은 경우

③ 음식에 불순물이 들어 있거나 음식 맛에 이상이 있을 경우

④ 설비 및 시설의 미비로 신체나 의복이 손상된 경우

⑤ 식사용 기물에 흠이 있거나 불순물이 묻어 있을 경우

⑥ 뜨겁게 제공해야 할 음식이 뜨겁지 않거나, 차갑게 제공해야 할 음식이 차갑지 않을 경우

⑦ 음식의 제공시간이 너무 지체될 경우

⑧ 종사원의 부주의로 신체나 의복이 손상된 경우

⑨ 메뉴에서 보고 주문한 것과 실제 제공된 음식이나 음료의 내용이 다른 경우

⑩ 설비 및 시설의 미비로 신체나 의복이 손상된 경우

⑪ 마지막 계산 시 캐셔가 불친절한 경우

⑫ 다른 고객과 차별 대우를 느끼게 되었을 경우

⑬ 영업장이 불결하거나 종사원의 용모 복장이 불결한 경우

❷ 불평 처리방법

① 고객의 말을 중도에서 차단하지 말고 끝까지 들어야 하며, 무조건 용서를 빈다.

② 고객의 흥분이 가라앉으면 이때 이해를 구하고 진심 어린 표정으로 설명하도록 한다. 단, 회사의 내부 사정으로 변명해서는 안 된다.

③ 불평사항이 확인되면 세일즈(Sales) 사원은 불평의 경중에 따라 향후 법적 문제까지 갈 가능성이 있기 때문이다. 그래서 불평의 종류, 품명, 고객의 주소, 이름, 전화번호, 발생시간, 처리내용 등을 기록해 두어야 한다.

④ 불평이 발생된 제품은 꼭 수거해야 한다. 수거하지 않으면 고객이 충분한 보상을 받지 못했다고 생각해 다시 문제 삼으려 할 수 있으므로 꼭 수거해야 한다.

⑤ 불평을 제기한 메뉴는 회의를 통해 그 원인을 분석하고 이를 개선조치한다.

⑥ 어떠한 경우이든(가격이 낮은 품목이라 할지라도 변질이나 맛의 저하 등의 이유로 불만을 표시하면) 정중하게 사과하고 그 고객이 대화를 원하는 임직원이 즉시 대면하지 못하면 다음날 사업체 측에서 먼저 연락해서 책임자가 사과와 동시에 적절한 조치로 고객 불평을 해결해야 한다.

제6절 / 고객의 기질(Cast of Mind)별 대처(Handle) 방안

고객들의 성격을 관찰하여 다양한 성향의 고객별 유형을 살펴보기로 한다.

◆ 고객의 유형

① 잘난 체하며 과시하는 유형 : 역으로 고객의 '자존심'을 이용해서 고가의 상품을 권하여 매출 증대를 꾀하도록 유도

② 의심이 많은 유형 : 이런 유형의 고객은 명확하게 확실한 어조로 답해 주어야 한다. 분명하게 대답을 안 하면 다음에 오겠다며 바로 나가버린다.

③ 성격이 급한 유형 : 직원 모두가 신속하게 움직이는 모습을 일부러 연출하는 것이 중요하므로 고객의 질문에 즉각 응답한다.

④ 말이 없고 조용한 유형 : 메뉴의 결정을 돕기 위해 가격을 알려주며 '맛이 좋고, 모든 고객이 만족하시는 메뉴입니다!'라고 설명하지 않으면 그냥 나가버리는 유형이다.

⑤ 성격이 매우 밝고 솔직한 유형 : 한번 불만족을 느끼면 그 영업장 방문을 아예 회피할 수 있는 유형이다.

⑥ 신경질적인 유형 : 가급적 대답을 길게 하지 말고 긍정적 응대를 짧게 해야 하고 서빙은 신속하면서 정중하게 하도록 노력해야 한다.

⑦ 알아서 해달라는 유형 : 계산 시점에 바가지 여부를 반드시 확인하므로 너무 고가의 메뉴는 피하도록 한다.

⑧ 친절한 고객 응대에 전혀 반응이 없는 유형 : 메뉴 설명이나 질문을 먼저 하지 말고 고객이 찾을 때까지 무작정 기다리는 것이 나은 유형이다.

⑨ 주문하지 않고 그냥 나가는 유형 : 이런 유형은 돈을 충분히 준비하지 않았거나 저렴한 메뉴를 원하는 고객이니 기분 좋고 친절하게 응대해 주는 것이 좋다.

⑩ 잡담을 좋아하는 유형 : 이런 고객은 매니저가 나서서 "자주 이용해 주셔서 감사합니다!"라고 인사하면서 잡담을 자연스럽게 막아 기분 상하지 않도록 유도하는 것이 좋다.

외식산업 창업 매니지먼트

10

마케팅
관리전략 실행

10 마케팅 관리전략 실행

제1절 외식업 마케팅 관리

❶ 마케팅의 필요성

고객 니즈(Needs)가 다양해지고 업종 및 업태의 다양화로 인해 업체 간 경쟁이 심화되고 있어 자사의 생존을 위해 마케팅 도구를 잘 활용해야 한다.

❷ 마케팅의 개념

1985년 미국의 AMA(American Marketing Association)에서 "마케팅이란 개인 및 조직의 목표를 충족시키기 위해 창출한 아이디어, 상품, 서비스를 정립하는 활동과 가격을 설정하는 활동 및 촉진활동 그리고 유통활동을 계획하고 집행하는 과정이다."라고 정의하였다. 즉 고객의 만족감을 창조하고 생활의 질을 높이기 위해 건전한 소비문화와 생활문화를 창조, 보급하는 고객활동을 의미한다. 이는 기업이 소비자와 접촉하는 과정을 통해 소비자의 필요와 욕구를 충족시키기 위한 모든 활동, 즉 생산, 판매, 유통 등의 경영활동 전체를 포괄하는 개념으로 확장된다.

이를 토대로 '마케팅'이란 '상품의 생산과 유통 장소, 가격결정, 판매와 관련된 모든 활동에 있어 소비자의 필요와 욕구를 만족시키기 위한 제반 노력과 활동'이라고 정의할 수 있다.

🔼 마케팅 개념의 변화과정

③ 식음료 사업장에서의 마케팅활동

식음료 사업장 즉, 식당 및 주점(Bar)의 마케팅활동은 다음과 같은 과정을 거친다.

1) 시장 조사단계(Marketing Research/Survey)

고객의 니즈(Needs) 분석을 위해 시장 조사를 실시

- 시장수요 조사
- 경쟁점 조사
- 고객선호도 조사
- 메뉴 설문조사(Survey)
- 최신 트렌드를 조사하고 그에 걸맞은 신상품을 개발
- 상품 대비 고객의 성향을 조사하고 메뉴의 가격대를 분석
- POS를 이용한 월 매출집계를 통해 메뉴별 판매현황의 ABC분석

2) 상품화 단계(Commercialization)

- 고객의 기호 변화에 걸맞은 신메뉴 및 서비스 상품을 개발
- 고객 니즈 변화에 걸맞은 새로운 메뉴상품 개발
- 고객에 니즈 변화에 맞는 서비스 상품 개발

- 지속적인 메뉴 분석을 바탕으로 고객 선호 메뉴는 유지, 비선호 메뉴는 삭제

3) 판매촉진 단계(Sales Promotion)

- SNS(인스타그램, 페이스북, 블로그, 유튜브, 릴스, 챗GPT) 등에 홍보(PR)활동
- 판매촉진비 투입을 통한 광고활동

❹ 메뉴 마케팅 전략

1) 차별화 전략(Differentiated Marketing)

(1) 품질전략

품질 경쟁력을 통해 고품질을 유지함으로써 차별화로 경쟁우위를 추구하는 장기전략

(2) 마케팅 전략

메뉴의 판촉과 부가서비스 및 홍보 방법을 통해 차별화를 하거나 고객의 관심을 집중시킬 수 있는 마케팅 혁신전략을 통해 경쟁력을 확보

(3) 가격전략

저가격 전략과 고가전략(귀족마케팅) 등의 적용 가능

- 가격은 상품력, 유통, 판매촉진의 영향을 받음
- 가격전략은 계량화가 용이하고 무엇보다 강력한 무기가 될 수 있으나 경쟁사도 쉽게 대응할 수 있기 때문에 단기적 효과에 그칠 수 있다. 그리고 수요증대를 가져올 수 있으나 수익은 감소할 우려가 있으므로 적정 가격을 설정하는 것이 중요함
- 고가정책은 상품의 우월성이 관건

2) 비차별화 전략(Undifferentiated Marketing)

공통의 관심사에 초점을 맞추어 전체 고객을 대상으로 하는 마케팅 전략

3) 집중화 전략(Concentration Marketing)

큰 시장에서 적은 시장점유율을 차지하기보다는 적은 세분시장으로 눈을 돌려 높은 점유율을 확보하려는 전략

4) 포지셔닝 전략(Positioning Marketing)

포지션(Position)이란 제품이 고객들에 의해 지각되는 모습을 말하며, 포지셔닝이란 고객들의 마음속에 자사제품의 바람직한 위치를 형성하기 위하여 제품효익을 개발하고 커뮤니케이션하는 활동을 말한다. 이는 다음의 두 가지 포지셔닝 전략으로 구분된다.

- 소비자 포지셔닝 전략 : 소비자가 원하는 바를 준거점으로 하여 자사제품의 포지션을 개발하려는 전략
- 경쟁적 포지셔닝 전략 : 경쟁자의 포지션을 준거점으로 하여 자사제품의 포지션을 개발하려는 전략

고객들이 원하는 바나 경쟁자의 'Position'이 변화함에 따라 기존제품의 포지션을 바람직한 'Position'으로 새롭게 전환하는 전략을 '리포지셔닝(Repositioning)'이라고 한다.

❺ 마케팅 믹스(Marketing Mix ; 4P's)

1) 마케팅 믹스의 기본방향

마케팅 요소인 제품(Product), 가격(Price), 장소(Place), 광고(Promotion) 등의 이른바 4P's를 합리적으로 결합시켜 의사 결정하는 것을 말한다.

2) 마케팅 4P's전략

(1) 제품(Product, 상품)

유형적 요소와 무형적 요소의 결합이며, 메뉴상품에 인적서비스와 부가서비스 등을 포함시킨다.

- 고객만족을 꾀하는 상품 생산과 지속적인 개발 노력

- 유·무형직인 상품의 적절한 Mix(믹스)
- 고객 Survey, 상품기획, 식음료 상품개발, 디자인 및 포장, 사후관리
- 고객의 기대감을 충족시킬 수 있는 상품을 차별화시킴
- 고객의 기대가치 이상으로 가치를 제공하여 차별화시킴
- 고객(잠재)을 공략상품에 대한 경험이 풍부한 시장에 적용시킴

(2) 가격(Price)

① 가격은 고객이 누릴 수 있는 혜택에 따라 평가되므로 제품, 장소, 광고에 의해 영향을 받는다.

② 가격전략은 경쟁사가 쉽게 모방할 수 있으므로 효과가 단기적이며, 저가정책은 수요 증대로 외형매출은 증대할 수 있으나 수익은 감소될 수 있으므로 원가대비 적정가격을 설정하도록 한다.

③ 고가정책은 상품이 경쟁업소 대비 월등히 훌륭할 경우에 가능하다.

(3) 장소(Place)

① **유통의 기능**

- 구매 및 판매 등의 거래기능
- 상품의 재고유지, 수송 등의 제품 유통기능
- 정보수집, 상품분류, 상품의 판매촉진 등의 촉진기능

② **고려사항**

- 상권 및 입지
- 판매의 형태(식음료 영업장 직접 이용, 테이크아웃, 배달)
- 판매 및 재고관리 전산화 시스템의 구조 정립

(4) 광고(Promotion)

① 시장이 동질적일수록, 지리적 범위가 넓을수록 광고가 유리

② 판매범위 관련, 이질적 범위와 지리적 범위가 좁을수록 인적 판매가 유리

◈ STP전략

STP전략은 기업의 전략적 마케팅 사고를 대표하는 도구로서 제품, 가격, 유통, 촉진 결정들의 마케팅 믹스 전략을 수립하는 데 유용한 분석 Framework이다. STP는 시장세분화(Segmentation), 표적시장 설정(Targeting), 포지셔닝(Positioning)하는 절차와 사고방식이다.

STP-D	주요 관점	내용
Segmentation (시장의 세분화)	우리 고객은 어디 있는가?	하나의 시장을 구매자의 니즈, 특성, 행동양식 등에 기초하여 특성 있는 구매자 그룹으로 나누는 과정
Targeting (목표 고객의 선정)	누구를 핵심고객으로 정할까?	유사성을 갖는 각 구매자 그룹의 매력도를 평가하여, 주어진 시장에 진입하기 위하여 구매자 그룹을 선택하는 과정
Positioning (제품의 정위화)	우리 상품을 어떻게 기억시킬까?	경쟁제품과 비교하여 목표 고객들의 마음에 명백하고 독특하며 바람직한 지위를 갖도록 자사제품을 배열하는 과정
Differentiation (전략의 차별화)	나만이 할 수 있는 전략은 없을까?	차별화된 나만의 테크닉

◈ 확장된 마케팅 믹스(7P)

1. Product(제품, 상품) : 제품 차별화

2. Pricing Decision(가격) : 시장가격

3. Place(장소, 유통) : 유통 채널 결정

4. Promotion(광고, 촉진) : 판매 촉진(판촉)

5. People(사람) : 인적자원

6. Physical Evidence(물리적 증거) : 서비스 이외에 부가적인 서비스의 질을 평가

7. Process(서비스 과정) : 서비스 제공 경로

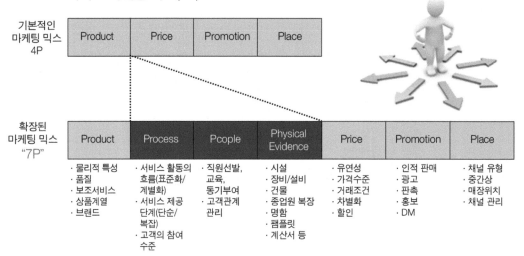

서비스 마케팅 믹스(7P)

기본적인 마케팅 믹스 4P	Product	Price	Promotion	Place

확장된 마케팅 믹스 "7P"	Product	Process	Pcople	Physical Evidence	Price	Promotion	Place
	· 물리적 특성 · 품질 · 보조서비스 · 상품계열 · 브랜드	· 서비스 활동의 흐름(표준화/ 계별화) · 서비스 제공 단계(단순/ 복잡) · 고객의 참여 수준	· 직원선발, 교육, 동기부여 · 고객관계 관리	· 시설 · 장비/설비 · 건물 · 종업원 복장 · 명함 · 팸플릿 · 계산서 등	· 유연성 · 가격수준 · 거래조건 · 차별화 · 할인	· 인적 판매 · 광고 · 판촉 · 홍보 · DM	· 채널 유형 · 중간상 · 매장위치 · 채널 관리

제2절 / 마케팅(Marketing)

자사 제품이 생산자로부터 고객에게 전달되기까지의 모든 과정을 처리하는 기능을 '마케팅'이라고 한다. 마케팅 활동의 주요 요소는 제품, 가격, 장소, 홍보(광고) 등의 4P's이다.

❶ 광고(Advertising) 및 홍보(PR, Public Relations)

1) 광고(Advertising)

광고는 대금 지불이 필요없는 '홍보'와 달리 대금을 지불하고 그들의 아이디어 상품 또는 서비스에 관한 내용을 알리는 모든 제반활동을 말한다.

2) 홍보(PR, Public Relations)

(1) 홍보(PR)의 개념

PR(Public Relations)은 기업, 정부, 단체, 조합 등이 소비자, 노동자, 일반 국민 등 공중과의 관계를 자신에게 유리하게 이끌어 가기 위한 의사소통 활동을 의미한다. PR과 홍보(Publicity)를 동일 개념으로 사용하는데, 언론매체를 통한 메시지의 전달이 많은 부분을 차지하기 때문이다. 최근에는 광고매체에 홍보하려는 시도가 많으므로 고객이 정확하게 분석된 후에는 해당 고객이 이용하는 잡지나 홍보물 등에 정보를 제공하는 형식으로 간접홍보를 하는 것도 좋은 마케팅 방법이다.

즉, 불특정 다수의 일반 대중을 대상으로 이미지의 제고나 제품의 홍보 등을 주목적으로 하는 것이다.

(2) 홍보(PR)의 방법

- 기자회견
- 보도자료 의뢰
- 기사내용을 신문 및 잡지 등에 제공

(3) 홍보(PR)의 내용

- 상품기사
- 사원 홍보
- 기업활동(투명한 기업 운영, 글로벌 사회인으로서 사회책임 활동을 전개, 노사협의 사항, 기업합병 및 흡수, 신규사업 전개, 첨단장비 도입 등)

(4) 홍보(PR)의 대상

- 고객들
- 지역사회의 단체 및 각종 협회
- 일반대중
- 보도기관, 작가, 기자
- 주주, 투자자

- 임직원 및 가족
- 교수, 평론가, 마니아(Mania, 광적인 애호가)
- 구직자 등
- 관공서, 지방자치단체, 기타 압력단체

(5) 홍보(PR)의 수단

- Pamphlet(팸플릿), Leaflet(광고용 전단)
- 회사 사보, 기업 연차보고서
- 단행본
- 행사(Event)
- 영화, 슬라이드, VTR
- 퍼블리시티 도구(기자회견, 보도자료, 기자초대, 기자간담회, 기획안)
- Survey[앙케트(Enquete, Questionaire), 연구(Research), Publicity 소재 개발, 취재활동]
- 오피니언 리더의 조직화 : 오피니언 리더(Opinion Leader)는 많은 사람의 의견이나 태도 결정에 영향을 미치는 인물을 칭함
- 오픈하우스 : 학교, 기숙사 같은 기관에서, 소속된 사람들이 내부의 환경을 멋지게 꾸며 외부 사람들을 초대하는 것

❷ 판매촉진활동(Promotion, 프로모션)

판매촉진이란 인적 판매(Personal Selling), 광고(Advertising)와 퍼블리시티(Publicity) 등을 제외한 마케팅활동이다. 즉 소비자로 하여금 자사상품을 즉각적으로 구매하도록 유도하기 위하여 인센티브를 제공하는 마케팅활동으로 촉진활동, 견본 제품이라고 할 수 있다.

2020년대 들어 소셜미디어 광고를 통한 다수 이용자가 증가하면서 각종 식품 외식 브랜드들은 TV지상파 광고에 편중하여 의존하였고 소셜미디어 광고를 전면 중단하여 많은 영향을 미치기도 했다. 각양각색의 수많은 셀럽과 진행자의 인플루언서들을 활용한 SNS(유튜브, 페이스북, 트위터, 인스타그램)를 통하여 브랜드 광고 및 스냅챗 매출이 증가하며 SNS 광고료도 크게 올랐다.

많은 기업 브랜드 중 다수는 이미 온라인 광고비에 대응하기 위해 많은 홍보마케팅을 준비했지만 매출은 떨어지고 앞날의 비전도 희미하여 SNS 마케팅비용을 측정할 여유가 없다고 하였다. 비용을 지급하는 유료 소셜미디어 광고는 고객을 브랜드 웹사이트로 유도 접근시키며 상품구매를 촉진하는 데 큰 역할을 한다.

가장 많이 사용되는 SNS 플랫폼은 유튜브(YouTube)로 전체 사용자가 가장 많고 그 다음이 페이스북(Facebook), 인스타그램(Instagram) 순이다. 기존 TV영상광고나 라디오 언론 매체에 한정되어 있던 엔터테인먼트의 시장영역이 소셜미디어로 업데이트 확산되었고 소셜 네트워크를 활용한 새로운 직업종인 인플루언서가 등장하여 우리 주변에서 많은 활동을 하며 촉진되었다.

1) 인플루언서(Influencer)의 영향력

인플루언서(Influencer)는 사회에 미치는 영향력이 큰 사람을 의미하며, 특히 웹상에서의 인물을 의미한다. 이러한 인플루언서를 통해 서비스 정보를 기업이 활용하여 홍보하는 것을 인플루언서 마케팅이라 부른다(위키백과).

Creative는 창의적인, 창작적인, 독창적인, 만들다, 만들어내다, 창조하다, 제작하다, 생산하다의 뜻으로 최근 3년 전부터 주변에 많은 크리에이티브가 활동하며 마케팅활동 전략으로 급부상하여 자리매김하고 있으며 시청자 및 구독자가 많은 동영상 플랫폼 유튜브를 통해 광고하는 방식을 유튜브 광고라고 한다. 파급효과는 TV광고보다 요즘 세대에 많이 익숙한 스마트폰을 통하여 다양한 매출 상승효과를 이끌어낼 수 있는 큰 장점을 가지고 있다. 누구나 손쉽게 영상을 올릴 수 있고 페이스북이나 트위터, 인스타그램 같은 소셜미디어를 통해 유기적으로 연결되어 전 세계에 파급효과가 크다는 점이 큰 매력이다.

인플루언서는 소셜미디어 플랫폼에서 본인의 일상이나 전문지식을 통해 제품의 속성 리뷰와 특정 분야의 각종 정보 등을 다양한 채널과 방법으로 공유함으로써 팔로어들의 소비 욕구를 증가시키는 중요한 역할을 했고 관련 외식기업 이외에 많은 기업들은 경제적으로 막대한 파급력을 미치는 인플루언서와 마케팅 전략을 수립하여 계속 활발하게 활동하고 있다.

시청자에게 먹방 영상을 통해 대리 포만감 만족을 전하고 관련된 상품의 마케팅 메시지를 전달함으로써 많은 시너지 효과를 얻고 있으며, 많은 상품의 광고 전달에 SNS로써 큰 영역을 차지하고 있다. 다양한 콘텐츠 광고를 이용하여 많은 수익구조를 만드는 유튜브(YouTube)는 전 세계에서 가장 큰 영상물 사이트로 자리매김하고 있다.

현재 공중파에서도 먹방채널이라는 프로그램을 통해 많은 시청자에게 알려진 1인 크리에이티브 운영자(직접출연자)의 전파력가치(Value)에 따라 광고 마케팅 전략 또한 세분화되어 활용하고 있다. 또한 많은 운영자의 출연료도 많이 높아져 수익구조를 만드는 인기 있는 직업의 하나이기도 해서 기존의 셀럽(연예나 스포츠 분야 등에서 인지도 높은 유명인사)들도 많은 관심을 가져 도전 및 방송을 하고 있지만 간혹 공인 입장에서 사회적 문제를 일으켜 법적인 책임을 지기도 한다.

▶ 인터넷 마케팅의 특성

멀티미디어의 구현	인터넷은 텍스트·오디오·비디오 등을 포함하는 멀티미디어를 구현할 수 있기 때문에 시각적·청각적으로 제품을 실현하거나 다른 각도에서 볼 수 있도록 조작할 수 있음(즉, 인터넷은 다른 직접 광고매체보다 유연성이 크고 효율적으로 정보를 전달할 수 있다.)
시간과 공간의 무한성	시간과 공간의 제약을 받지 않고 무제한으로 정보를 주고받을 수 있음. 하루 24시간 언제라도 기업의 정보전달은 물론, 제품과 서비스를 주문하고 배달할 수 있으며 인터넷 공간 또한 특정한 지역에 제한되지 않고 기업의 광고 및 홍보, 판매, 서비스 등을 전 세계로 알릴 수 있음
쌍방향 커뮤니케이션	고객과 신속한 커뮤니케이션이 가능하여 고객의 니즈를 정확하게 알 수 있음. 결과적으로 쌍방향 커뮤니케이션으로 고객의 의사를 마케팅 활동에 반영할 수 있으며 온라인에서 지속적으로 고객관리가 가능함
데이터베이스와 연계	고객과의 커뮤니케이션을 통해 고객정보와 고객행동을 데이터베이스(Database)화하여 마케팅에 활용할 수 있음 고객 트래킹(Customer Tracking) : 개별고객과의 커뮤니케이션을 실현시켜 그들에게 필요한 정보를 신속하게 제공할 수 있으며 고객들의 요구에 따라 추가적인 정보와 수정된 정보를 전달할 수 있게 함 고객중심에서 고객가치를 극대화하는 고객관계관리(CRM)의 시작이 됨
측정 가능성	인터넷을 수단으로 하여 고객들의 행동을 좀 더 계량적이고 정량적으로 추적하고 분석함(즉, 어떤 고객들이 얼마나 방문했고 어떤 제품을 얼마나 구매했는지 등에 관한 정보를 실시간으로 얻을 수 있음)

SNS란 2000년대 초반에 시작된 서비스 형태로 소셜 네트워크 서비스(Social Network Service)의 줄임말로 소셜미디어라고 한다. 소셜 네트워크는 사회적으로 관계되어 있는 개

념을 SNS상의 공간으로 가져온 것을 의미하며, 친구·지인·동료와 같은 인간관계를 강화하거나 새로운 인적 네트워크를 형성하고 의사소통 및 정보를 공유하는 활동으로 타인·기업이 게시한 콘텐츠를 열람·관찰하는 행위도 포함된다.

SNS는 주로 친목 도모나 오락을 위해 사용되었으나, 정보공유·비즈니스·마케팅 등의 용도로 그 범위가 확장되고 있다.

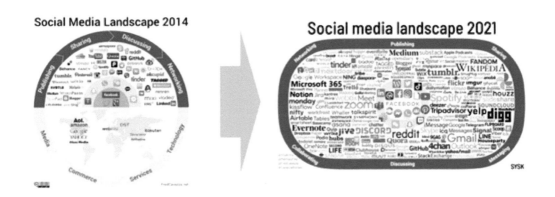

현재 소셜미디어 광고를 통한 이용자가 폭발적으로 증가하였다. 각종 브랜드들은 TV지상파 광고에 편중하여 소셜미디어 광고를 전면 중단했다가 많은 후회를 하기도 했다.

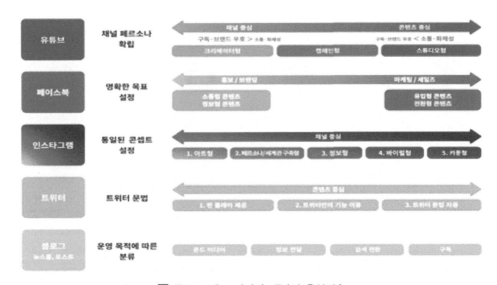

🔼 주요 브랜드 미디어 채널의 운영전술

	틱톡 ♪TikTok	인스타그램 릴스 ▶	유튜브 쇼츠 ⑤Shorts
주 영상 길이	15초 ~ 3분	15초 ~ 1분	30초 ~ 1분
노출 방식	모바일 APP 전체	APP 내 별도 앱 제공	APP 내 별도 앱 제공
	비선택적 + 동시다발 노출		
검색 가능성	가능	부분적 가능	제한적 가능
국내 MAU 닐슨코리아클릭 (2021년 8월 기준)	605만	1,894만	3,849만
주 시청층 분석	13 - 17 (20%) 18 - 24 (32%) 25 - 34 (19%) 닐슨 2021.2분기 19세 이상	13 - 17 (13%) 18 - 24 (50%) 25 - 34 (32%) The SAK Group 2021 8월	13 - 17 (12%) 18 - 24 (45%) 25 - 34 (25%) The SAK Group 2021 8월
특징	· '틱톡커블'로 숏폼 트렌드 선두 · 체계적인 크리에이터 양성으로 해시태그 챌린지 활성화 · 틱본과의 협약으로 라이브 커머스 진출	· 사용자 관심사 기반의 개인화된 아카이빙 시스템 · '제품보기' 등으로 인스타그램 숍(Shop) 기능 강화 · 틱톡으로부터 유입이 활발해짐에 따라 릴스 전용 인플루언서 확대 중	· 시청 만족도 기반의 알고리즘 · 스튜디오형 재가공 콘텐츠 중심으로 해시태그 의존도가 낮은 편 · 크리에이터 중심의 수익 공유 제도 구축 및 활성화
	중국 틱톡 (더우인)을 모델로 커머스 기능 강화	광고와 구매 전환이 가능한 마케팅 플랫폼	크리에이터 이코노미

⬆ 3대 숏폼(short-form, 플랫폼)의 전략적 접근법

인플루언서는 소셜미디어 플랫폼에서 본인의 일상이나 전문지식을 통해 제품의 속성, 리뷰와 특정 분야의 각종 정보 등을 다양한 채널과 방법으로 공유함으로써 팔로어들의 소비 욕구를 증가시키는 중요한 역할을 했고 관련 외식기업 이외에 많은 기업들은 경제적으로 막대한 파급력을 미치는 인플루언서와 마케팅 전략을 수립하여 계속 활발하게 활동하고 있다.

⬆ MZ세대가 미디어를 소비하는 새로운 방법

유튜브 광고의 급증으로 지상파 TV의 광고상황은 갈수록 어려워질 것을 보이며, 개인 스마트폰을 통하여 간편하게 소비자를 만나 광고의 메시지를 전하며 자주 만날 수 있다. 또한 네이버 포털사이트를 통한 1인 쇼핑라이브 방송을 주기적으로 진행하고 있으며, 라이브 방송의 콘셉트는 지역 맛집을 직접 방문하여 라이브 방송으로 오프라인 매장을 소개하고 직접 먹어보며, 실시간채팅을 통해 같이 소통하며 오프라인 매장을 알리고 구매까지 할 수 있도록 진행된다. 1인 라이브 진행 시 네이버 앱 웨스트랩 영역의 "트렌드" 탭과 "쇼핑 라이브" 탭인 네이버 앱 메인구좌에 노출되기 때문에 콘텐츠 홍보효과가 크며, 라이브커머스 방송 시 실시간 트래픽은 보통 7,500~12,000명 정도로 추정되지만 브랜드파워로 2~30,000명도 접속을 한다. 라이브 방송 종료 후에도 방송 콘텐츠는 네이버쇼핑 라이브 푸드탭에 계속해서 장기적으로 노출되기 때문에 누적 시청자 수는 더 늘어나는 실정이며 방송을 통한 구매도 이루어지고 있다. 트래픽 확보를 통한 상품 DB점수 상승으로 네이버 쇼핑(라이브 쇼핑 포함) 순위권 상승효과를 보았으며 1인 라이브 방송 시 네이버 앱 메인구좌 노출 및 방송 콘텐츠가 삭제되지 않고 노출되기 때문에 브랜드 홍보효과가 크다. 그리고 라이브커머스의 진입으로 기성 홈쇼핑에 송출하는 상품을 견제하므로 매출도 감소하는 실정이다.

❸ 장소(Place)

호텔이나 외식업체는 첫째도, 둘째도, 셋째도 입지가 매우 중요하다. 입지는 성공을 결정하는 주요 요인이다. 또한 이용 고객 수에 의해 매상고가 결정된다. 그리고 이는 점포의 접근성과 가시성의 우열에 의해 좌우된다. 장소는 최초에 한번 결정하면 변경하기 어렵고, 비용지출이 많아지므로 철저한 사전 입지상권조사가 필요하다. 입지 선정 시 고려해야 할 구체적 요인은 유동인구, 차량 통행량, 전철역 및 버스 정거장과의 인접성, 주차장 유·무 및 주차면적, 인접상권, 점포면적, 점유조건 등이 있다. 입지에 따라 상품(메뉴와 서비스 종류 및 수준)의 개발 및 관리, 가격(저·중·고) 책정, 판매촉진활동의 필요 정도 등도 많은 영향을 받기 때문에 입지 선정은 매우 중요하다.

❹ 상품(Product)

외식업체는 메뉴 이외에 종사원의 인적서비스 상품의 믹스가 가장 중요하다. 제조업체와는 다르게 식자재의 준비부터 대고객서비스까지의 전 과정에 있어서 '인적인 서비스'가 '음식의 맛'과 더불어 고객만족을 결정하는 가장 중요한 상품이다. 고로 적절한 상품믹스는 매우 중요한 전략에 속한다.

제3절 / 마케팅 전략

고객의 니즈(Needs)를 충족시키면서 매출 증대를 꾀하기 위하여 다음과 같은 마케팅 전략을 적절히 구사할 수 있어야 한다.

❶ 블로그 마케팅(Blog Marketing)

관심사가 같은 블로거들이 모이는 곳에서 상품 등을 판매하기 위해 홍보하는 타깃 마케팅으로 효과적이며, 고객과의 의사소통이 가능하다는 점과 마케팅 공간에서 곧바로 구매가 가능하다는 것도 장점이다.

비용 대비 효과가 높다는 점에서도 경제적인 마케팅 채널로 부상하고 있다. 전문가들은 블로거들이 증가 추세에 있는 가운데 소비자들의 구매 행태가 온라인으로 이동하고 있으므로 블로그를 통한 마케팅이 더욱 늘어날 것으로 내다보고 있다. 요리 동호회나 요리 아카데미 등에 참여하여 레스토랑 정보를 안내하고 동호회나 아카데미 등에 적극적으로 지원하여 참가자의 관심을 끌도록 한다. 이때 메뉴와 식당에 스토리텔링 마케팅 기법을 활용하는 것이 좋다. 또한 성능 좋은 디지털카메라로 메뉴사진을 섬세하게 촬영하여 게시판 등에 올리면 많은 사람이 가져가서 활용하게 될 것이고 사진 밑에 식당명만 적어둬도 식당에 대한 인지도는 올라갈 것이다. 또한 동영상을 제작하여 유튜브(YouTube) 등에 요리비법을 소개하면 더욱 많은 사람에게 홍보가 가능하다.

❷ 바이럴 마케팅(Viral Marketing)

바이럴 광고(Viral Advertising), 입소문 마케팅, 구전 마케팅, 버즈 마케팅 등으로 칭한다. 온라인에서 누리꾼(네티즌)의 자발적 연쇄반응을 노리는 마케팅 활동으로서 '바이럴(Viral)'이란 '바이러스(Virus)'의 형용사로 마치 바이러스처럼 퍼져 나간다는 의미다. 구전(Word of Mouth), 즉 입소문에 의존하는 마케팅 방법이며, 오늘날 구전은 인터넷의 소셜 네트워크망을 통해 순식간에, 광범위하게 확산되기 때문에 그 효용이 강조되고 있다. 주요 수단은 동영상, 전자책, 브랜드 소프트웨어, 이미지, 텍스트, 플래시 게임 등이다. 회사가 직접 홍보하지 않고 고객들의 입을 통해 입에서 입으로 전해진다는 점에서 기존 광고와는 다르다. 또한 입소문 마케팅과 같지만 전파 방식은 다르다. 입소문 마케팅은 정보 제공자를 중심으로 메시지가 퍼져 나가지만 바이럴 마케팅은 정보 수용자를 중심으로 퍼져 나간다. 회사에서는 유행이나 풍조 등 현실의 흐름을 따라가면서 누리꾼 입맛에 맞는 엽기적인 내용이나 재미있고 새로운 내용의 웹 애니메이션을 제작하여 인터넷 사이트에 무료로 게재하면서 그 사이에 회사 상호나 상품을 슬쩍 끼워 넣는 방식으로 간접광고를 한다. 애니메이션 내용이 재미있으면, 이메일을 통해 다른 누리꾼에게 전달되고, 이런 과정이 반복되다 보면 누리꾼 사이에 화제가 되어 자연스럽게 마케팅이 이루어진다.

❸ 리뷰 마케팅(Review Marketing)

태블릿PC 또는 스마트폰을 이용하여 바이럴 마케팅을 통해 홍보를 진행하는 것으로, 맛집을 찾을 때 어디가 좋은지 인터넷으로 쉽게 검색해서 알아보는 추세이므로 좋은 마케팅 방법이다. 어떤 상품을 구입하더라도 구매자가 남긴 후기를 보고 사게 되므로 리뷰 마케팅을 통해서 진행하면 많은 사람에게 홍보가 가능하다.

❹ 모바일 마케팅(Mobile Marketing)

모바일은 정보통신에서 이동성을 가진 것의 총칭이며, 원래 '움직일 수 있는'이라는 뜻으로, 정보통신에서의 모바일은 스마트폰(Smartphone)과 태블릿(Tablet) PC 등과 같이 이동

중 사용 가능한 컴퓨터 환경을 뜻한다. 모바일 기기가 처음으로 개발된 1990년대 초반에는 좁은 의미로 스마트폰의 전신인 휴대정보기기 PDA(Personal Digital Assistant)를 의미하였으나 2000년대 이후 스마트폰의 사용이 늘어 다양한 모바일 기술 및 모바일 비즈니스가 개발되고 있다.

휴대폰을 인터넷에 접속하여 은행업무를 보는 모바일 뱅킹, 온라인게임을 하는 모바일 게임, 영화를 실시간으로 보는 모바일 영화, 모바일 TV 및 모바일 잡지 등 다양한 서비스가 제공되고 있다. 그리고 모바일 비즈니스와 모바일 마케팅, 모바일 전자화폐, 모바일 전자정부 등 새로운 모바일 서비스가 생겨나고 있다.

1) 모바일 마케팅의 장점

- 반응속도가 빠르고, 반응효과가 크다.
- 다른 마케팅의 경우는 소비자들의 반응속도가 느리고, 전달되는 영역이 적은 반면 모바일 마케팅은 그 반응속도가 빠르며, 효과 또한 매우 크다.
- 매체가 다양하고, SNS효과를 다양하게 줄 수 있다.
- 특정부류를 공략하여 마케팅을 할 수 있다.

2) 모바일 마케팅의 종류

- 모바일 배너광고
- 모바일 키워드광고
- 모바일 지역 기반 광고
- 마케팅용 앱 제작 및 배포
- 트위터와 페이스북 페이지를 활용한 소셜마케팅 등

❺ 에리어 마케팅(Area Marketing)

전국을 동일한 성질의 하나의 시장으로 보고 전개하는 마케팅 기법에 반하는 개념으로 각 지역의 특성을 파악하여 그에 알맞은 치밀한 마케팅 기법을 통틀어 일컫는 말이다. 또한 점포를 계획하는 경우의 사전조사로 그 입지를 중심으로 한 일정 지역의 구매력 조사를 뜻하기도 한다.

❻ CR 활동

상품 판매 이후 그 고객을 통해 또 다른 고객을 창출할 수 있는 정도로 친숙한 관계가 유지될 때 비로소 판매과정은 완결된 것으로 보는데 이를 "고객관계(Customer Relationship) 활동"이라고 한다.

❼ 스토리텔링 마케팅(Storytelling Marketing)

브랜드에 이야기를 만들어 광고나 판촉 등에 활용하는 브랜드 커뮤니케이션 기법이다. 이는 브랜드의 특성과 잘 어울리는 이야기를 만들어 광고함으로써 소비자의 마음을 움직이는 감성 마케팅의 일종이다. 스토리텔링 마케팅의 대표적인 사례로 코카콜라가 겨울 매출을 올리기 위해 빨간 옷을 입은 산타클로스를 활용한 것을 들 수 있다.

❽ 버즈 마케팅(Buzz Marketing)

인적 네트워크를 통하여 소비자에게 상품정보를 전달하는 마케팅 기법으로, 소비자들이 자발적으로 메시지를 전달하게 함으로써 상품의 긍정적인 입소문을 내게 하는 기법이다. 꿀벌이 윙윙거리는(Buzz) 것처럼 소비자들이 상품에 대해 말하는 것을 마케팅으로 삼는 것으로, 구전마케팅(Word of Mouth) 또는 입소문마케팅이라고도 한다.

◈ 효과적인 SNS 마케팅 방법

- 단순히 새로운 피드를 업데이트하는 것만으로는 원하는 결과를 얻기 힘들다. 소셜미디어 마케팅을 시작하기 전에 콘셉트를 정해야 한다. 그 콘셉트에 맞게 운영하되 '재미'가 있어야 한다. 대기업이나 연예인 등 그 자체로 이슈가 되는 경우라면 어떻게 피드를 올려도 상관없겠지만 처음 SNS 운영을 하는 중소기업, 소호(Soho) 창업, 1인 창업 사업자라면 하나하나 의도된 게시글을 소중하게 올려야 한다.

- 매주 게시 일정을 맞춘다. 처음 시작해서 키울 때는 매일 하나씩 올리는 것이 성장에 좋고, 어느 정도 안정된 후에는 매주 정해진 날짜와 시간에 게시하는 것이 좋다. 정해진 시간에 게시글을 기다리는 구독자들이 있을 수 있다. 어느 시간대에 글을 올렸을 때 가장 반응이 좋았는지 알아보고 그 시간대에 맞춰 올린다.

- 불쾌하지 않은 유머나 밈을 적절하게 사용하는 것도 관심을 끄는 데 도움이 된다. 유행한다고 해서 다 쓰진 말고, 혐오성 유머는 아닌지 논란이 있는 건 아닌지 검증을 꼭 해봐야 한다. 최근엔 남성혐오 표현인 '허버허버'의 유래를 모르고 써서 논란이 된 매체들이 꽤 있다. 그걸 쓰는 게 잘못이냐 아니냐를 떠나서 기업 홍보 SNS에 굳이 논쟁이 될 유머를 쓸 필요는 없다.

- 맞춤법이 맞는지 검증한다. 아무것도 아닐 수 있지만 맞춤법이 틀리면 기업 이미지 (브랜드)에 영향을 미친다.

- 악플러가 있다면 신고하거나 차단한다. 대기업이라면 한두 명의 악플러가 SNS에 악성댓글을 달아도 별 문제가 안 되겠지만, 중소기업이나 스타트업이라면 한두 개의 악플로도 사람들의 생각에 영향을 끼칠 수 있다. 내용이 있는 비판적인 댓글이라면 소비자 피드백으로 받아들여 경영에 고려하는 것도 좋지만, 단순 악의적인 댓글은 삭제하거나 신고하는 등 적극적 대처를 해야 한다.

- 인스타, 페이스북, 블로그, 유튜브 등 다양한 채널이 있고 한 채널 안에서도 여러 계정을 운영할 수 있다. 모든 채널 모든 계정을 다 제품 홍보만으로 사용하지 않고, 기업의 문화, 분위기, 동의한 직원들의 식사모습, 출퇴근길, 회사 바깥 풍경, 즐겁게 야유회를 하는 모습 등을 올려 아직은 작지만 열정적이고 진심으로 일하는 기업이라는 이미지를 구축할 수 있다.

- 소비자에 따라 이용하는 SNS채널이 다르다. 유튜브, 페이스북, 인스타, 블로그, 카카오채널 등 여력이 된다면 다채널을 운영하는 것이 좋고 채널마다 연계를 한다. 채널마다 동일한 내용을 올리는 것보단 채널 성격에 따라 다른 내용을 올리는 것이 좋다. 예를 들어 인스타에는 톤이 비슷한 감성으로 제품사진을 올리거나 짧은 웹툰을 올리고, 블로그에선 글로 상세한 스펙을 올리고, 유튜브에선 제품 만드는 과정, 직원들이 교류하는 모습, 사용법 등 다양한 내용을 올릴 수 있다.

- 타 기업의 내용을 올리는 것도 좋은 효과가 있을 수 있다. 예를 들어 한샘가구로 사무실을 꾸몄다면 한샘을 태그하거나 한샘 인스타에 댓글을 달아 유입을 늘릴 수 있다. 음식을 예쁜 그릇에 담아 세팅하고 '**그릇에 담으니 우리 음식이 더 맛있어 보이네요'라고 올리고 태그를 달면 **그릇에 관심 있는 사람들이 우리 쪽에 관심을 갖게 할 수 있다. 요즘 인기 있는 업체, 핫한 이슈에 마치 콜라주하듯 이용하면 효과가 좋다.

- 개인 사업자 창업이라면 개인적 일상을 더 많이 공유해도 좋다. 계정을 따로 두고 서로 연계해서 하나는 제품, 서비스 홍보에 집중하고 다른 하나는 개인적 일상, 이미지, 스타일 등을 공유하는 것이다. 더 친근한 이미지로 판매에 도움이 될 수 있고, 동경하고 따라 하고 싶은 마음으로 팬심이 생길 수도 있다. 예를 들어 단순히 메뉴 요리 사진만 찍어 올린 피드보단 요리하는 모습, 재료 손질 모습, 직원들끼리 활짝 웃고 있는 모습, 가게 앞을 청소하는 모습, 업무 종료 후 회식을 즐기는 모습 등을 공유하면 감성 터치를 할 수 있고 그 무리에 끼고 싶은 마음도 들게 한다. 소비자에게도 좋겠지만, 직원 스카우트를 생각해도 인재를 끌어 오기에 좋다.

- 가능하다면 업무 과정을 올려도 좋다. 청소 업체라면 'A제품이 더 싸고 대충 하기도 좋지만 우리는 정직하고 안전한 B제품으로 이렇게 꼼꼼하게 청소한다'는 것을 영상으로 자연스럽게 녹여낼 수 있다. 청소하는 과정을 보여주는 것으로 신뢰도를 높인다. 일상을 공유하는 느낌으로 자연스럽게 찍으면 더 효과가 높다. 사무실에서도 동의한 직원의 브이로그 같은 걸 올려보는 것도 방법이다. 회사에 있는 사람들의 친목 사진을 올리면 채용에도 효과가 좋다.

- 경품 이벤트도 좋은 방법이다. 리뷰나 해시태그를 올려주면 할인을 해준다든지, 이벤트를 열어 경품을 주는 방식 등이다. 댓글이 많이 달리고 구독자, 하트가 많아지면 노출될 가능성도 높아진다. 경품 자체에 의미가 없더라도 SNS채널을 키우는 목적으로 진행할 수도 있다.
- 사용자 피드백을 무시하지 않는다. 소비자의 모든 요청사항을 다 들어줄 순 없다. 하지만 거절하거나 맞서 대응해야 할 때가 분명 있고, 그때엔 감정적으로 대처하지 말고 제삼자가 봤을 때도 수긍할 수 있고 기업 편에 설 수 있도록 공정한 내용을 단정한 말투로 답을 한다. 사용자 피드백은 시장 흐름에 즉각 적응할 수 있는 좋은 자산이 되므로 적극적인 소통을 하는 것이 좋다.
- 업무에 대한 투표를 진행해 보는 것도 좋은 방법이다. 예를 들어 네이밍 공모 투표(A가 좋을까요, B가 좋을까요?) 또는 인테리어 투표(A가구로 할까요, B가구로 할까요?) 또는 직원 복지에 대한 투표(이번 직원 명절 선물로 A가 좋을까요, B가 좋을까요?)와 같은 소비자 투표에 의해 결정되어도 무방한 옵션에 대해 투표 참여를 이끌면 그 자체로 유입자가 늘 수 있고, 기업 운영에 참여했다는 느낌을 줄 수 있어 소비자에게 특별한 경험, 친근감, 내가 도움이 되었다는 생각, 나도 기여했다는 뿌듯함으로 기업에 긍정적인 소비층으로 만들 수 있다.

출처 : https://intent-raise-money.tistory.com/120

제**4**절 / 외식업에 적용 가능한 마케팅

현재 외식시장은 국내외 경제 환경과 새로운 업종 및 업태의 출현, 가격경쟁의 심화 등으로 인해 매우 혼란스럽다. 다양한 경쟁자로부터 식음료 영업장의 고객을 유지시키고 나아가 자신이 경영하는 영업장의 고객들을 충성도 있는 고객으로 만들기 위한 노력 또한 서비스마케팅의 주요 연구 영역이다. 따라서 고객관계 마케팅(CRM : Customer Relationship Marketing)을 중요하게 다루어야 한다. 서비스 마케팅에서는 이를 위한 과정으로 고객창출

→ 고객유지 → 고객관계 → 제고의 단계를 거쳐 Customer Relationship Marketing을 전개한다. 소비자의 욕구를 잘 파악하여 그에 맞는 메뉴상품과 서비스를 제공한다면 소비자의 구매동기와 행동에 영향을 미칠 수 있다.

외식산업 창업 매니지먼트

11

영업신고 및
인허가 활용 法

제1절 인허가/위생교육/건강진단

11　영업신고 및 인허가 활용 法

개점일 전에 일반음식점 영업신고, 일반·휴게 음식점 영업신고 기준, 유흥주점, 단란주점 허가기준, 위생교육, 건강진단 등을 확인 처리해야 한다.

❶ 일반음식점 영업신고

1) 일반음식점(식품위생법 시행령 제21조)

음식류를 주로 조리·판매하는 영업으로서 식사와 함께 부수적으로 음주행위가 허용되는 영업

2) 영업신고 절차

- 영업신고서 작성(각종 구비서류 포함)
- 식품접객 신고서(신규영업 - 지위승계 구분)
- 신고증 교부(3시간 이내 처리)

3) 구비서류

제출서류	1. 교육이수증 1부(「「식품위생법」 제41조제2항에 따라 미리 교육을 받은 경우만 해당합니다) 2. 유선 또는 도선사업 면허증 또는 신고필증 1부(수상구조물로 된 유선장 또는 도선장에서 식품접객업을 하려는 경우만 해당합니다) 3. 「먹는물관리법」에 따른 먹는물 수질검사기관이 발행한 수질검사(시험)성적서 1부(수돗물이 아닌 지하수 등을 먹는물 또는 식품 등의 제조과정이나 식품의 조리·세척 등에 사용하는 경우만 해당합니다)	
담당 공무원 확인사항	1. 건축물대장 2. 토지이용계획확인서 3. 액화석유가스 사용시설완성검사증명서(「식품위생법 시행령」 제21조 제8호 다목의 단란주점영업 및 같은 호 라목의 유흥주점영업을 하려는 자 중 「액화석유가스의 안전관리 및 사업법」 제44조 제2항에 따라 액화석유가스 사용시설의 완성검사를 받아야 하는 경우만 해당합니다) 4. 「전기안전관리법」 제13 조제1항 제6호 및 같은 법 시행규칙 제18조 제3항에 따른 전기안전점검확인서(「식품위생법 시행령」 제21조 제8호 다목의 단란주점영업 및 같은 호 라목의 유흥주점영업을 하려는 경우만 해당합니다) 5. 건강진단결과서(「식품위생법 시행규칙」 제49조에 따른 건강진단 대상자의 경우만 해당합니다) 6. 「다중이용업소의 안전관리에 관한 특별법」 제9조 제5항에 따라 소방본부장 또는 소방서장이 발급하는 안전시설 등 완비증명서(「식품위생법 시행령」 제21조 제8호 다목의 단란주점영업 및 같은 호 라목의 유흥주점영업을 하려는 경우만 해당합니다)	수수료 28,000원 (수입인지 또는 수입증지)

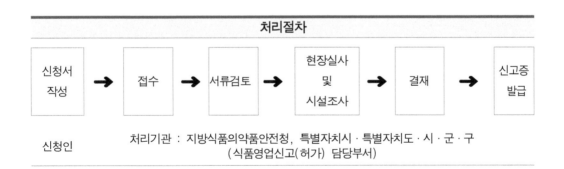

처리절차

신청서 작성 → 접수 → 서류검토 → 현장실사 및 시설조사 → 결재 → 신고증 발급

신청인

처리기관 : 지방식품의약품안전청, 특별자치시·특별자치도·시·군·구
(식품영업신고(허가) 담당부서)

대상	분류내용
일반음식점	음식류를 조리·판매하는 영업으로서 식사와 함께 부수적으로 음주행위 허용(한식, 일식, 중식, 레스토랑 등 일반음식점)
휴게 음식점	주로 다류(茶類), 아이스크림류 등을 조리·판매하거나 패스트푸드점, 분식점 형태의 영업 등 음식류를 조리·판매하는 영업으로서 음주행위가 허용되지 않는 영업 ※ 다만, 편의점, 슈퍼마켓, 휴게소 및 그 밖에 음식류를 판매하는 장소(만화가게 및 규제 「게임산업진흥에 관한 법률」 제2조 제7호에 따른 인터넷컴퓨터게임시설제공업을 하는 영업소 등 음식류를 부수적으로 판매하는 장소 포함)에서 컵라면, 일회용 다류 또는 그 밖의 음식류에 물을 부어주는 경우는 제외함
제과점 영업	주로 빵, 떡, 과자 등을 제조 판매하는 영업으로 음주행위가 허용되지 않는 영업장
단란주점 영업	주로 주류를 조리 판매하는 영업으로 손님이 노래를 부르는 행위가 허용되는 영업장(유흥접객행위 금지)
유흥주점 영업	주로 주류를 조리 판매하는 영업으로 유흥 종사자를 두거나 유흥시설을 설치할 수 있고 손님이 노래를 부르거나 춤을 추는 행위가 허용되는 영업장(룸살롱, 카바레, 디스코 클럽 등)
위탁급식 영업	집단급식소를 설치 운영하는 자와의 계약에 따라 그 집단급식소에서 음식류를 조리하여 제공하는 영업장

식품제조가공업, 즉석판매제조 가공업, 식품운반업, 식품소분업, 식용얼음판매업, 식품자동판매기영업, 유통전문판매업, 집단급식소 식품판매업, 식품 등 수입 판매업, 식품조사처리업, 식품냉동, 냉장업, 건강기능식품일반판매업, 건강기능식품유통전문판매점

❷ 일반음식점 휴게음식점 영업신고 기준

1) 영업자 제한 조건

- 같은 업종을 영업하다가 영업소 폐쇄명령을 받은 후 1년이 경과하지 않은 경우
- 청소년 유흥 접객원을 고용하여 식품접객 영업허가(신고) 취소 또는 폐쇄명령을 받은 후 2년이 경과하지 않은 경우

2) 장소 제한요건

- 영업장소가 종전에 같은 업종의 영업장소로서 폐쇄명령을 받은 후 6개월이 경과하지 않은 경우, 청소년 유흥 접객원을 고용하여 식품접객 영업허가(신고) 취소 또는 폐쇄명령을 받은 장소로서 1년이 경과하지 않은 경우

❸ 위생교육

1) 위생교육이란?

- 식품위생 수준의 향상을 위하여 모든 식품접객 영업자 또는 종업원은 보건복지부장관이 지정·고시한 위생 교육전문기관에서 실시하는 교육을 영업개시 전 또는 후에 받아야 한다.

(1) 신규영업자

- 식품위생법 시행령 제21조 제2호(즉석판매제조·가공업, 2024년 1월 1일 시행) 및 제8호(일반음식점 등)의 규정에 해당하는 영업을 하려는 자 : 6시간
- 식품제조·가공업, 식품첨가물제조업, 공유주방운영업에 해당하는 영업을 하려는 자 : 8시간
- 식품운반업, 식품소분·판매업, 식품보존업, 용기·포장류 제조업에 해당하는 영업을 하려는 자 : 4시간
- 법 제88조의 규정에 의한 집단급식소의 설치·운영자 : 6시간
  - ※ 도서·벽지 등에서 영업을 하는 자와 영업준비상 사전교육이 곤란하다고 허가관청 또는 신고관청이 인정하는 자에 대하여는 영업허가를 받거나 영업신고를 한 후 또는 선임신고 후 3개월 이내에 허가관청 또는 신고관청이 정하는 바에 따라 위생교육을 받게 할 수 있음
  - ※ 영 제21조 제1호부터 제8호까지의 어느 하나에 해당하는 영업을 하는 자가 식품자동판매기영업으로 업종을 변경하거나 그 업종을 함께하는 경우 법 제41조 제1항에 따른 식품위생교육을 받으면 해당 영업에 대한 신규위생교육을 받은 것으로 봄

▶ 신규영업자 위생교육 수료 인정범위

- 신규 위생교육을 받은 날부터 2년이 지나지 않은 자 또는 기존영업자 교육을 받은 날부터 1년이 지나지 않은 자가 교육받은 업종과 같은 업종으로 영업을 하려는 경우
- 신규 위생교육 받은 날부터 2년이 지나지 않은 자 또는 기존영업자 교육을 받은 날부터 1년이 지나지 않은 자가 아래와 같은 목의 영업을 하려는 경우

① 영 제21조 제8호 가복의 휴게음식점영업과 동호 나목의 일반음식점영업 동호 바목의 제과점 영업

② 영 제21조 제8호 다목의 단란주점영업과 동호 라목의 유흥주점영업 등

(2) 기존영업자

- 일반음식점영업자 : 3시간
- 유흥주점영업의 유흥종사자 : 2시간
- 집단급식소를 설치·운영하는 자 : 3시간

  ※ 법 제41조 제1항에 따른 식품위생교육 대상자가「부가가치세법」제8조 제8항에 따른 휴업신고로 해당 연도 전체 기간 동안 휴업한 경우에는 해당 연도의 식품위생교육을 받지 않을 수 있다.

2) 위생교육대상 및 교육기간

- 식품접객 영업을 하고자 하는 자(1일 6시간)
- 식품위생법에 의한 명령을 위반하여 행정처분을 받은 영업자(1일 4시간)
- 전염병, 집단식중독의 발생 및 확산될 우려가 있는 경우 해당 업종의 영업자 및 그 종사자(1일 4시간)

3) 교육위임, 면제 및 유예

구분	참고 사항
교육면제	• 조리사, 영양사가 식품접객업을 하고자 하는 때는 신규 위생교육 면제(법 제27조 4항)
교육 대상자 지정 (위임)	• 위생교육을 받아야 하는 자로서 영업에 직접 종사하지 않는 경우 종업원 중 책임자를 지정하여 받게 할 수 있음 • 2곳 이상의 장소에서 영업을 하고자 하는 경우, 종업원 중 책임자를 지정하여 교육받게 할 수 있음
사전교육 유예 및 갈음	• 부득이한 사유로 미리 교육을 받을 수 없는 경우 개업 후 3개월 이내 교육을 받도록 함 • 신규 위생교육을 받은 자가 교육받은 날로부터 2년 이내에 교육받은 업종과 동일한 업종 또는 유사업종(일반음식점과 휴게음식점 간, 단란주점과 유흥주점 간)을 영업하고자 하는 경우에는 교육을 받은 것으로 봄

4) 교육기관(보건복지부 고시 제2000-47호)

- 일반음식점 - 한국외식업중앙회
- 휴게음식점 - 한국휴게음식업중앙회

❹ 건강진단

1) 건강진단 대상

식품접객영업(식품조리·판매)에 직접 종사하는 자(영업자, 종사자, 아르바이트생 포함)는 모두 건강진단을 받은 후, 영업에 종사해야 한다. (1년마다 갱신)

2) 영업에 종사하지 못하는 질병의 종류

- 전염병 예방법 제2조 제1항의 규정에 의한 제1종 전염병 중 소화기계 전염병
- 결핵(비전염성인 경우 제외)·피부병 기타 화농성 질환
- B형간염(전염 우려가 없는 비활동성 간염 제외)
- 후천성면역결핍증(성병에 관한 건강진단을 받아야 하는 영업종사자에 한함)

▶ 건강진단 항목과 횟수

진단 항목		대상자	횟수	건강진단 실시기관	비고
장티푸스		전 식품접객 영업 종사자	매년 1회	보건소 의료법에 의한 병원·의원	
결핵					
전염성 피부질환					
B형 간염	항체양성자		5년마다 1회		
	항체·항원 음성자		매년 1회		
성병		유흥접객원	혈청검사 1회/3월 STD검사 1회/1월	보건소 의료법에 의한 병원·의원	성병정기점검 대상자 미검 시 벌금 200만 원 이하 (전염병 예방법 제56조)
		다방 여종업원	혈청검사 1회/6월 STD검사 1회/6월		

3) 건강진단을 받지 않은 경우 과태료 부과

위반행위		과태료 금액		
		1차 과태료	2차 과태료	3차 과태료
건강진단을 받지 아니한 영업자		20만 원	40만 원	60만 원
건강진단을 받지 아니한 종업원		10만 원	20만 원	30만 원
건강진단을 받지 아니한 자를 영업에 종사시킨 고용주 (영업자)	종업원 수가 5인 이상인 경우 (대상자 50% 이상 위반 시)	50만 원	100만 원	150만 원
	종업원 수가 5인 이상인 경우 (대상자 50% 미만 위반 시)	30만 원	60만 원	90만 원
	종업원 수가 5인 미만인 경우 (대상자 50% 이상 위반 시)	30만 원	60만 원	90만 원
	종업원 수가 5인 미만인 경우 (대상자 50% 미만 위반 시)	20만 원	40만 원	60만 원
진단 결과 타인에게 위해를 끼칠 우려가 있는 질병자를 영업에 종사시킨 고용주(영업자)		100만 원	200만 원	300만 원

출처: 「식품위생법」 제101조제3항제1호, 「식품위생법 시행령」 제67조 및 별표 2 제2호사목), 2024.8.1 기준

❺ 시설기준(영업허가에 필요한 시설기준 원칙)

구분	내용	비고
정화조 시설	정화조의 용량(인) ≥ 0.3×영업장 면적(㎡)	면적×0.3
환기 시설	화장실, 조리장, 영업장 등에 환기시설을 설치	
방충망 시설	영업장, 조리장, 화장실, 창고 등에 방충망 시설 설치	
조리장 시설	바닥과 내벽 1m까지 내수성 자재, 배수 및 청소가 용이한 구조, 비상시 출입문 통로 사용할 때 지장여부, 위생적인 세척시설, 세면시설(거울 부착, 손 세척용), 음식물 원재료 보관시설을 구비	
급수 시설	수돗물을 사용	
폐기물 용기사항	뚜껑 있는 내수성 자재 사용	
조명 시설	조리장 50럭스 이상, 영업장 30럭스 이상	

❻ 인허가 사항의 체크

발급 및 서류 작성	발급기관	처리 기간	준비물	비고
영업허가 지역 확인	구청민원실		신분증-소재지 주소	점포계약 전 확인
보건증	보건소	5일	신분증	검사내용 : 결핵, 간염, 장내 세균검사
위생교육필증	한국외식업중앙회 위생교육	1일	신분증, 교육비	온라인 교육 가능
소방방화시설 완비증명서	관할소방서	3일		지상 2층-30명 이상부터 (지하는 필수)
영업설비 개요 및 평면도	관할구청 위생과	1일		
액화석유가스 사용신고서	- 가스안전공사 - 도시가스공사	당일		- LPG 사용신고서 - LNG 공급확인서
수질검사 성적서	식품위생검사 발행			지하수 사용 시
영업신고신청 (신규)	관할 구청 위생과	7일	• 영업신고 신청서 • 건축물 관리대장 등 • 신분증 및 도장 • 사진 1매 • 위생교육필증 • 보건증	허가-신고로 변경
			• 소방방화시설완비증명서 • 영업평면도 • 액화석유가스 사용신고서 • 수질검사 성적서 • 면허세	
영업신고 지위 승계 시	관할 구청 위생과	즉시	• 양도자 영업신고증 원본 • 지위승계 신청서 • 도장(대리인-인감도장 날인/ 인감증명서/위임장)) • 위생교육필증(본인) • 보건증	허가-신고로 변경

발급 및 서류 작성	발급기관	처리 기간	준비물	비고
사업자등록	관할 세무서	즉시	• 사업자등록 신청서 • 신분증 • 영업신고증 사본 1부 • 임대차 계약서(상가 확정일자) • 사업자의 도장	− 주류 신고 − 카드단말기 − 확정일자

영업신고(허가)증의 내용정정(변경)이 있을 시 관할구청에 변경신청서를 제출한다.

이후 영업신고(허가)증을 재발급받은 후 관할 세무서에 가서 사업자 등록 정정신고를 하여 사업자 등록증을 재교부받아야 한다. 또한 세금 관련(국세, 지방세) 내용들은 관할 세무서에서 이루어지지만, 반면에 허가 및 신고증에 대한 행정적인 절차는 관할구청(위생과)에서 이루어신다.

사업장을 이전하는 때에는 이전 후의 사업장 관할 세무서장에게 이전 사실을 신고하여야 한다. 사업자 등록을 폐업할 시에는 관할 세무서에 폐업신고를 한다. 또한 영업신고를 폐업할 시에는 관할 구청 위생과에 폐업신고를 한다. 그렇지 않으면 매년 면허세(지방세)를 납부해야 한다.

• 상호, 주소, 사업의 종목, 법인의 대표자 변경
• 명의변경 등(관할구청 위생과/관할 세무서)

1) 종목기준

서울특별시와 광역시 및 수도권 지역(읍·면 지역 제외)에서 다음 종목의 사업을 영위하는 경우에는 간이과세를 적용받을 수 없다.(사업 소재지 관할 세무서에 가면 정확히 알 수 있음)

• 초기 과대 창업비용 종목 : 골프연습장, 주유소, 예식장, 백화점, 볼링장 등
• 하청 및 사업연계성 거래 업종 : 건설업, 자료처리업, 산업폐기물수집 처리업 등
• 전문고가품 업종 : 골프장비 소매업, 의료용품 소매업, 귀금속점 등
• 단일 고가 품목 업종 : 피아노, 컴퓨터, 정수기, 대리점가구, 가전제품 등
• 기타 업종 : 스킨케어 피부·비만관리업, 케이터링음식, 조달업 등
※ 수도권지역 : 수원시, 성남시, 의정부시, 안양시, 부천시, 광명시, 안산시, 시흥시, 고양시, 과천시, 군포시, 의왕시, 하남시, 구리시, 남양주시, 용인시, 평택시 등이다(www.etoday.co.kr, [생활과 세금] 간이과세자로 등록할 수 없는 업종).

2) 지역기준

간이과세 배제지역으로 지정된 건물이나 장소에서 사업을 영위하는 경우에는 간이과세를 적용받을 수 없다.

- 외판원, 개인용달·택시, 가로가판점, 무인자동판매기업자 등 예외
  ※ 전국 세무서별로 지역(건물), 적용범위 지정

3) 부동산임대업 기준

특별시, 광역시 및 시(읍·면 지역 제외) 지역에 소재한 임대용 건물 중 건물연면적이 일정 규모 이상인 경우에는 간이과세를 적용받을 수 없다.

4) 과세유흥장소 기준

서울특별시, 광역시 및 시 지역에 소재한 모든 과세유흥장소와 기타 지역 중 국세청장이 간이과세 적용 배제지역으로 지정한 지역에서 과세유흥장소를 영위하는 경우에는 간이과세 적용을 배제한다.

- ※ 과세유흥장소 : 룸살롱, 스탠드바, 극장식 식당, 카바레, 나이트클럽, 디스코클럽, 고고 클럽, 관광음식점, 요정 등이다.

❼ 상가건물 임대차보호법, 확정일자만으로도 보호

타인의 건물을 임대해 창업을 하려는 창업자는 「상가건물 임대차보호법」을 숙지해야 한다. 이 법은 임대차 등기가 없을지라도 임차인이 건물을 인도하고 부가가치세법, 소득세법, 법인세법 등의 규정에 의한 사업자 등록을 신청한 다음 날부터 제3자에 대해 효력이 생긴다.

민사 집행법에 의한 경매 또는 국세 징수법에 의한 공매 시 임차건물의 환가대금에서 후순위 권리자 또는 그 밖의 채권자보다 우선하여 보증금을 변제받을 수 있는 권리가 생긴다.

❽ 창업업종에 따라 건축물 용도 변경

건축법에 따르면 허가·신고 가능한 건축물의 용도는 28개 항목으로 나뉘는데, 이 중 자영업자·소상공인 창업과 관련된 용도는 제1종 근린생활시설, 제2종 근린생활시설, 판매시설, 노유자시설, 숙박시설이 있으며, 만약 건축물대장의 용도와 창업하려고 하는 업종이 다를 경우, 물건 소재지 관할 구청에 용도변경 신청을 해야 한다.

건축물의 허가 용도에 따라 정화조 규격, 하수도 부담금액 등 부담세액이 달라지기 때문이다. 용도 변경 시에는 용도변경 신청서와 건물 해당 층의 전후 평면도, 용도 변경에 따라 변경되는 내화, 방화, 피난, 건축설비에 관한 사항 등을 기재한 건축물대장 등을 구비해서 신청한다.

지방자치구에서는 사용자가 사용 목적에 필요한 용도 변경으로 인해 하수도 원인자 분담금이 발생된다.

1) 원인자부담금(原因者負擔金)

어떤 특정 공사를 하게 될 때, 그 공사가 필요하도록 원인을 제공한 사람이 공사비의 전부 또는 일부를 부담하는 돈

2) 상수도 원인자부담금(上水道原因者負擔金)

급수장치의 유지 및 관리와 관련한 공사를 할 때 사용자가 부담해야 하는 비용. 부지 경계선에서 수도 계량기까지 설치하는 인입 급수관의 공칭 구경, 급수 용도, 급수 지역의 범위를 구분하여 산정한다. 즉 도시계획에 의해 하수관로나 종말처리장을 건설하는 데 투입되는 재원 등 오수를 발생시킨 주체에 분담시키기 위한 것이다. 이는 세제공과금의 성격을 띠며 준조세이다.

◆ 하수도법 제61조 원인자 부담금원인자부담금 발생

　① 공공하수도관리청은 건축물 등을 신축·증축하거나 용도변경하여 오수가 대통령령으로 정하는 양 이상 증가되는 경우 해당 건축물 등의 소유자(건축 또는 건설 중인 경우에는 건축주 또는 건설주체를 말한다)에게 공공하수도 개축비용의 전부 또는

일부를 부담시킬 수 있다. [개정 2013.7.16]

② 공공하수도관리청은 대통령령으로 정하는 타 공사 또는 공공하수도의 신설·증설 등을 수반하는 개발행위(이하 "타 행위"라 한다)로 인하여 필요하게 된 공공하수도에 관한 공사에 소요되는 비용의 전부 또는 일부를 타 공사 또는 타 행위의 비용을 부담하여야 할 자에게 부담시키거나 필요한 공사를 시행하게 할 수 있다. [개정 2011.11.14, 2020.5.26 제17326호(법률용어 정비를 위한 환경노동위원회 소관 65개 법률 일부개정을 위한 법률)]

③ 제1항 및 제2항에 따른 원인자부담금의 산정기준·징수방법 그 밖의 필요한 사항은 해당 지방자치단체의 조례로 정한다. [개정 2020.5.26 제17326호(법률용어 정비를 위한 환경노동위원회 소관 65개 법률 일부개정을 위한 법률), 2021.1.5]

④ 제1항 및 제2항에 따른 원인자부담금은 해당 지방자치단체의 조례로 정하는 바에 따라 신용카드 또는 직불카드 등의 방법으로 낼 수 있다. [신설 2021.1.5]

⑤ 제1항 및 제2항에 따라 징수한 원인자부담금은 공공하수도의 신설, 증설, 이설, 개축 및 개수 등 공사에 드는 비용으로만 사용할 수 있다. [신설 2011.11.14, 2021.1.5] 건축물 등을 신축·증축 또는 용도 변경하여 오수를 하루에 10세제곱미터 이상의 하수를 공공하수도로 유출시킬 수 있는 건축물 등의 소유자 - 타 공사 또는 타 행위로 인하여 필요하게 된 공공하수도에 관한 공사에 소요되는 비용의 전부 또는 일부를 타 공사 또는 타 행위의 비용을 부담하여야 할 자

건축물이 있으면 필연적으로 발생하게 되는 하수(下水)는 그 건축물에 의무적으로 설치해야 하는 단독정화조 또는 오수처리시설인 개인하수처리시설을 통해 처리하거나 개인하수처리시설의 설치를 면제해 주고 하수관거, 하수종말처리장 등의 공공하수도를 통해 처리하게 된다.

하수도 원인자부담금은 아파트, 주상복합, 상가 등 하수 배출원이 들어서서 필요하게 되는 공공하수도인 하수관거, 하수종말처리장 등에 대한 비용을 부담시키는 방법으로, 위와 같은 추가적인 하수처리시설의 비용을 그 시설을 설치케 한 원인자에게 부담시키는 것이다. 하수도 사용료가 처리를 위한 시설 및 운영비용을 사용자에게 사후적으로 부과하는 것이라고 한다면, 이 원인자부담금은 하수배출시설물로 인해 발생하는 하수처리시설들의 설치 및 운영비용을 사전에 부담시키는 것이다.

위와 같은 근거에 따라 개발사업 시행자에게 사전에 부담케 하는 하수도 원인자부담금은 하루에 10㎥ 이상[참고로 하수발생량을 산정하는 기준 단위는 하루에 人당 0.2㎥와 1세대 3.5人이므로, 하루에 10㎥ 이상 하수를 배출하는 시설은 14세대(10㎥÷0.2㎥=50人, 50人 ÷3.5人≒14.2가구) 이상의 건축물 규모라고 보면 된다.]의 하수를 배출하는 배수설비를 설치함으로 인해 공공하수도의 개축이 필요하게 된 때(舊하수도법 제32조 제1항), 타 공사 또는 타 행위로 인해 공공하수도 공사가 필요하게 된 때(제2항), 공공하수도를 손괴시킬 행위를 한 때(제3항), 하수처리구역 안에서 단독정화조 또는 오수처리시설의 설치가 면제되는 경우에 부과하는 부담금(제4항) 등 총 4종류로 구분돼 운영돼 왔다("국가법령정보센터 환경부" 인용 저자 재작성).

1. 준공된 건축물에는 근린생활시설 이용목적에 따른 정화조 시설은 매립형과 오수직관 연결(하수종말 처리장 연결)이 있으며 여기서 건물주는 건축물 면적의 종목(1종 근린생활시설과 2종 근린생활시설)에 따른 용량이 적합한 정화조를 매립하고 관할 구청 청소과에 신고해야 하기 때문에 관할구청 청소과에 문의를 하면 매립된 정화조 용량을 알 수 있다. 일반건축물대장과 집합건축물대장으로 나누어진다.

2. 건축물관리대장에 오수정화시설 용량이 표기되지 않은 이유는 매립만 하고 관할구청에 신고하지 않았거나 아주 오래전에 매립했기 때문이다. 그리고 건물의 정화조와 개인단독주택의 정화조 개념은 다르다는 점을 참고해야 한다.

3. 신규 영업신고를 할 시 영업장 면적에 대비 오수 정화시설 용량이 80% 부족할 시에는 1년에 2회 오수정화시설을 청소한다는 정화조 이행확인서를 추가 작성하여 제출하면 영업신고를 할 수 있지만, 그 이하에는 오수정화시설 매립공사를 추가로 한다거나 영업장 신고 면적을 줄여서 용량에 맞도록 신고를 해야 한다.

4. 만약 부족할 시 오수정화시설 추가 매립공사를 할 때에는 건물주 동의가 필요하니 신중히 해야 한다.

3) 근거

가. 「하수도법」제34조 제4항 및 같은 법 시행령 제24조 제5항
나. 「하수도법」제35조 제2항 현재는 하수도

질의	소매점으로 신고되었지만 식당을 경영하였으나 장사가 잘되지 않아 내놓은 상태에서 다음 세입자와 임대차 계약을 맺었고 1년 후 원인자 분담금이란 명목으로 2백만 원 상당의 세금이 나왔습니다. 현재 업종은 소매점으로 사용하고 있습니다. 원인자 분담금이란 이 세금에 대해선 누가 납부를 해야 될까요?
답변	원인자 분담금이란 원인을 제공한 쪽에서 부담하는 것이므로 전 세입자의 업종이 식당을 경영하여 원인제공을 하였으므로 납부하실 필요는 없다. 관공서에 가서 다시 세금에 대해 재발송을 요청하면 된다(단, 한식과 양식의 원인자 분담금 또한 차이가 있다).

분류번호	건축물 용도		오수발생량			정화조 처리대상인원	
			1일 오수발생량	BOD농도(mg/l)	비고	인원산정식	산정단위
1	주거시설	단독주택	200ℓ/인	200		n=	n : 인원(인) A : 연면적(㎡) 1호에 대해서 A가 100㎡이하인 때는 5인으로 하고, 100㎡를 넘는 부분의 면적에 대하여는 30㎡마다 1인을 가산하되, 220㎡를 넘는 때는 10인으로 한다.
		공동주택 아파트, 연립주택, 다세대, 다가구 주택	200ℓ/인	200	음·면지역의 특정 오수발생량은 170ℓ/인을 적용한다.	n=3.5+(R-2)×0.5 R의 개수	n : 1호당 인원(인) R : 1호당 거실의 개수 1호가 1거실로 구성되어 있을 때는 2인으로 할 수 있다.
		기숙사,다중주택(원룸)의 하숙	200ℓ/인	200		n = 0.14A (정원이 명확하지 않은 경우) n = P (정원이 명확한 경우)	n : 인원(인) A : 연면적(㎡) P : 정원(인) 고정침대 등으로 정원을 명확히 산정할 수 없는 경우는 정원으로 산정한다.

분류번호	건축물 용도		1일 오수발생량	BOD농도(mg/l)	비고	인원산정식	산정단위
2	근린생활시설	식품 즉석 제조 판매점, 제과점	65ℓ/㎡	130	-	n = 0.2A	n : 인원(인) A : 연면적(㎡)
		이용원, 미용원	15ℓ/㎡	100	-	n = 0.08A	n : 인원(인) A : 연면적(㎡)
		일반 목욕장	60ℓ/㎡	100	-	n = 0.25A	n : 인원(인) A : 연면적(㎡)
		공중화장실	50ℓ/전	260	-	n = ㎡×t	n : 인원(인) ㎡ : 소변기 수(개) w : 소변기 수(개) t : 단위변기당 1일 평균 사용 시간(시간)
	음식점	오염부하량 높은 경우(한식, 중식)	120ℓ/㎡	330	-	n = 0.4A	n : 인원(인) A : 연면적(㎡) 계산예 : (0.3*164.02=50인)
		오염부하량 낮은 경우(서양식, 정통 일본식음식점, 찻집)	35ℓ/㎡	130	-	n = 0.2A	
		기타음식점(상기외 음식점)	65ℓ/㎡	210	-	n = 0.3A	
		안마시술소	15ℓ/㎡	100	-	n = 0.08A	n : 인원(인) A : 연면적(㎡)
		휠짐빌	16ℓ/㎡	100	-	n = 0.15A	n : 인원(인) A : 연면적(㎡)
		노래연습장, 비디오감상실	16ℓ/㎡	150	-	n = 0.16A	n : 인원(인) A : 연면적(㎡)

8	업무시설	일반사무소	사무소,신문사, 상담소,소개소, 소방서	15ℓ/㎡	100	-	n = 0.08A	n : 인원(인) A : 연면적(㎡)
		방문객 많은 사무소	대사관, 공공청사, 금융업소, 경찰서, 우체국, 전화국	15ℓ/㎡	100	-	n = 0.16A	n : 인원(인) A : 연면적(㎡)
		오피스텔		200ℓ/인	200	-	n=3.5+(R-2)×0.5 + 0.04A	n : 인원(인) R : 거실의 개수 A : 연면적(㎡) 1호가 1거실로 구성되어 있을 때는 n=2+0.04A로 할 수 있다.

출처 : 분뇨·정화조 수집·운반·처리 수수료 산정 및 하수도요금 부과방안 검토 용역(청양 하수도 원인자부담금 보고서, 임영택, 2018~2019 ; 금산군 개인하수처리시설 실태조사, 2018, 장보전 인용 저자 재작성)

건축물의 용도별 오수발생량 및 정화조 처리대상인원 산정기준

[단위 : N=인원(인), R=1호당 거실 개수(개), A=연면적(㎡), P=정원(인)]

분류번호	건축물 용도			오수발생량			정화조 처리대상인원	
				1일 오수발생량	BOD농도 (mg/L)	비고	인원산정식	비고
1	주거시설	단독주택	단독주택, 다가구주택 공관	200 L/인	200	읍·면지역의 1일 오수발생량은 170 L/인을 적용한다.	N = 2.0+(R-2)×0.5	
			농어인 주택	170 L/인	200	-		
			다중주택	7.5 L/㎡	200	개별취사시설이 있을 경우 단독주택 용도를 적용한다.		
		공동주택	아파트, 연립주택, 다세대주택	200 L/인	200	읍·면지역의 1일 오수발생량은 170 L/인을 적용한다.	N = 2.7+(R-2)×0.5	1호가 1거실로 구성되어 있을때는 2인으로 한다.
			기숙사, 고시원 (제2종근린생활시설)	7.5 L/㎡	200	개별취사시설이 있을 경우 단독주택 용도를 적용한다.	N = 0.038A N = P (정원이 명확한 경우)	

분류번호	건축물 용도			오수발생량			정화조 처리대상인원	
				1일 오수발생량	BOD농도 (mg/L)	비고	인원산정식	비고
3	판매및영업시설	음료·차(茶)·음식·빵·떡·과자 등을 조리하거나 제조하여 판매하는 시설	즉석판매제조·가공식품점, 배달전문점	30 L/㎡	130	배달전문점(배달판매, 포장판매) 내, 고객식사 공간이 있을 경우 휴게음식점 또는 일반음식점 용도를 적용한다.	N= 0.150A	-
			휴게음식점 등	35 L/㎡	100	일반음식점의 메뉴를 판매하는 경우 일반음식점 용도를 적용한다.	N= 0.175A	옥외영업장이 있는 경우 옥외영업장의 신고면적을 추가하여 적용한다.
		음식점	일반음식점	60 L/㎡	550	중식	옥외영업장이 있는 경우 옥외영업장의 신고면적을 추가하여 적용한다.	
					330	한식, 분식점	N= 0.175A	
					200	일식, 호프, 주점, 뷔페		
					150	서양식		
			부대급식시설	15 L/인 (1일 1식 기준)	330	1일에 제공되는 끼니수가 1식이 추가될 경우 15L/인을 추가로 가산한다.	-	-

주: 1) 거실이란, 「건축법」 제2조 제1항 제6호 규정에 따른 거실로서, 거주, 집무, 작업, 집회, 오락, 그 밖에 이와 유사한 목적을 위하여 사용되는 방을 말하며, 독립된 별도 공간으로 침실기능이 가능한 경우 거실로 본다. 다만, 단독주택 및 공동주택에 거실과 분리되어 별도 확보된 부엌 및 식당, 드레스룸, 파우더룸 및 다용도실(세탁실, 보일러실, 창고 등)은 거실에서 제외한다.

2) 연면적이란, 당해 용도로 사용되는 바닥면적(부설주차장을 제외한 공용면적을 포함)의 합계를 말한다. 다만, 오수가 발생하지 않는 기계실, 공조실, 캐노피의 면적은 오수발생량 및 정화조 처리대상인원 산정 시 연면적에서 제외한다.

3) 다중주택이란, 학생 또는 직장인 등 여러 사람이 장기간 거주할 수 있는 구조로 된 주택으로서 독립된 주거의 형태를 갖추지 아니한 시설(취사시설이 없는 경우)을 말한다.

4) 제2종 근린생활시설 중 다중생활시설의 고시원을 말한다.

5) 목욕장이란, 공동탕, 가족탕, 한증막, 사우나탕을 포함한다.

6) 「식품위생법 시행령」 제21조 제2호에 따라 즉석판매제조 · 가공 식품을 업소 내에서 소비자가 원하는 만큼 덜어서 직접 최종 소비자에게 판매하는 영업장을 말한다(예시 : 반찬 · 죽 · 떡 가게 등).

7) 부대급식시설은 문화 및 집회시설, 판매 및 영업시설, 교육연구 및 복지시설, 운동시설, 업무시설, 숙박시설, 위락시설, 공업시설, 자동차 관련시설, 묘지관련시설, 관광휴게시설 등의 상주인원 및 이용인원(상주는 하지 않지만 해당 시설의 정원에 포함되는 경우)에 대한 급식을 제공하는 시설을 말한다. 다만, 부대급식시설이 일반인을 대상으로 영업을 하는 경우에는 일반음식점으로 분류한다.

8) 다중생활시설이란,「건축법 시행령」별표1 용도별 건축물의 종류 제15호 다목의 시설로서 제2종 근린생활시설에 해당하지 아니하는 것을 말한다.

9) 유원시설업(遊園施設業)은 유기시설(遊技施設)이나 유기기구(遊技機具)를 갖추어 이를 관광객에게 이용하게 하는 업(다른 영업을 경영하면서 관광객의 유치 또는 광고 등을 목적으로 유기시설이나 유기기구를 설치하여 이를 이용하게 하는 경우를 포함)을 말한다.

10) 「식품위생법 시행령」 제21조 제1호에 따른 식품제조 · 가공업에 해당되어 식품을 제3자에게 제공 또는 판매하는 영업장을 말한다(예시 : 김치 공장 등).

11) 주차전용건축물이란,「주차장법」제2조 제11호 규정에 따른 건축물을 말하며, 다른 건축물 용도의 부속주차장은 제외한다.

12) 주기장이란,「건설기계관리법」제2조 제1항 제1호 규정에 따른 건설기계 등 중기(重機)를 세워 두는 시설을 말한다.

13) 농막이란,「농지법 시행규칙」제3조의2 제1호 규정에 따른 시설물로서, 농작업에 직접 필요한 농자재 및 농기계 보관, 수확 농산물 간이 처리 또는 농작업 중 일시 휴식을 위하여 설치하는 시설을 말한다(연면적 20제곱미터 이하이고, 주거 목적이 아닌 경우로 한정한다)

※ 예를 들면 n : 인원(인) A : 연면적(1)(㎡)

1호에[단독주택] 대해서 A가 100㎡ 이하인 때는 5인으로 하고, 100㎡를 넘는 부분의 면적에 대하여는 30㎡마다 1인을 가산하며, 220㎡를 넘는 때는 10인으로 한다.(164.02−100)/30 = 2.1, 5+2.1 = 7.1인용

출처 : 국가법령정보센터 환경부 인용 저자 재작성

외식산업 창업 매니지먼트

12

외식 프랜차이즈 창업
: 가맹사업법 이해

12 외식 프랜차이즈 창업 : 가맹사업법 이해

제**1**절 / 프랜차이즈란?

❶ 프랜차이즈 시스템(Franchise System)의 이해

상품의 유통·서비스 등에서 프랜차이즈(독점판매권, 독점사업권, Franchise)를 가지는 모기업(프랜차이저, Franchiser)이 체인에 참여하는 독립점(프랜차이지, Franchisee)을 조직하여 형성되는 연쇄기업이다.

프랜차이저는 가맹점에 대해 일정지역 내에서의 거리지역 영업권을 부여하는 대신 가맹점(Franchisee)으로부터 가맹금 또는 판매 로열티를 받고 상표브랜드, 상품구성과 점포·광고 등에 관하여 직영점과 똑같은 수준으로 관리하며 경영지도·판매촉진 등을 담당한다.

투자의 대부분은 가맹점이 부담하기 때문에 프랜차이저(본부)는 자기자본의 많은 투하 없이 연쇄조직을 늘려나가며 시장점유율을 확대할 수 있는 장점이 있다.

우리나라에서는 새로운 경영기술로서 초기단계에 있으나, 선진국에서는 20세기 초부터 시작되어 소매상업·음식점업·호텔업 등의 분야로까지 널리 보급되고 있다. 통제와 관리의 효율화를 꾀하고자 원가절감 등에 기여할 수 있는 운영시스템으로 본부에서 홀 서비스, 식품구매 및 저장, 조리방법, 냉동배송 등을 시스템화, 표준화, 즉 매뉴얼(Manual)화하여 운영방법을 개발한다. 가맹 영업점을 모집한 후 상품의 독점판매권을 부여하고 기술지도 및 시설 설비 등을 해주는 '프랜차이즈 체인' 시스템이다.

이 시스템은 매뉴얼에 의해 표준화된 조리법(Recipe)을 통한 엄격한 맛과 품질관리, 종업원 교육, 청결성, 실내외 디자인의 독창적 개발 등이 특징이라 할 수 있다.

프랜차이즈 비즈니스는 계약시스템으로 계약서를 기초로 한 상호 권리와 의무가 주어지며 상호 신뢰를 원칙으로 이루어진다. 위반 시 벌칙이 가해지는 관계이며 교육과 지도사업으로 장소별(가맹본부, 가맹점, 외부연수원), 시간대별(개업 전, 중, 후), 대상별(가맹점사업자, 점장, 사원, 파트타이머), 방법별(매뉴얼, 외부특강, 각 직급별 교재)로 이루어지고 있다. 또 WIN-WIN 사업으로 가맹본부, 가맹점, 관련 협력업체들과의 성장 밸런스와 의사소통이 원활하게 이루어져야 하고 매출과 이익, 경비의 밸런스, 제공 노하우와 가격의 밸런스 등이 적절하게 이루어진 사업형태로 이루어져 있어 더욱 안정적인 창업에 많은 기여를 하다 보니 최근 들어 독립점포 창업에 비해 비교적 위험부담이 적은 가맹점 창업을 선호하는 경향이 높아지고 있다.

정부기관도 자영업 구조조정의 한 일환으로 건전한 프랜차이즈 산업을 적극 지원, 육성할 계획을 밝힌 바 있다. 가맹사업거래의 공정화에 관한 법률 등 각종 제도적 장치가 마련·강화되고 있어 앞으로 보다 다양한 업종으로의 확대와 질적인 성장이 이루어질 것으로 예상된다. 이를 바탕으로 하나의 가맹본부가 여러 개의 복수 브랜드를 가지는 프랜차이즈 기업이 증가하고 있으며, 대기업의 참여, 외국계 브랜드의 국내진출과 더불어 국내 브랜드의 해외진출도 활발하게 이루어지고 있다.

▶ 최근 5년 가맹본부 · 가맹점 · 브랜드 수 증감표

구분	2019		2020		2021		2022		2023	
	개수	증감률	개수	증감률	개수	증감률	개수	증감률	개수	증감률
가맹본부	5,175	6.0%	5,602	8.3%	7,342	31.1%	8,183	11.5%	8,759	7.0%
브랜드	6,353	5.0%	7,094	11.7%	11,218	58.1%	11,844	5.6%	12,429	4.9%
가맹점	258,889	1.9%	270,485	4.5%	335,298	24.0%	352,886	5.2%	–	–

▶ 주요 세부 업종별 브랜드 수 : 업종별 가맹본부, 브랜드 수 및 증감률

구분		외식			서비스			도소매			계
		개수	비중	증감률	개수	비중	증감률	개수	비중	증감률	
가맹본부	2021년	5,661	77.1%	34.5%	1,346	18.3%	20.8%	502	6.8%	52.1%	7,509
	2022년	6,308	75.7%	11.4%	1,475	17.7%	9.6%	554	6.6%	10.4%	8,337
	2023년	6,822	76.2%	8.1%	1,571	17.6%	6.5%	550	6.2%	△0.7%	8,943
브랜드	2021년	8,999	80.2%	66.5%	1,662	14.8%	24.0%	557	5.0%	59.1%	11,218
	2022년	9,442	79.7%	4.9%	1,797	15.2%	8.1%	605	5.1%	8.6%	11,844
	2023년	9,934	79.9%	5.2%	1,900	15.3%	5.7%	595	4.8%	△1.7%	12,429

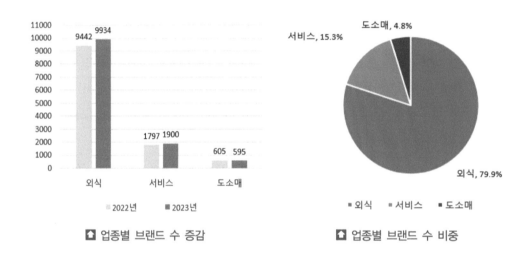

⬆ 업종별 브랜드 수 증감　　　**⬆ 업종별 브랜드 수 비중**

2023년 외식업종의 전체 가맹본부 수는 9,934개로 전년 대비 8.1% 증가하였으며, 가맹본부당 브랜드 수는 약 1.5개로 2022년과 유사하다. 또한 2023년 외식업종의 전체 브랜드 수는 9,934개로 전년 대비 5.2% 증가하였다.

주요 세부 업종 중에서는 한식업종의 브랜드 수가 3,556개로 가장 많았으며, 커피(886개), 치킨(669개), 주점(485개), 제과제빵(294개) 업종이 그 뒤를 이었다. 또한 제과제빵 브랜드 수가 가장 크게 증가(8.9%)하였고, 치킨 브랜드 수는 다소 감소(-2.0%)하였다.

구분	치킨		한식		커피		제과제빵		피자		주점		외식업 전체	
	개수	증감률	개수	증감률	개수	증감률	개수	증감률	개수	증감률	개수	증감률	개수	증감률
2021년	701	47.0%	3,047	72.3%	736	88.7%	254	63.9%	240	53.8%	429	46.0%	8,999	66.5%
2022년	683	△2.6%	3,269	7.3%	852	15.8%	270	6.3%	243	1.3%	450	4.9%	9,442	4.9%
2023년	669	△2.0%	3,556	8.8%	886	4.0%	294	8.9%	240	△1.2%	485	7.8%	9,934	5.2%

출처: 공정거래위원회(www.ftc.go.kr), 2024.4.8 ; 2023년 가맹사업현황통계발표 인용 저자 재작성

◈ '23년 가맹사업 시장의 주요 특징 및 시사점

① 직영점 운영을 의무화한 개정 가맹사업법 시행('21.11.19)으로 지난 '21년 가맹본부, 브랜드, 가맹점 수가 일시적으로 큰 폭으로 증가하였으나, 제도가 시장에 안착됨에 따라 '22년에 이어 '23년에도 가맹사업은 안정적 성장 추세를 보이고 있다.

- 가맹본부 : ('20년) 5,602개 → ('21년) 7,342개(31.1%) → ('22년) 8,183개(11.5%) → ('23년) 8,759개(7.0%)
- 브랜드 : ('20년) 7,094개 → ('21년) 11,218개(58.1%) → ('22년) 11,844개(5.6%) → ('23년) 12,429개(4.9%)
- 가맹점 : ('19년) 258,485개 →('20년) 270,485개(4.5%) → ('21년) 335,298개(24.0%) → ('22년) 352,886개(5.2%)

② 외식업종에서 '가맹점 평균 매출액 대비 가맹점 평균 차액가맹금 비율'은 4.4%로 전년 (4.3%)보다 소폭 상승하였고, '가맹점 평균 차액가맹금 지급금액'도 28백만 원으로 전년보다 11백만 원 높아졌다.

구분	치킨	한식	커피	제과제빵	피자	주점
가맹점 수	29,423	39,868	26,217	8,918	8,403	9,379
브랜드 수	669	3,556	886	294	240	485
개점률	14.4%	29.9%	22.7%	12.0%	13.5%	21.7%
폐점률	14.2%	18.2%	9.2%	9.8%	12.3%	13.1%
가맹점 평균 매출액	297백만 원	325백만 원	225백만 원	490백만 원	284백만 원	298백만 원

출처: 공정거래위원회(www.ftc.go.kr), 2024.4.8 ; 2023년 가맹사업현황통계발표 인용 저자 재작성

❷ 생산적인 면의 특징

프랜차이즈 시스템은 생산 면에서 센트럴 키친(Central Kitchen)과 커미서리(Commissary) 방식에 의한 생산과 판매의 분리가 중심이 된다. 생산과 판매를 분리하면 점포마다 판매량에 관계없이 생산부문은 최적규모의 생산량 산출이 가능하다. 그러나 일반적인 식당은 점포 속에서 생산과 판매·소비가 동시에 이루어지므로 1점포당 판매규모가 생산성 면에서 제약이 있다.

프랜차이즈 시스템의 센트럴 키친이란 식품가공업과 비슷한 업종의 공장 주방과 같은 것이다. 원재료를 일괄 구입하여 기계에 의한 조리·가공된 반가공식품(Convenience Food)을 생산하는 주방으로서 반가공식품을 각 체인점포에 배정하여 거기서 가열, 최소한의 최종가공이 되어 이용자에게 제공되는 것이다.

이 방식은 판매 측면에서도 각 점포가 넓은 공간을 필요로 하는 본격적인 주방이 불필요하고, 2차 가공을 주로 하는 소규모 주방으로도 가능하기 때문에 객석 부문의 비율을 증대하여 효율적인 판매증진을 기할 수 있다는 장점이 있다.

한편 대부분의 기업에서는 사양서에 의해 식품 메이커나 가공업자에게 발주하여 그것을 산하 점포로 배송하는 사양서 발주방법을 취하고 있다. 이런 방식으로 일괄구입·보관·저장·배송하는 유통센터를 커미서리(Commissary)라고 부른다. 이러한 사양서 발주 방식도 센트럴 키친과 같이 생산과 판매를 분리하여 종래의 식당이 안고 있는 문제를 해결하고자 하는 방법으로 우리나라에서도 보편화되고 있다.

❸ 판매적인 면의 특징

판매 면에서는 서비스의 매뉴얼화가 가능하다는 점이 특징이다. 이는 접객종업원의 동작, 창의적 행동을 일체 배제한 기술로 허용되는 범위 내에서 일정한 서비스 수준을 확보하도록 한 것이다. 파트타임이나 아르바이트 등 미숙련 종업원을 고용해도 거의 같은 수준의 서비스를 확보할 수 있다. 프랜차이즈 시스템은 본부 측이 판매권, 노하우, 상호 등을 제공하고, 가맹점은 그 대가로 가맹비나 일정비용의 로열티를 지불하게 된다.

이러한 프랜차이즈 시스템을 도입하면 본부 측과 가맹점에는 어떠한 장단점이 있는지를 살펴보면 다음의 표와 같다.

▶ 독립식당 창업과 프랜차이즈(Franchise) 창업의 비교

독립식당 창업	사업 분류	프랜차이즈 창업
경험자에게 유리	사업형태	초보사업자에게 유리
본인	사업 책임	본인
창업 기간 장기 필요	창업기일	창업 기간 최대 단축
창업자 스스로 결정	입지·상권조사	체인본부의 입지 및 상권조사
창업비용 절감(본사에 지불하는 비용 절감)	창업비용	가맹비, 보증금, 로열티, 인테리어 비용 같은 부대비용(옵션) 투자 지출 증가
노하우가 필요한 패스트푸드업종 및 기계설비가 있는 일부 업종은 호텔경험자 아니면 힘듦	창업 가능업종	모든 업종 창업 가능
마진율이 높음	마진율	상대적으로 마진율이 낮음
독자적인 상호개발	상호	본부 브랜드 사용-인지도 면에서 유리
창업자의 독자적인 콘셉트	점포건설(시설)	본부의 통일된 콘셉트
독자적인 구매처 확보	상품구매	본부가 일괄 공급
창업자의 능력에 따라 창의적인 경영 노하우 개발	경영 노하우	본부의 축적된 경영 노하우 제공
고객 Needs, 환경변화에 신속한 대응 가능	경영대처 능력	본부의 통일된 의사결정으로 신속한 대응이 어려움
성공할 경우 프랜차이즈화 가능	성장 가능성	창업가맹점 수를 무한대로 확대 가능
독자적인 마케팅 전략 추진	마케팅 전략	체인본부의 공동마케팅 지원

❹ 소비자 입장에서 본 프랜차이즈의 장점

- 소비자에 대한 서비스 제공의 수준이 상승
- 표준화된 균질의 서비스와 상품을 전국 점포에서 받을 수 있음
- 염가의 상품과 서비스를 제공받을 수 있음(본부 시스템이 개발-판매비용 억제)
- 규모의 이익 실현

❺ 소비자 입장에서 본 프랜차이즈의 단점

- 본부의 힘이 강력하게 작용하면 거래상 가맹점이 불리한 입장에 놓이게 되어 가격 면이나 서비스 면에서 소비자에게 불이익

- 프랜차이즈 시스템을 악용하는 자가 생김으로써 거래상 불안이 일어나며, 서비스는 소비자에게도 영향을 미침
- 영업상 책임의 소재가 분명치 않은 경우가 있어서 소비자의 호소처가 불분명

　프랜차이즈 시스템에 있어서 소비자 측면의 장점은 우수한 메뉴나 제품들이 표준화되어 균질의 서비스로 언제 어디서든 이용할 수 있으며 우수한 경영기법의 가맹본부들이 더욱 효율적인 시스템을 개발하고 지원하여 상품 판매에 대한 코스트를 억제해 주므로 염가의 품질 좋은 상품들을 제공받을 수 있다는 것이다.

이에 반해 단점은 가맹본부의 힘이 너무 강하게 작용하여 가맹점들이 불리한 입장에 놓이게 되면 가격, 서비스 등에 있어서 결과적으로 소비자에게 불이익이 돌아올 위험성과 영업상의 책임소재가 불명확하여 상품에 대한 문제가 발생할 시 그 호소처가 불분명하다는 것이다.

1) 가맹점의 장점

- 가맹본부에서 정해준 규정대로만 영업하면 되기 때문에 특별한 사업경험이나 능력이 없어도 점포운영이 가능하며 사전에 기존 점포 방문 등으로 검증할 수 있어 안정적이다.
- 가맹본부의 시스템과 노하우로 제품을 개발·공급하기 때문에 실패 위험이 적다.
- 다변화 시장에 대처하기 위해 가맹본부에서 지속적으로 신제품(메뉴)을 개발하고 불황을 타개할 수 있는 대책을 강구해 준다.
- 개업 초기에 예상되는 재고부담(패스트푸드점의 경우 대량으로 일회용 포장 소모품을 전부 제작해야 하나 가맹점 시 필요 수량만큼만 주문 가능)과 제품(메뉴)의 신뢰성 정도를 걱정할 필요가 없다.
- 가맹본부에서 일괄적으로 영업, 광고, 판촉 등을 지원하므로 개별 판촉보다 큰 효과를 거둘 수 있고 처음부터 지명도가 높은 효과적인 점포 운영이 가능하다. 그렇기 때문에 곧바로 매출과 직결되고 특히 아이템에 따라 다르지만 투잡(Two Job)도 가능하다.
- 점포설비와 집기비품 등을 가맹본부에서 일괄 구입하여 설치하기 때문에 경비절감효과를 얻을 수 있고 소액투자가 가능하다.
- 가맹점사업자는 법률, 세무회계, 영업 외의 행정업무, 매장 디스플레이 등 경영에 관한

지도를 가맹본부로부터 받을 수 있다.

- 일정수준의 독립성 보장과 함께 시장성과 수익성이 검증된 상품과 서비스를 판매할 수 있고 널리 알려진 브랜드를 활용할 수 있다.
- 단일 가맹점으로 성공하면 또 다른 가맹점을 경영할 수 있기 때문에 여러 개의 가맹점 소유가 가능하다. 패스트푸드 프랜차이즈인 L브랜드의 경우 한 가맹점사업자가 8개의 가맹점을 실제 운영하고 있다.

2) 가맹점의 단점

- 가맹본부의 적극적인 지원·지도로 가맹점을 경영할 때 스스로 문제해결이나 경영 개선의 노력을 게을리할 수 있다.
- 동일 시스템의 타 가맹점이 실패할 경우나 어느 특정가맹점에서 위생 등의 문제가 발생하게 되면 모든 가맹점의 신용이나 지명도 면에서 타격을 받을 수 있다.
- 가맹본부가 운영능력을 상실하거나 여러 가지 사유로 사세가 기울 때 가맹점은 덩달아 폐업하는 경우가 발생한다(의사결정에 참여할 수 없다).
- 가맹본부 규정이 마음에 안 들거나 보다 좋은 아이디어가 있어도 반영이 힘들다. 하지만 최근 들어 일부 가맹본부는 가맹점사업자협의회를 거쳐서 의견반영을 요청해 올 경우 검토하여 반영하고 있다.
- 판촉업무와 광고가 지역이나 지점의 특성에 맞게 이루어지지 않아 가맹점이 영업에 타격을 입을 수도 있다.
- 서로 이해가 상반되는 경우 상호 독립 사업가이기 때문에 가맹본부에서 가맹점사업자의 의사를 무시한다.
- 계약서 내용 그대로 업무가 추진되기 때문에 가맹점사업자의 특별한 요구사항이나 조건 등에 대한 반영이 어려워 자율성이 결여되어 있다.
- 계약기간의 제약, 즉 계약 종료, 갱신 및 양도 등에 제약이 따른다.

▶ 주요 세부 업종별 개·폐점률

(단위 : %, %p)

구분		치킨	한식	커피	제과제빵	피자	주점	외식업 전체
개점률	2021년	17.3	35.1	25.1	13.4	20.3	21.9	26.2
	2022년	14.4	29.9	22.7	12.0	13.5	21.7	22.4
	증감(%p)	△2.9	△5.2	△2.4	△1.4	△6.8	△0.2	△3.8
폐점률	2021년	13.7	14.5	7.8	8.9	8.5	19.1	12.6
	2022년	14.2	18.2	9.2	9.8	12.3	13.1	14.5
	증감(%p)	0.5	3.7	1.4	0.9	3.8	△6.0	1.8

주 : 개점률 = 해당 업종의 당해연도 신규개점 가맹점 수/해당 업종의 당해연도 말 기준 가맹점 수
폐점률 = 해당 업종의 당해연도 계약종료 · 해지 가맹점 수/해당 업종의 당해연도 말 기준 가맹점 수

▶ 가맹점 수 기준 주요 세부 업종별 브랜드 수 분포

(단위 : %, %p)

가맹점 수	치킨			한식			커피			제과제빵			피자			외식업 전체		
	개수	비중	22년	개수	비중	22년	개수	비중	22년	개수	비중	22년	개수	비중	22년	개수	비중	22년
100개 이상	52	7.8	7.8	72	2.0	1.9	42	4.7	4.5	8	2.7	3.3	19	7.9	7.4	310	3.1	3.1
10개~99개	178	26.6	27.1	706	19.9	19.6	173	19.5	17.5	63	21.4	20.7	77	32.1	28.8	2,228	22.4	21.7
10개 미만	439	65.6	65.2	2,778	78.1	78.5	671	75.7	78.1	223	75.9	75.9	144	60.0	63.8	7,396	74.5	75.2
계	669	100		3,556	100		886	100		294	100		240	100		9,934	100	

출처 : 공정거래위원회(www.ftc.go.kr), 2024.4.8 ; 2023년 가맹사업현황통계발표 인용 저자 재작성

❻ 프랜차이즈 계약과 공정거래법상의 문제

- 외국 프랜차이즈 업체와의 합자나 기술제휴 등을 할 때
- 국내 기업의 경영 여건을 생각하지 않고 외국의 법률에 맞춘 계약을 하게 됨으로써 필요 이상의 가맹 로열티를 과다 지급
- 점포개발의 선택에 제한받는 경우가 많음
- 우리나라의 법률적 환경, 업계 실정과 일본이나 중국, 홍콩 등 주변 국가의 현황을 잘 이해한 뒤, 그에 상응하는 계약조건을 고려(국제변호사 선임)
- 가맹 로열티(Royalty) 지출의 과다

- 많은 외화가 유출됨(보통 기술제휴의 경우 License Fee, Service Fee, 로열티 등의 명목으로 연간 매출액의 3~5%에 해당되는 금액이 외국으로 유출, 점포 수 증가로 매출액 증가에 따라 로열티 총액은 엄청남. 일반 제조업의 경우는 외국기술의 도입에 따른 외화유출이 있어도 수출 등을 통해 다시 외화 유입이 가능하나 외식 프랜차이즈 체인점에 있어서 고객은 모두가 내국인이기 때문에 외식업에서의 로열티 지급은 순수유출로 보아야 함)

❼ 프랜차이즈 본부의 능력 부족

가맹 창업예정자는 프랜차이즈 체인 시스템 가맹점 운영 시 특별한 경영기술이 없어도 본부의 지도에 따라 점포를 운영할 수 있는 장점이 있는 반면, 프랜차이즈 본부의 능력 부족 시 다음과 같은 문제를 안게 된다.

- 본부의 노하우나 인력 확보, 매뉴얼 없이 무작정 확장함에 따라 시장기능 저하
- 본부의 관리가 부실한 경우 피해는 다른 업태에 비해 2배 이상 큼
- 국내 자생 브랜드를 가진 일부 체인은 능력이 갖추어져 있지 않은 상태에서 가맹점을 모집, 가맹비만 챙기고 가맹점 매출이익 등에는 전혀 무관심·피해 발생 경우 많음 (위생, 음식의 양과 질 등의 수준 저하)
- 가맹본부가 회생하려면 본부는 절약형 주방기기의 개발, 대체 원재료의 개발, 신제품 개발 등의 문제점을 하나씩 해결해야 한다.

❽ 가맹점 창업예정자의 주의점

- 면밀한 시장분석과 체인본부의 능력을 면밀히 조사(본부의 수익계산 및 재무제표, 본부의 자금능력, 기업 연혁, 계열사의 실적 파악, 본부 발행안내서의 분석, 본부의 가맹점에 대한 제반 지원 조건 및 내역, 현재 가맹 중인 식당 점주의 면접조사 및 조언, 상품이나 서비스의 질적 수준 등 체인본부의 능력에 대한 면밀한 분석)를 한 후 점포 개점 여부를 결정해야 한다.
- 우선 남과 더불어 협동해서 운영할 수 있는 마음의 준비를 하고 있는지 체크

- 체인본부가 영업상 요청하는 제한사항에 대하여 살 협소해서 좋은 분위기로 동업을 잘할 수 있도록 하는 자세가 선제 해결되어야 함

❾ 프랜차이즈 체인 시스템 가맹점 모집방법

- TV나 라디오, 방송매체를 통한 적극적인 홍보 및 각종 창업박람회 참가
- 프랜차이즈 창업, 외식 창업박람회 등을 통한 가맹홍보
- 신문지면, 언론매체 광고를 통한 브랜드 알리기와 가맹점 영업
- 잡지, 스포츠지 등의 맛집 소개나 이색점포 등에 등록하여 브랜드 알리기
- 홈페이지나 기존 가맹 점주를 통한 소개
- 부동산 컨설턴트나 창업 컨설팅회사 등을 통한 소개

❿ 프랜차이즈 사업 성공의 3요소

1) 창업 업종(업태)

평범한 업종(업태)이라고 성장성이 더딘 것은 아니지만 업종(업태) 자체가 주는 매력이 높을수록 사업의 성공 가능성은 높아진다. 그럼 어떤 업종(업태)이어야 하는가? 업종(업태)의 성공 조건을 알아보자.

(1) 대중적인 것을 찾아라!

대중적이지 못한 업종(업태)은 고객이 제한적이므로 영업의 한계가 따르게 된다. 그 결과 고객이 제한적이므로 영업은 부진해진다. 때문에 업종(업태)은 대중성을 기반으로 누구나 쉽게 고객으로 접근 가능한 업종(업태)이어야 할 것을 권한다.

(2) 실용적인 업종(업태)을 찾아라!

실용적인 업종(업태)은 대중성과도 상통하는 것인데 아무리 식당이 대중적이라도 실용적인 면이 떨어지면 체인에 적합한 업종(업태)이라고 보기 어렵다고 할 수 있다. 똑같은 먹거리 업종(업태)이라도 구하기 힘든 식자재를 취급한다면 좋은 업종(업태)이라고 보기 어렵다.

2) 상품 대량생산의 노하우

반가공된 상품이나 기초 식재료가 있어야 완성된 제품을 만들 수 있는데 이런 면에서
재료 구입이나 가공이 어렵다면 안정적인 점포 운영을 할 수 없다. 따라서 상품 대량생산의
노하우를 지녀야 우수한 업종(업태)이라고 할 수 있다. 예로 모든 가공품 및 부재료가 수입품
이라든지 계절에 민감하여 일정한 공급이 원활하게 이루어지지 않는다면 큰 문제가 발생한다.

3) 가격의 노하우

프랜차이즈 사업은 다점포화 사업이므로 같은 제품을 적게는 수십 개부터 많게는 수백
개의 점포가 동시에 생산 판매하는 시스템 구조를 지니고 있다. 당연히 단독 점포가 구입하
는 재료 구입비용보다 월등히 저렴해야만 한다.

센트럴 키친(Central Kitchen)에서 생산하고, 커미서리(Commissary) 방식에 의한 공급을
하는 상품의 가격이 개인이 직접 구입하는 가격보다 저렴해야 하며, 단독 식당경영보다
가격에서 가격경쟁력을 지닐 수 있는 업종(업태)이어야 한다.

분류	세부 설명
레귤러 체인 (Regular Chain) 본부 직영체인점 형태	• 가맹본부에서 직접 운영하는 직영점 형태 • 가맹본부가 직접 점포마다 직접 투자를 하고 종사원들을 파견하여 관리 • 브랜드의 이미지를 보다 강력하고 일관되게 통제하여 소비자에게 접근할 수 있는 장점 • 많은 자본이 있어야 하므로 점포 전개 시 효율성이 다소 낮아지는 단점 • 대표적인 예로는 스타벅스, TGIF가 이에 해당한다.
볼런터리 체인 (Voluntary Chain) 임의적 체인점 형태	• 직영형태와 프랜차이즈의 중간 형태로서 공동 브랜드와 동일 업종을 조합하여 전개하는 방식 • 가맹본부는 최소한의 기능을 담당하고 가맹점주가 특징을 살려 경영을 하며 가맹본부와 가맹점 간의 수평적 관계로 운영 • 가격경쟁이나 상품 취급의 한계를 극복할 수 있으나 가맹본부의 브랜드 이미지를 만들기 어려운 것이 단점 • 외식산업에서는 거의 없으나 중소매 유통업 형태에서 많이 활용
프랜차이즈 체인 (Franchise Chain) 직영 · 가맹점 형태	• 가맹본부와 가맹점은 각각 독립된 자본에 의해 별개의 사업자이지만 운영의 주체는 가맹본부에 있는, 일반적인 가맹점 형태 • 가맹본부가 개인에게 사업의 기회를 주는 방식인 사업지원형으로 가맹사업의 가맹사업자는 소매마진을, 가맹본부는 도매마진을 지속적으로 확보하는 절약형 유통사업 전개방식 • 전체 점포의 이미지 관리를 위해 강력한 통제와 관리가 필요

⓫ 평형별 가맹 예상비용의 예

구분	10평	20평	30평	40평	50평	60평	70평
인테리어(내장공사)	140만 원		130만 원	120만 원			
주방기기	2,500만 원			3,000만 원			
내외부 사인물(간판)	800만 원			1,500만 원			
가구	800만 원			1,500만 원			
소품	300만 원			500만 원			
가맹비, 교육비, 마케팅비	1,000만 원						
계약이행 보증금	200만 원(계약 종료 시 반환금)						
별도공사	철거, 전기증설, 냉난방기, 화장실, 계단 기타 외장공사 등 점포의 제반여건에 따라 협의 후 산정한다.						

⓬ 제과점 프랜차이즈 창업의 사례

첫째, 신규의 제과점 창업

　프랜차이즈 창업은 많은 컨설턴트들이 관심을 갖고, 또한 그만큼의 많은 창업자가 예의 주시하는 프랜차이즈의 업종이다. 제과점의 창업과정은 총 2가지로 볼 수 있는데 신규 점포와 기존 매장의 양도, 양수가 있을 수 있다.

① 신규 입점할 시의 절차

- 본사 사업설명회(회사연혁부터-마진율까지)에서 전반적인 내용(일종의 브리핑 형식)을 듣는다.
- 희망자 자격조건 심사(지역별로 별도의 미팅을 갖고 지역담당 매니저와 예산 및 원하는 상권에 대해 이야기한다). 이날은 입점가능 상권과 라인만 대략적으로 듣고 집으로 돌아가게 된다. 상담을 받는 정도로 종료
- 시장조사 및 출점승인(입점 가능한 상권의 점포 및 라인 예비 점주들 현장 확인). 본사가 입점 가능한 점포를 확보한 곳도 있으나 점주들이 점포를 구해 와야 하는 경우가 있음. 신규 입점 시 하루 예상매출을 본사가 측정해 줌(담당부서의 직원이 직접 가서

매출 포스를 확인. 단, 창업자가 점포를 구해 와야 하는 경우 대략 시간적으로 긴 시간이 소요됨)

- 점포계약(비용 : 상권마다 가격을 상의하며, 권리금에 따라 점포 계약금은 별도. 대략 최소 1억 원)
- 가맹계약(물품보증금 1,000만 원, 가맹비 500만 원) 최초 가맹 3년. 그 후는 1년씩 재계약
- 실측 도면 작성
- 가맹점주 교육(오픈 전 점주 교육 2주간 실시. 이론교육 6일 + 제빵실기 6일. 총 12일 교육). 시공계약과 공사 진행 중에 같이 진행된다.
- 시공계약(인테리어, 시설집기 포함 1억 5천만 원 정도 든다.)

② 공사 진행

- 개점 준비(이런 과정을 통해 오픈하게 되는데 예산은 최하 2억 5천만 원은 가지고 있어야 창업 가능)
- 유명제과 프랜차이즈 전국 평균 일매출은 대략 110~120만 원 정도. 운영방식(인건비 등), 점포 임대료가 조금 다르나 평균 월 순이익 400만 원 정도 예상

둘째, 운영하던 매장 그대로 양도, 양수(인수)

현재 운영 중인 점주 영업 권리금을 인정해 주어야 한다. 권리금(바닥 + 시설 + 영업) 중 본사에서는 영업 권리를 인정하지 않는다. 이유는 본사 브랜드 인지도가 높아서 가맹점주의 영업능력이 없어도 장사가 된다는 것. 그렇기 때문에 가맹점주들이 권리 장사하는 것을 좋아하지 않는다.

본사의 점포 권리 산출방법은 바닥권리 + 시설비(감가상각 연 20%)로 판정한다. 그래서 문제되는 것이 있는 점주는 초기 투자비용보다 조금 더 받고 싶어 한다. 그러나 본사와 현 점주 간에 권리금에 대한 설명이 다소 차이가 있다면 예비 창업자들의 대부분이 본사 이야기만 믿는다. 이러한 것을 인지해야 진행이 가능하다. 일일 매출은 매장마다 다르지만 본사에서 잡지 못하는 매출이 있다. 그런 이유로 본사와 점포와의 매출에 차이가 있다.

새로운 콘셉트가 등장했을 때 리뉴얼 비용이 들어가는 부분이 있다. 실내, 주방, 간판 등을 본사 규정에 의거 새 단장을 해야 한다. 리뉴얼 비용이 왜 문제가 되는가 하면 현재

점주가 리뉴얼 비용의 견적을 냈을 때, 예를 들면 2,000만 원이 나왔는데 새로 인수하는 점주는 비용이 3,000만 원 나오는 경우가 있다. 이유는 운영하던 점주는 요령이 있어 리뉴얼 비용이 적게 들어가지만 새로운 점주가 들어온다고 하면 1년 후에 교체해야 할 것들까지 공사하는 부분이 문제가 되기도 한다.

대략적인 위의 열거 사항을 예비창업자가 인지해야 기존 프랜차이즈 제과점을 양도받을 수 있다. 시간적인 부분인 권리금에서 최대한 창업자의 눈으로 바라보아야 진정한 컨설턴트라 할 수 있다. 최대한 액수를 낮게 조정하는 것이 창업자의 관건이다.

⓭ 프랜차이즈 가맹점 영업의 장점과 단점

1) 프랜차이즈 가맹점의 장점

- 체인본사에서 개발한 우수제품, 제품포장, 상표 사용, 점포경영에 관한 교육 지도를 받을 수 있다.
- 시스템 검증으로 실패의 위험성이 적다.
- 가맹본부의 공동의 영업, 광고, 판촉 등 지원, 판촉활동의 효과가 크다.
- 설비와 도구 등 유리한 조건으로 구매, 대량 구입에 따른 경비를 절감할 수 있다.
- 재고투자에 대한 부담이 적다.
- 시장변화, 소비자 행동의 변화에 제품개선, 신제품을 개발한다.
- 판매활동 이외의 사무처리, 노무관리가 체계화되어 있다.
- 법규, 매장 디스플레이, 경영 등 전문가의 지도와 도움을 받을 수 있다.

2) 프랜차이즈 가맹점의 단점

- 가맹본부로부터의 지도와 지원을 충분히 받을 수 없다.
- 가맹본부만 믿어 스스로의 문제해결력이나 개선노력의 의지가 적다.
- 적극적인 시장대응이 불가하다.
- 가맹본부가 자기의 이익을 위해 가맹점의 의사를 무시하는 경우가 있다.
- 경영방침 변경 시 그 의사결정에 참여할 수 없다.

- 종속계약으로 가맹점 희망자가 자기의 요구사항이나 조건 등을 요구할 수 없다.
- 불리한 조건의 가맹계약을 체결, 계약 해지 시 손해를 입는 경우가 발생할 수 있다.
- 같은 체인에 속한 가맹점이 다른 곳에서 어떤 이유에서든 실패할 경우 이미지, 신용 하락 등의 간접적인 영향을 받을 수 있다.

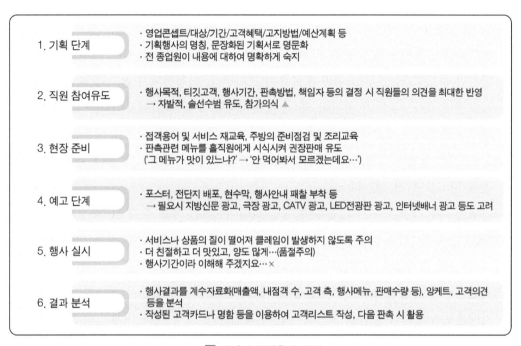

1. 기획 단계	· 영업콘셉트/대상/기간/고객혜택/고지방법/예산계획 등 · 기획행사의 명칭, 문장화된 기획서로 명문화 · 전 종업원이 내용에 대하여 명확하게 숙지
2. 직원 참여유도	· 행사목적, 티깃고객, 행사기간, 판촉방법, 책임자 등의 결정 시 직원들의 의견을 최대한 반영 → 자발적, 솔선수범 유도, 참가의식 ▲
3. 현장 준비	· 접객용어 및 서비스 재교육, 주방의 준비점검 및 조리교육 · 판촉관련 메뉴를 홀직원에게 시식시켜 권장판매 유도 ('그 메뉴가 맛이 있느냐?' → '안 먹어봐서 모르겠는데요…')
4. 예고 단계	· 포스터, 전단지 배포, 현수막, 행사안내 패찰 부착 등 → 필요시 지방신문 광고, 극장 광고, CATV 광고, LED전광판 광고, 인터넷배너 광고 등도 고려
5. 행사 실시	· 서비스나 상품의 질이 떨어져 클레임이 발생하지 않도록 주의 · 더 친절하고 더 맛있고, 양도 많게…(품절주의) · 행사기간이라 이해해 주겠지요…×
6. 결과 분석	· 행사결과를 계수자료화(매출액, 내점객 수, 고객 측, 행사메뉴, 판매수량 등), 앙케트, 고객의견 등을 분석 · 작성된 고객카드나 명함 등을 이용하여 고객리스트 작성, 다음 판촉 시 활용

⬆ 가맹점 판매촉진 과정

⓴ 외식사업 체인본부 선별법

실업자가 급속히 늘어나고 있다. 대부분의 퇴직 및 실업자들이 외식업을 창업하려고 체 인본사의 문을 두드린다. 가맹 피해자가 속출하고 있는데도 계속 늘고 있다. 이들이 가진 돈은 1억 원 정도로 여타 산업을 창업하기에는 비교적 적은 돈이고 외식업은 곧바로 현금 이 돌기 때문이기도 하다. 부실 체인을 가려내기 위한 체크 포인트는 많지만 이것만은 확인 해야 한다.

- 가맹본부의 직영점이 몇 개인지 확인한다. 최소한 5개 점포 이상은 되어야 한다. 직영 점이 많다는 것은 재무상태가 양호하고 사업 아이템이 좋다는 증거이지만 개설 점포

수보다는 폐업 점포 수를 파악하는 것이 가장 중요하다.

- 가맹본부의 재정이나 운영 상태를 확인한다. 거래 은행이나 하청업체, 가맹점 등을 통하여 확인한다. 대표자와 간부 사원의 경력이나 인간성 등도 탐색한다.
- 가맹본부의 조직 구성을 체크한다. 가맹점 지원을 위한 슈퍼바이저(가맹점 지도, 지원, 체크 등 운영을 지원해 주는 요원)나 식재 생산, 물류(납품)요원 등을 체크한다.
- CK(중앙공급식 주방, 식재 제조공장)가 있는지 확인한다. CK가 없으면 거래업체들의 식재공급이 불완전하고 납품 가격도 비교적 높다(가격 인상요인).
- 하청업체나 고객들로부터 평판이 좋은지 조사한다. 하청업체가 본사에 대한 신인도가 높으면 고객들로부터의 평판이 좋다. 납품업자도 고객이기 때문이다.
- 매스컴을 통하여 광고를 지나치게 많이 하는 본사는 피하라. 단기에 떼돈을 벌려고 하는 사업은 망한다. 식당업은 구전(口傳)을 통해서 광고가 되어야 한다. 유명체인점은 전혀 광고를 하지 않는다.
- 가맹본부의 가맹점 수가 많을수록 성공 확률이 높다. 점포 수가 30개 정도는 되어야 CK가 손익분기점을 맞출 수 있기 때문이다. 가맹점 수가 많을수록 리스크가 적다. 본사가 다양한 입지에서 시행착오를 겪으면서 노하우(Know-How)를 축적했기 때문이다.
- 가맹본부의 가맹점 지도를 위한 종합 매뉴얼(Manual)이 있는지 체크한다.
- 가맹본부에서 지역 상권을 보호해 주는지 확인한다. 일정 지역 내에서 독점 영업 권한을 보장해 주어야 한다.
- 법률적으로 문제가 없는 업종 업태인지를 확인한다.

▶ 공정거래위원회의 프랜차이즈 업종 분류

구분	내용
외 식	한식, 분식, 중식, 일식, 서양식, 기타 외국식, 패스트푸드, 치킨, 피자, 제과제빵, 아이스크림/빙수, 커피, 음료(커피 제외), 주점, 기타 외식
도소매	편의점, 의류/패션, 화장품, 농수산물, (건강)식품, 종합소매점, 기타 도소매
서비스	교육(교과), 교육(외국어), 기타 교육, 유아 관련(교육 외), 부동산 중개, 임대, 숙박, 스포츠 관련, 이미용, 자동차 관련, PC방, 오락, 배달, 안경, 세탁, 이사, 운송, 반려동물 관련, 약국, 인력 파견, 기타 서비스

가맹(체인)사업을 준비하고 있다면, 가맹계약 체결 전에 관련 법률 내용을 숙지하도록 한다. 「가맹사업거래의 공정화에 관한 법률」[2024.1.2., 일부개정]의 일부 내용을 소개하면 다음과 같다.

제12조(불공정거래행위의 금지)

① 가맹본부는 다음 각 호의 어느 하나에 해당하는 행위로서 가맹사업의 공정한 거래를 저해할 우려가 있는 행위를 하거나 다른 사업자로 하여금 이를 행하도록 하여서는 아니 된다. 〈개정 2007.8.3., 2013.8.13., 2016.3.29.〉

1. 가맹점사업자에 대하여 상품이나 용역의 공급 또는 영업의 지원 등을 부당하게 중단 또는 거절하거나 그 내용을 현저히 제한하는 행위

2. 가맹점사업자가 취급하는 상품 또는 용역의 가격, 거래상대방, 거래지역이나 가맹점 사업자의 사업활동을 부당하게 구속하거나 제한하는 행위

3. 거래상의 지위를 이용하여 부당하게 가맹점사업자에게 불이익을 주는 행위

4. 삭제 〈2013.8.13.〉

5. 계약의 목적과 내용, 발생할 손해 등 대통령령으로 정하는 기준에 비하여 과중한 위약금을 부과하는 등 가맹점사업자에게 부당하게 손해배상 의무를 부담시키는 행위

6. 제1호부터 제3호까지 및 제5호 외의 행위로서 부당하게 경쟁가맹본부의 가맹점사업자를 자기와 거래하도록 유인하는 행위 등 가맹사업의 공정한 거래를 저해할 우려가 있는 행위

② 제1항 각 호의 규정에 의한 행위의 유형 또는 기준은 대통령령으로 정한다.

제12조의2(부당한 점포환경개선 강요 금지 등)

① 가맹본부는 대통령령으로 정하는 정당한 사유 없이 점포환경개선을 강요하여서는 아니 된다.

② 가맹본부는 가맹점사업자의 점포환경개선에 소요되는 비용으로서 대통령령으로 정

하는 비용의 100분의 40 이내의 범위에서 대통령령으로 정하는 비율에 해당하는 금액을 부담하여야 한다. 다만, 다음 각 호의 어느 하나에 해당하는 경우에는 그러하지 아니하다.

1. 가맹본부의 권유 또는 요구가 없음에도 가맹점사업자의 자발적 의사에 의하여 점포환경개선을 실시하는 경우
2. 가맹점사업자의 귀책사유로 인하여 위생·안전 및 이와 유사한 문제가 발생하여 불가피하게 점포환경개선을 하는 경우

③ 제2항에 따라 가맹본부가 부담할 비용의 산정, 청구 및 지급절차, 그 밖에 필요한 사항은 대통령령으로 정한다.

[본조신설 2013.8.13.]

제12조의3(부당한 영업시간 구속 금지)

① 가맹본부는 정상적인 거래관행에 비추어 부당하게 가맹점사업자의 영업시간을 구속하는 행위(이하 "부당한 영업시간 구속"이라 한다)를 하여서는 아니 된다.

② 다음 각 호의 어느 하나에 해당하는 가맹본부의 행위는 부당한 영업시간 구속으로 본다.

1. 가맹점사업자의 점포가 위치한 상권의 특성 등의 사유로 대통령령으로 정하는 심야 영업시간대의 매출이 그 영업에 소요되는 비용에 비하여 저조하여 대통령령으로 정하는 일정한 기간 동안 영업손실이 발생함에 따라 가맹점사업자가 영업시간 단축을 요구함에도 이를 허용하지 아니하는 행위
2. 가맹점사업자가 질병의 발병과 치료 등 불가피한 사유로 인하여 필요 최소한의 범위에서 영업시간의 단축을 요구함에도 이를 허용하지 아니하는 행위

[본조신설 2013.8.13.]

제12조의4(부당한 영업지역 침해금지)

① 가맹본부는 가맹계약 체결 시 가맹점사업자의 영업지역을 설정하여 가맹계약서에 이를 기재하여야 한다.

② 가맹본부가 가맹계약 갱신과정에서 상권의 급격한 변화 등 대통령령으로 정하는 사

유가 발생하여 기존 영업지역을 변경하기 위해서는 가맹점사업자와 합의하여야 한다. 〈개정 2018.1.16.〉

③ 가맹본부는 정당한 사유 없이 가맹계약기간 중 가맹점사업자의 영업지역 안에서 가맹점사업자와 동일한 업종(수요층의 지역적·인적 범위, 취급품목, 영업형태 및 방식 등에 비추어 동일하다고 인식될 수 있을 정도의 업종을 말한다)의 자기 또는 계열회사(「독점규제 및 공정거래에 관한 법률」제2조 제12호에 따른 계열회사를 말한다. 이하 같다)의 직영점이나 가맹점을 설치하는 행위를 하여서는 아니 된다. 〈개정 2018.1.16., 2020.12.29.〉

[본조신설 2013.8.13.]

출처: 국가법령정보센터, http://law.go.kr 인용 저자 재작성

❶ 정보공개법의 제정, 시행

국민의 알권리를 확대하고 국정운영의 투명성을 높이기 위해 지난 '96년 「공공기관의 정보공개에 관한 법률」을 제정·공포하고, '98년 1월 1일부터 시행하였다.

❷ 정보공개서란?

정보공개서란 가맹본부의 일반 현황, 가맹본부의 가맹사업 현황(가맹점사업자의 매출에 관한 사항을 포함한다), 가맹본부와 그 임원의 법 위반 사실, 가맹점사업자의 부담, 영업활동에 관한 조건과 제한, 가맹사업의 영업 개시에 관한 상세한 절차와 소요기간, 가맹본부의 경영 및 영업활동 등에 대한 지원과 교육·훈련에 대한 설명 등을 수록한 문서를 말한다.

정보공개서 등록의무 : 가맹본부는 가맹희망자에게 제공할 정보공개서를 대통령령으로 정하는 바에 따라 공정거래위원회 또는 특별시장·광역시장·특별자치시장·도지사·특별자치도지사(이하 "시·도지사"라 한다)에게 등록하여야 한다. 〈개정 2013.8.13., 2018.1.16.〉

❸ 정보공개서 등록 구분

- 신규등록 : 가맹희망자(또는 가맹점주)에게 제공할 정보공개서를 ① 가맹본부가 최초로 등록하는 경우, ② 가맹본부가 기등록한 정보공개서를 공정거래위원회 또는 지방자치단체가 등록 취소하였으나 가맹사업을 지속하고 싶은 경우에는 신규등록을 하여야 한다.
- 변경등록 : 등록된 정보공개서의 기재사항 중 대통령령으로 정하는 사항(가맹사업법 시행령 별표 1의 기재사항 참고)을 변경 시에는 기한 내에 변경등록을 한다.
- 변경신고 : 등록된 정보공개서의 기재사항 중 대통령령으로 정하는 경미한 사항(가맹사업법 시행령 별표 1의 기재사항 참고)을 변경하려는 경우에는 기한 내에 변경등록을 한다.

❹ 가맹거래사 통계자료

▶ 가맹거래사 자격시험의 최근 5년 통계자료

구분	2019년	2020년	2021년	2022년	2023년
제1차 시험 응시율(%)	69.91	66.05	68.54	68.21	68.31
제1차 시험 합격률(%)	32.78	54.17	36.30	26.88	33.44
제2차 시험 응시율(%)	84.51	89.05	85.29	86.81	87.32
제2차 시험 합격률(%)	60.73	50.42	64.22	55.69	45.81

❺ 정보공개서 기재사항 변경 기한

가맹본부는 등록한 정보공개서의 기재사항 변경이 있는 경우 기한 내에 변경등록을 한다. 변경 기한 내에 변경등록을 하지 아니하면 과태료 부과 또는 등록취소 처분 등의 불이익이 있으므로 변경 기한을 준수해야 한다.

구분	위반행위	과태료 금액(단위 : 만 원)		
		1차 위반	2차 위반	3차 위반
정보공개서 관련	■ 변경등록 미이행, 거짓 등록	200	500	1,000
	■ 변경신고 미이행, 거짓 신고	60	150	300

❻ 가맹사업거래 누리집 안내

공정거래위원회는 정보공개서 등록 및 열람, 정보공개서 심사 시 유의사항 및 서식, 관련 통계 등 가맹사업거래 관련 다양한 형태의 정보를 가맹사업거래 홈페이지에서 별도로 제공하고 있다. 이와 관련하여 보다 구체적인 내용을 확인하려면 아래 누리집 주소를 참고한다 (가맹사업거래 : https://franchise.ftc.go.kr 인용 저자 재작성).

가맹본부 피해보상보험을 체결한 경우에는 가맹금 예치제의 적용을 배제할 수 있다. 가맹금 예치기관은 아무 은행에나 예치해서는 안 되며 중앙금융기관 및 보증보험에 가맹금 예치를 해야 한다. 또한 지방은행은 가맹금 예치가 안 된다.

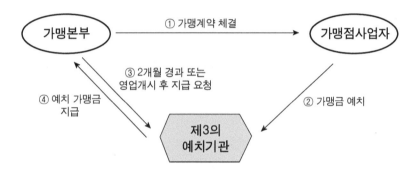

기관명	운영방식	담당부서
국민은행	온라인–오프라인 운영	개인상품부
기업은행	온라인–오프라인 운영	상품개발부
농협중앙회	온라인–오프라인 운영 *단위농협 제외*	개인고객부
우리은행	온라인–오프라인 운영	U뱅킹사업단
우체국	오프라인 운영	예금사업팀
신한은행	온라인–오프라인 운영	멀티채널부
하나은행	온라인 운영	신사업추진부
서울보증보험	온라인–오프라인 운영	마케팅부(프랜차이즈 보증보험)

구분	장=단점
보증보험	• 체결과정에서 보증금액에 따라 수수료 발생 〈수수료 : 가입금액(= 예치금) × 보험료율(건당 0.098~1.12%)〉 • 가맹본부는 계약 이후 바로 입금(신속한 가맹금) • 가맹금 수령 이후 보증보험 가입 시 법 위반에 해당되므로 수령시점까지 가입 필요
예치제 (금융기관)	• 가맹본부는 2개월 또는 영업 개시 이후 가맹금을 수령 가능(가맹 확보에 소요) • 일부 금융기관 빼고 수수료 없음 • 예비가맹창업자가 예치금융기관에 예치준수 • 가맹금 예치계좌가 아닌 가맹본부 계좌로 잘못 입금하지 않도록 안내 필요

1) 분쟁조정협의회의 기능

• 한국공정거래조정원 가맹사업거래분쟁조정협의회 분쟁조정 제도

가맹사업거래분쟁조정협의회(이하 '협의회'라 한다)의 분쟁조정 제도는 가맹사업거래와 관련하여 발생한 분쟁에 대해서 당사자가 협의회에 직접 조정을 신청하거나, 공정거래위원회에서 위탁한 분쟁을 대상으로 조정을 이루어내는 제도로서 공정거래위원장이 위촉한 9명의 전문 조정위원들에 의해서 조정이 행해지게 된다.

가맹사업거래와 관련한 분쟁으로 가맹점사업자에게 피해가 발생하면 과거에는 법원의 소송으로 이를 해결해야 했으나, 비용이나 시간 등에 의한 제한을 받게 되어 실질적인 해결의 길이 요원하였다. 나아가 이러한 문제는 프랜차이즈 형태 거래의 투명성과 시스템에 대한 불신으로 이어져 프랜차이즈 산업 발전에 하나의 걸림돌이었다. 이러한 문제 등을 해결하기 위하여 2008년부터 한국공정거래조정원에 협의회가 설치되었으며, 당사자는 별도의 비용 없이도 분쟁조정을 신청할 수 있되 법정기한인 60일(당사자의 동의가 있는 경우 최대 90일) 이내에 협의회를 통해 가맹사업거래와 관련하여 발생한 분쟁을 더욱 신속하게 해결할 수 있게 되었다.

2) 분쟁조정 효과

분쟁당사자가 조정절차에 참여하여 조정이 성립되면 공정거래위원회는 가맹사업법 제33조 제2항 규정에 따라 시정조치 및 권고를 하지 않게 되며, 조정이 성립되어 조정조서를 작성하게 되면 해당 조서는 재판상 화해의 효력을 가지게 된다.

3) 분쟁조정협의회의 위원 구성

협의회의 위원은 공익을 대표하는 위원 3명과 가맹본부를 대표하는 3인, 가맹점사업자를 대표하는 3인을 포함 총 9명으로 구성되어 있으며, 공정거래위원회 위원장이 위촉한다.

4) 분쟁조정 신청 및 절차

분쟁조정 신청을 원하거나 구체적인 조정절차가 궁금한 경우 한국공정거래조정원의 온라인분쟁조정시스템 홈페이지를 방문하면 보다 쉽고 간편하게 조정을 신청할 수 있다.

공정거래위원회의 조사개시 대상이 되는 가맹사업거래는 그 거래가 종료된 날로부터 3년을 경과하지 아니한 것에 한하며 다만, 거래가 종료된 날로부터 3년 이내에 신고된 가맹사업거래의 경우에는 그러하지 아니하다(법 32조).

5) 신고 제재조치

행정제재(시정명령, 시정권고, 과징금) 및 형벌(벌금, 징역)

정보공개서 제공의무, 허위·과장된 정보제공의 금지 등 주요 의무나 금지사항을 위반한 가맹본부에 대하여 시정조치, 과징금 또는 형벌을 부과한다.

시정조치, 과징금 부과	형벌 부과
• 가맹금 예치의무(법 제6조의5) • 정보공개서 제공의무(법 제7조) • 허위·과장된 정보제공 등의 금지(법 제9조) • 가맹금의 반환(법 제10조) • 가맹계약서의 교부 등(법 제11조) • 불공정거래행위의 금지(법 12조) • 가맹점사업자피해보상보험 등(제15조의2)	• 허위·과장된 정보를 제공하거나, 정보공개서의 중요사항을 누락한 자(5년 이하 징역, 3억 원 이하 벌금) • 제33조 제1항의 시정조치 명령을 따르지 아니한 자 등(3년 이하 징역, 1억 원 이하 벌금) • 가맹점사업자로부터 예치가맹금을 직접 수령하거나, 정보공개서 숙고기간을 위반하여 가맹금을 수령하거나 가맹계약을 체결한 자 등(2년 이하 징역, 5천만 원 이하 벌금)

출처: 온라인분쟁조정시스템(http://fairnet.kofair.or.kr) 인용 저자 재작성

6) 분쟁조정 효과

조정 성립 시 분쟁조정협의회에서 조정이 이루어진 경우에는 특별한 사유가 없는 한 공정거래위원회가 시정조치 및 시정권고를 하지 아니한다.

◆ 「가맹사업법」 제33조 제2항

당사자 간에 조정조서를 작성하는 경우에는 재판상 화해와 동일한 효력을 가지게 된다. 분쟁조정협의회에서 조정이 불성립된 경우에는 그 사실이 공정거래위원회에 보고된다. 공정거래위원회에 신고를 원할 경우 공정거래위원회 홈페이지에서 별도로 신고를 해야 한다. 다만 공정거래위원회에 신고를 하더라도 가맹사업법 적용대상이 아닌 경우 심사절차를 개시하지 아니할 수 있으며 만약 공정거래위원회가 해당 분쟁사안에 대하여 가맹사업법 적용 대상이라고 판단하게 되는 경우 그 위반 정도에 따라 과징금 부과 등 시정에 필요한 조치를 할 수 있다[온라인분쟁조정시스템(http://fairnet.kofair.or.kr) 인용 저자 재작성].

▶ 2023년 분쟁조정 현황 발표

(단위 : 건, %)

구분		접수현황		처리현황 및 유형					성립률 [A/(A+B)]
		건수	증가율	계 [A+B+C]	증가율	성립 [A]	불성립 [B]	종결 [C]	
2021년	소계	2,894	△4	2,936	△1	1,156	392	1,388	75
	공정	1,054	8	1,054	13	337	129	588	72
	가맹	490	△5	483	△3	165	62	256	73
	하도급	855	△5	863	△10	386	128	349	75
	유통	31	–	25	△32	9	3	13	75
	약관	393	△23	427	△11	225	60	142	79
	대리점	71	△11	84	20	34	10	40	77
2022년	소계	2,846	△2	2,868	△2	1,202	339	1,327	78
	공정	1,085	3	1,119	6	423	148	548	74
	가맹	489	–	513	6	230	54	229	81
	하도급	901	5	853	△1	361	95	397	79
	유통	28	△10	34	36	21	1	12	95
	약관	257	△35	271	△37	141	27	103	84
	대리점	86	21	78	△7	26	14	38	65
2023년	소계	3,481	22	3,151	10	1,278	350	1,523	79
	공정	1,372	26	1,267	13	475	135	657	78
	가맹	605	24	575	12	263	62	250	81
	하도급	1,044	16	929	9	354	100	475	78
	유통	29	4	26	△24	13	1	12	93
	약관	339	32	278	3	137	48	93	74
	대리점	92	7	76	△3	36	4	36	90

출처 : 한국공정거래조정원, 2023년 분쟁조정 현황 발표

강태봉 역, 외식업 점장의 업무, MJ미디어, 2007.

강태봉 · 변광인 · 김혜숙 공저, 외식산업현황과 창업실무매뉴얼, 2023.

권혁률, 관광서비스론, 현학사, 2018.

김기영 · 염진철 · 조우제 · 이광옥 공저, 외식산업관리론, 백산출판사, 2021.

김기영 · 전효진, 주방관리실무론, 백산출판사, 2021.

김만희 · 최수근 · 황재선, 외식산업실무론, 현학사, 2005.

김성일, 외식마케팅관리, 백산출판사, 2023.

김영찬 · 김윤 · 김윤민 · 박익수 · 송청락 · 신형섭 · 윤성길 · 장상태, 성공적인 외식사업창업과 경영의
　　　　실제, 백산출판사, 2018.

김은숙 · 한동여, 외식산업의 창업 및 경영, 백산출판사, 2022.

나영선, 외식사업 창업과 경영, 백산출판사, 2016.

나정기, 외식산업의 이해, 백산출판사, 2014.

안대희 · 안광호 · 박형권, 외식사업론, 기문사, 2008.

양소영 · 윤해린 · 김나영 · 김명숙 · 김동영, 음악미술 개념사전, 아울북, 2010.

이유재, 서비스 마케팅, 학현사, 2013.

이정학, 서비스 마케팅, 대왕사, 2018.

임현철 · 강승묵, 외식산업의 이해, 한올출판사, 2023.

임현철 · 강승묵 · 홍석조, 외식프랜차이즈 실무, 한올출판사, 2022.

장상태 · 함동철, 외식산업의 이론과 실제, 에이드북, 2017.

정용주, 외식경영론, 백산출판사, 2020.

정용주, 외식마케팅, 백산출판사, 2021.

조문수 · 윤혁수, 외식사업경영론, 기문사, 2010.

최대웅, 외식사업실무론, 백산출판사, 1999.

최병호, 외식경영의 이해, 백산출판사, 2020.

함동철 · 강재희, 외식산업의 창업과 경영, 백산출판사, 2021.

홍기운, 최신외식산업개론, 대왕사, 2009.

홍석조 · 황미선 · 김동진, 외식산업 경영전략과 창업실무, 백산출판사, 2023.

강병남, "외식산업 프랜차이즈 시스템 마케팅 전략에 관한 연구", 한국조리학회지, 제3권, 한국조리학회, pp.147-164.

강병남, "한국 외식산업 현황과 진출방안에 관한 연구", 한국조리학회지, 제2권, 한국조리학회, pp.89-104.

김미경·이정실, "우리나라 외식산업의 현황 및 발전방향에 관한 연구", 관광·레저 연구, Vol. 7, 한국관광레저학회, 1995, pp.23-40.

김영찬, "외식산업 선택속성을 통한 포지셔닝에 관한 연구", 경기대학교 일반대학원 박사학위논문, 2002.

김장익, "한국 외식산업의 개선방안에 관한 연구", 한국관광산업학회, Tourism Research, 제12호, 1998, pp.213-239.

배영임, 인공지능의 명암, 2016.

임영택, 분뇨·정화조 수집·운반·처리 수수료 산정 및 하수도요금 부과방안 검토용역, 청양 하수도원 인자부담금 보고서, 2018~2019.

장보전, 금산군 개인하수처리시설 실태조사, 2018.

진양호, "한국 외식산업의 현황 및 대응방안", 한국관광산업학회, Tourism Research, 제13권, 1999, pp.19-39.

홍석조·김동진, "외식고객 체험이 장소애착 고객몰입 선택적 추천에 미치는 영향", 영남대학교 일반대학원 박사학위논문, 2021.

홍석조·김동진, "외식고객의 만족 심리적 소유감 친밀감이 장소애착에 미치는 영향", 한국조리학회지, 제80차, 한국조리학회, p.159.

동아일보, 두산백과, 문화뉴스, 매일경제, 매경닷컴, 세계일보, 월간 호텔&레스토랑, 조선일보

조경기사 필기 기출문제(해설) 및 CBT, 2018.9.15.

창업경영신문, 파이낸셜뉴스, 한국경제신문/한경닷컴, 한국경제TV(www.wowtv.co.kr)

공정거래위원회(www.ftc.go.kr), 2023년 가맹사업현황통계발표(2024.4.8)

국가법령정보센터(http://law.go.kr)

국세청(www.nts.go.kr)

금융위원회(www.fsc.go.kr)

법제처(https://www.law.go.kr)[환경부고시 제2024-108호, 2024.5.31., 일부개정]

소상공인시장진흥공단(https://www.semas.or.kr/)

한국공정거래조정원(www.kofair.or.kr)

환경부, 건축물의 용도별 오수발생량 및 정화조 처리대상인원 산정방법 일부 개정(2024.5.31)

http://blog.naver.com

http://chaemil.blog.me.naver

http://darkroom58.blog.me.naver

http://estern.blog.me.naver

http://jij2000.egloos.com

http://korean.alibaba.com

http://m.blog.daum.net

http://royallawyer.tistory.com

http://www.dooresign.co.kr

http://www.restaurantdesign.com

http://www.samilfan.co.kr/data.html

https://dir.indiamart.com

https://intent-raise-money.tistory.com/120

https://www.egroup.go.kr

https://www.etoday.co.kr [생활과 세금] 간이과세자로 등록할 수 없는 업종

https://www.ok119apa.com 행정사119, FR컨설팅, 주요 불공정거래행위 유형

저자약력

홍석조(Hong, Seok-Jo)

현) 영남대학교 식품경제외식학과 겸임교수
사단법인 한국조리학회 산업계부회장
대구 영진전문대학, 수성대 창업캠프 창업전략 강사
대구구치소 교도소 재소자 자활심사 자문위원
영남대학교 식품학박사
전) 계명문화대학교 호텔항공외식관광학부 겸임교수
대구시 프랜차이즈 사관학교 과정 책임교수
한국프랜차이즈산업협회 대구경북지회 사무총장
대구시 식품안전과 소비자위생 감시위원
경상북도청 관광진흥과 경북 맛집선정 심사위원
소상공인 경영컨설턴트(중소기업청 소상공인진흥원 등록)
핀외식연구소(구. 대구 영남외식연구소) 팀장
저서 : 외식 프랜차이즈 실무(한올출판사), 외식산업 경영전략과 창업실무(백산출판사)
email: davin0317@ynu.ac.kr

황미선(Hwang, Mee-Sun)

현) 영남대학교 식품경제외식학과 겸임교수
사단법인 한국조리학회 산업계부회장
영남대학교 식품학박사
전) 계명문화대학교 호텔항공외식관광학부 겸임교수
(사)한국카빙데코레이션협회 푸드카빙명장 및 상임이사
한국조리협회 상임이사
대한민국 향토식문화대전 "국제 탑쉐프 그랑프리" 심사위원
한국카빙데코레이션경연대회 심사위원
저서 : 푸드 카빙데코레이션자격증 필기시험 문제집(한국카빙데코레이션협회)
동물카빙, 수박카빙, 푸드카빙플레이팅, 과일플레이팅마스터(한국카빙데코레이션협회)
외식산업 경영전략과 창업실무(백산출판사)

김동진(Kim, Dong-Jin)

현) 영남대학교 식품경제외식학과/디지털융합비즈니스학과 교수
사단법인 한국조리학회 회장
경북농민사관학교 책임교수
대구광역시 식품진흥기금 심의위원
The Honor Society of Phi Kappa Phi(ΦΚΦ) 종신회원
PhD Oklahoma State University(오클라호마 주립대학교 박사)
전) 관세청 보세판매장 특허심사위원
한국관광공사 한국관광 품질인증제 평가요원
한국농수산식품유통공사 우수외식기업 선정평가단
삼성에버랜드 유통사업부 인턴사원
저서 : 관광정보의 이해(백산출판사), 외식경영론(이프레스), 외식산업 경영전략과 창업실무(백산출판사)

저자와의
합의하에
인지첩부
생략

외식산업 창업 매니지먼트

2024년 11월 10일 초판 1쇄 인쇄
2024년 11월 15일 초판 1쇄 발행

지은이 홍석조 · 황미선 · 김동진
펴낸이 진욱상
펴낸곳 (주)백산출판사
교 정 성인숙
본문디자인 오행복
표지디자인 오정은

등 록 2017년 5월 29일 제406-2017-000058호
주 소 경기도 파주시 회동길 370(백산빌딩 3층)
전 화 02-914-1621(代)
팩 스 031-955-9911
이메일 edit@ibaeksan.kr
홈페이지 www.ibaeksan.kr

ISBN 979-11-6567-945-3 93320
값 29,000원